de Gruyter Studienbuch

Joachim Dyck
Gottfried Benn

Joachim Dyck

Gottfried Benn

Einführung in Leben und Werk

Walter de Gruyter · Berlin · New York

∞ Gedruckt auf säurefreiem Papier,
das die US-ANSI-Norm über Haltbarkeit erfüllt.

ISBN 978-3-11-019639-9

Bibliografische Information der Deutschen Nationalbibliothek

Die Deutsche Nationalbibliothek verzeichnet diese Publikation in der Deutschen Nationalbibliografie; detaillierte bibliografische Daten sind im Internet über http://dnb.d-nb.de abrufbar.

© Copyright 2009 by Walter de Gruyter GmbH & Co. KG, D-10785 Berlin
Dieses Werk einschließlich aller seiner Teile ist urheberrechtlich geschützt. Jede Verwertung außerhalb der engen Grenzen des Urheberrechtsgesetzes ist ohne Zustimmung des Verlages unzulässig und strafbar. Das gilt insbesondere für Vervielfältigungen, Übersetzungen, Mikroverfilmungen und die Einspeicherung und Verarbeitung in elektronischen Systemen.
Printed in Germany
Umschlaggestaltung: deblik, Berlin
Druck und buchbinderische Verarbeitung: AZ Druck und Datentechnik GmbH, Kempten

*Für Daisy,
die immer da war.*

Vorwort

„Gottfried Benn. Geboren 1886 und aufgewachsen in Dörfern der Provinz Brandenburg. Belangloser Entwicklungsgang, belangloses Dasein als Arzt in Berlin". Diese drei Zeilen ließ der Dichter 1919 in die berühmt gewordene Lyrikanthologie *Menschheitsdämmerung* einrücken. René Schickele, Alfred Wolfenstein und Paul Zech brauchten für die autobiographische Auskunft das Zehnfache, nämlich mehr als dreißig Zeilen. Die Redseligkeit hat ihrem Nachruhm wenig genutzt: Gottfried Benn ist es, der den Lesern von Lyrik und den Herausgebern von Anthologien im Gedächtnis blieb. Alfred Döblin nannte ihn 1950 „den letzten der wahrhaft großen Lyriker", und dieses Urteil hat sich bis heute gehalten.

Auf dem öffentlichen Parkett des Literaturbetriebs und in Berlins literarischen Zirkeln spielte Benn jedoch keine Rolle. Er schloß sich vor der Gesellschaft, ihren Ehrungen, Kongressen und Skandalen ab. Sein Leben verlief zwischen der Arztpraxis und der Bierkneipe um die Ecke: „Ich habe keine Besucher, nur wer sich extrem isoliert, bleibt produktiv". Zwar fuhr er als Schiffsarzt nach New York, es gab zwei oder drei Reisen nach Frankreich in den zwanziger Jahren. Wegen der schlecht gehenden Praxis suchte er sein Auskommen in der Reichswehr und ließ sich 1935 reaktivieren. Zwei Jahre lebte er in Hannover, gegen Ende des Zweiten Weltkrieges verschlug es ihn als Sanitätsoffizier nach Landsberg (Warthe). Aber nach dem Krieg praktizierte er wieder als Arzt für Haut- und Geschlechtskrankheiten in Berlin, „mit jedem Tag wächst meine Abneigung gegen Zustimmung, Beifall, offene Arme. Meine Bozenerstr[aße] für mich allein, – weiter wird es für mich nichts geben", heißt es 1949.

Die Forschung hat seit 1968 versucht, der Langeweile einer Existenz, die durch den „primären Drang nach Abgrenzung" bestimmt war, auf die Beine zu helfen. Dafür bot sich besonders das Jahr 1933 an. Aus drei oder vier Aufsätzen, die Benn 1933/34 in einer von neununddreißig Tageszeitungen, die in Berlin erschienen, veröffentlichte, in denen er seine Vorbehalte gegen die Emigration aussprach und keineswegs für die Parteiherrschaft des Nationalsozialismus, sondern für einen „Neuen Staat" mit einer norm- und gesetzesverpflichteten Verwaltungsbürokratie eintrat, wurde eine linientreue Parteigesinnung des Dichters konstruiert: „Mit Haut und Haaren verfing er sich in den Netzen der Nationalsozialisten", heißt es noch kürzlich bei Christian Schärff, und solche Metaphern, die anstelle von Fakten die Dramatik erhöhen sollen, finden sich des öfteren. Allerdings bedürfen die Anschuldigungen einer sachlichen Überprüfung. Archive und die bis jetzt edierten Briefwechsel bieten dafür reichliches Material, und für denjenigen, der sich bemüht herauszufinden, was denn eigentlich einen „Nazi" ausmachte, verschwindet die Dramatik, mit der die Sekundärliteratur die Vorgänge des Jahres 1933/34 hochspielt, Benn sogar zum Verfolgten des Regimes macht, um ihn schließlich als Widerständler feiern zu können.

Die vorliegende Darstellung versucht, diesen und anderen Klischees auszuweichen, die sich seit Benns Tod 1956 in der Forschung breit gemacht haben. Sie versucht, den Dokumenten aus militär- und medizinhistorischen Archiven und Bibliotheken entsprechendes Gewicht zu geben und Benns Werk im Zusammenhang mit der jeweiligen Zeitgeschichte zu erläutern. Dabei zeigt sich: Die Dramatik dieses Lebens liegt ebenso in der Radikalität seiner gesellschaftlichen Isolierung wie in der Radikalität seiner Ansichten. Sie liegt jedoch vor allem in der Geschichte selbst, in der Benns Leben sich abspielt, und zu deren Ereignissen er mit ungewöhnlicher gedanklicher Schärfe und sprachlicher Virtuosität Stellung nimmt. Seine Teilnahme am Ersten und Zweiten Weltkrieg, seine Erfahrungen in den bürgerkriegsnahen Stürmen der Weimarer Republik und des Elends der Berliner Nachkriegszeit machen dieses Leben interessant und repräsentativ für eine Generation, die im Expressionismus aufwuchs und in der Restauration der Adenauerzeit endete. Benn war ein Zeitzeuge für diesen Abschnitt der deutschen Geschichte und als solcher wird er den Lesern auch gezeigt werden.

Inhaltsverzeichnis

Vorwort VII

1 Kindheit 1

2 Gymnasium in Frankfurt/Oder 11

3 Studium in Marburg (WS 1903/04 – SS 1904) 17

4 Studium in Berlin (WS 1904/05 und SS 1905) 23

5 Kaiser-Wilhelms-Akademie, Berlin („Pépinière") 27

6 Berlin 1912–1914 35

7 Berlin, Brüssel 1914–1917 45

8 Berlin 1918–1927 53

9 Berlin 1927–1934 65

10 Hannover, Berlin, Landsberg (1935–1945) 105

11 Nachkrieg (1945–1956) 133

Nachwort 157

Danksagung 161

Abkürzungen 163

Anmerkungen 165

Literaturverzeichnis 187

Namensregister 193

1 Kindheit

Auf seine Herkunft aus dem protestantischen Pfarrhaus war Gottfried Benn zeitlebens stolz. Zwar entfernte er sich früh vom orthodoxen Glauben, doch blieb er der Atmosphäre seines Elternhauses treu, die ihn „jeden Materialismus historischer oder psychologischer Art als unzulänglich für die Erfassung und Darstellung des Lebens" ablehnen ließ.[1] Das protestantische Pfarrhaus hat in Deutschland einen Großteil seiner Dichter und Schriftsteller hervorgebracht. Dieses historisch-soziologische Phänomen beschäftigte Benn im Zusammenhang mit Problemen der Familien- und Erbforschung. Zuerst äußert er sich dazu in einem Aufsatz von 1930 über *Das Genieproblem*, in dem er sich eng an die Untersuchungen Ernst Kretschmers und Wilhelm Lange-Eichbaums über die Begabungszüchtung des Pfarrhauses anschließt. Den „Fanatismus zur Transcendenz", den ihm das protestantische Milieu vermittelte, übertrug er auf die Kunst: „Ich sehe diese Transcendenz ins Artistische gewendet, als Philosophie, Metaphysik der Kunst. Ich sehe die Kunst die Religion dem Range nach verdrängen".[2] Daß aus Pastorenfamilien „die gesamte geistig produktive, kulturschaffende Macht des deutschen Volkes hervorging",[3] betont Benn ab 1933 mehrfach und verweist auf Lessing, Wieland, Schelling, auf die Gebrüder Schlegel, Jean Paul und Nietzsche. In diese Reihe alter Pfarrer- und Gelehrtenfamilien, in denen „die sprachlichen und logisch abstraktiven Fähigkeiten selektiv entwickelt wurden",[4] schließt er sich ohne Umstände ein. Seine Herkunft kommt ihm 1934 gelegen, als ein literarischer Konkurrent und notorischer Denunziant, der Balladendichter Börries Freiherr von Münchhausen, ihn öffentlich bezichtigt, „fast reinblütiger Jude" zu sein.[5] Benn holt in der Herleitung seiner Familiengeschichte historisch und genealogisch weit aus und zieht nach einer beeindruckenden Beispielreihe europäischer Pfarrersöhne, von Jacob Burckhardt, van Gogh und Dilthey bis zu Albert Schweitzer und Friedrich Naumann das Fazit: „Man kann sagen, daß aus dem Erbmilieu des evangelischen Pfarrhauses tatsächlich ein enormer Teil der gesamten geistig produktiven, kulturschaffenden Macht des deutschen Volkes hervorgegangen ist".[6]

Trotz seiner Herkunft blieb Benn eine religiöse Erfahrung jedoch fremd. Die Realität des Christentums versank für ihn im unaufhörlichen Verwandlungsgang der Geschichte: „Ein Morgen erhob sich, der Hahn krähte, er krähte dreimal, er schrie geradezu nach Verrat –, aber niemand war mehr da, der verraten werden konnte oder der verriet – das Dogma war zu Ende".⁷ Wenn auch die Glaubenswahrheiten abhanden kamen: Die Sprache, in der diese Wahrheiten ausgedrückt wurden, ist für Benn immer lebendig geblieben. Der tägliche Umgang mit religiösen Texten, von der Morgenandacht bis zum Tischgebet, von der Katechismuslektüre bis zur sonntäglichen Predigt, gehörte selbstverständlich zum Familienleben. Die Gleichnisse der Lutherbibel und der Rhythmus des barocken Kirchenliedes gruben sich in das Sprachbewußtsein Benns ein. Reminiszenzen und Anspielungen auf christliche Texte, dazu offene und verdeckte Bibelzitate durchziehen sein ganzes Werk. Der innere Respekt vor dem sakralen Charakter des Wortes, die Heiligung der Poesie ging ihm nie verloren: „Durch jede Stunde, durch jedes Wort / blutet die Wunde der Schöpfung fort".⁸ Das trifft gerade für die frühesten expressionistischen Gedichte zu, die zwar die Formen der klassischen Lyrik zertrümmern und die Inhalte hinter sich lassen, deren Sprache jedoch die Erinnerung an das pfarrhäusliche Sellin weiterträgt: „Ruhe sanft", ruft das lyrische Ich der Blume zu, die in die Brusthöhle der Bierkutscherleiche eingenäht wird (*Kleine Aster*). Und im Sektionssaal begatten sich in den Näpfen für die Organe die Leichenteile und begrinsen die Erlösungstat Christi und den Sündenfall (*Requiem*).

Gottfried Benn wurde im gleichen Pfarrhaus in Mansfeld, einem Dorf zwischen Hamburg und Berlin, geboren, in dem auch der Vater und Großvater zur Welt gekommen waren. Sein Vater Gustav Benn (1857–1939) hatte in Straßburg, Leipzig (WS 1878/79) und Berlin (SS 1879–SS 1881) Theologie studiert. Ein wegweisendes Erlebnis muß ihm die Begegnung mit dem schwäbischen Pietismus in Bad Boll gewesen sein. Der berühmte Johann Christoph Blumhardt hatte dort 1852 ein religiöses Erweckungs- und Heilungszentrum eingerichtet. Sein Sohn Christoph Friedrich (1842–1919) bildete als bedeutender Seelsorger die Theologie des Vaters weiter und betonte die Diesseitigkeit des Reiches Gottes, dessen Beginn er mit zeitgeschichtlichen Ereignissen, etwa dem Aufstieg der Arbeiterbewegung, kommen sah. Er verließ die Kirche und trat 1899 in die Sozialdemokratische Partei ein, deren Abgeordneter im Württembergischen Landtag er 1900–1906 war.

Gustav Benn ist von diesen Überzeugungen mehr als nur flüchtig berührt worden. Während seiner Amtsjahre als Dorfpfarrer hielt er neben der konservativen *Kreuzzeitung* auch den sozialdemokratischen *Vorwärts*. Auch besaß er die gleiche seelsorgerische Ausstrahlung, der die Blumhardts ihre Erfolge verdankten. Von daher läßt sich die besondere Attraktivität, die Bad Boll für ihn gehabt hat, verstehen.

Nach seinem Studium gab Gustav Benn zunächst Unterricht in der Kadettenanstalt in Potsdam und arbeitete als Erzieher von Blumhardts

1 Kindheit

Kindern in Bad Boll. Später trat er als Hauslehrer auf Gut Gadow, dem Besitz des Grafen Wichard von Wilamowitz-Moellendorff, seinen Dienst an. Mit der „Mademoiselle" Caroline Jequier (1858–1912), einer Schweizerin, die als französischsprechende Gouvernante angestellt war, kam er täglich zusammen. Im Juli 1884 heirateten die beiden, das erste Kind, die Tochter Ruth, kam zwölf Monate später zur Welt, Gottfried wurde ein Jahr darauf, am 2. Mai 1886 geboren. Ein halbes Jahr später zog die Familie um. Der Vater hatte durch Protektion des Kirchenpatrons Günther Graf Finck von Finckenstein, dem Besitzer und Schloßherrn des Gutes Trossin, der auch zum Blumhardt-Kreis gehörte, eine größere Pfarrstelle in Sellin bekommen. Dieses Dorf in der Neumark, östlich von Bärwalde, in dem Benn die ersten zehn Jahre seines Lebens verbrachte, wurde ihm zum Inbegriff von Heimat. „Von meinem im Parterre gelegenen Dienstraum in der Bendlerstrasse führt eine Terrasse in einen kleinen Garten, ein Fleckchen Schund und die Reinemachefrauen säen jetzt darin Radieschen", schreibt er zu Beginn des Zweiten Weltkrieges an Freund Oelze, „aber er erfreut mein Herz und er schafft mir Erinnerungen an die Zeit, wo ich noch auf den Dörfern wohnte und an die Räusche der Fliederblüte und die Fascinationen durch Jasmin. Etwas bleibt, ist unzerstörbar und lebt weiter als Heimat und ist geborgen".[9]

Das Selliner Pfarrhaus, ein einfacher, aber geräumiger Backsteinbau, liegt der Kirche gegenüber. Steinstufen führen zum Eingang hinauf, auf jeder Seite drei Fenster. Rechts vom Hausflur befindet sich das Amtszimmer des Vaters, daneben ein schmaler Raum mit Aktenregal und Badewanne, dahinter Küche, Wirtschaftsstube und Speisekammer, auf der anderen Seite Wohn-, Eß- und Schlafzimmer. Von der gedeckten Veranda an der Rückseite des Hauses, von der eine Treppe in den Garten geht, blickte man auf den „großen Rasen" mit dem Rosenbeet. Ein Graben, über den drei kleine Holzbrücken führten, trennte ihn vom Gemüse- und Feldgarten mit Beerensträuchern, Obstbäumen und dem Trockenplatz. An das Haus grenzte die breite Toreinfahrt zum Wirtschaftshof mit Stall und Scheune, Wagenremise und Dunggrube.

Ein evangelischer Pastor war Ende des 19. Jahrhunderts zugleich Bauer, das Pfarr- und Kirchenland stand ihm zur Bewirtschaftung zur Verfügung. Zwar verpachtete Vater Benn seine Äcker und Wiesen an die Landwirte der Nachbarschaft, doch ging es gleichwohl im Pfarrhaus bäuerlich zu. Zur Gartenernte wurden Einmachgläser und Saftflaschen geschwefelt, abends steinten die Frauen Pflaumen aus, um sie am nächsten Morgen im Kupferkessel unter stundenlangem Rühren zu Mus zu verkochen. Schweine und Gänse wurden im Oktober zu Martini geschlachtet. Ein Teil des knappen Gehalts bestand in Naturalien: Ostern mußte jede Familie aus der Gemeinde dem Pfarrer „zwei bis drei frische Eier abliefern, ganze Waschkörbe voll standen in unseren Stuben, im Herbst jeder Konfirmierte eine fette Gans".[10] In diesem Milieu wuchs Benn in den ersten zehn Jahren seines Lebens auf. Zusammen mit den sieben Geschwistern wurden gelegentlich noch ein paar Schwererziehbare großgezogen, denn zum Selbstverständnis eines protestantischen Pfarrhauses, besonders wenn es unter dem Einfluß von Blumhardt stand, gehörte das soziale Engagement. Benn hat 1952 in dem Gedicht *Keiner weine* aus der Rückschau auf sein Berliner Studium von der Armut in seinem Elternhaus gesprochen, und die Germanistik hat diesen Begriff unbefragt übernommen. Man darf Benns Erinnerung jedoch nicht im modernen, im wörtlichen Sinne verstehen. Das bäuerliche Leben des Pastors ist, bei acht Kindern, zwar einfach und selbstgenügsam, natürlich wurde gerechnet und gespart. Vor allem keine Verschwendung, hieß die wirtschaftliche Devise. Aber man lebt auch nicht kümmerlich oder gar arm, sondern zeitentsprechend: Während der Großvater noch bei Kerzenschein an der Predigt arbeitete, formuliert Vater Benn bereits bei Petroleum. Auch eine Badewanne gibt es, auf dem Dorf vor 1900 ein Zeichen höchsten Komforts. Ernst-Viktor Benn erinnert sich an die Badetage während des Winters im Pfarrhaus: „Meine Schwester Edith und ich wurden stets zusammen in die Wanne gesteckt, jeder saß an einem Ende auf zwei Ziegelsteinen, um über den Wasserspiegel hinauszuragen, der wiederum deshalb so hoch war, weil einer der Erwachsenen das Wasser nachher noch für sich benutzen wollte".[11]

Mit den Dorfjungen ging Benn zur Schule. Allerdings war die Teilnahme Formsache, denn der Vater unterrichtete traditionsgemäß selbst. Später wurde der Junge von dem Hauslehrer des Grafen Finck von Finckenstein, dem Patronatsherrn der Selliner Pfarre, zusammen mit den gräflichen Söhnen unterrichtet.

Auf Benns Bildung hat das Elternhaus wenig Einfluß nehmen können, sehen wir von Bibel, Katechismus und Gesangbuch einmal ab: „In meinem heimatlichen [Pfarrhaus] gab es keinen Chopin, es war völlig amusisch, mein Vater hat nie in seinem Leben ein Buch gelesen, einmal, Anfang des Jahrhunderts, war er in Berlin im Theater gewesen, in Wildenbruchs *Haubenlerche*, erinnere ich mich", schrieb Benn 1954 an Hans Egon Holthusen.[12] Diese Formulierung scheint ihn so befriedigt zu haben, daß er sie fast wörtlich in das Gedicht *Teils-teils* übernahm. Jedoch kann Benn für diese Bemerkung weder, wie es üblich geworden ist, ein „Gefühl der Unterlegenheit" zugeschrieben werden, noch ist sie ein Zeichen dafür, daß Benn seine „kleinbürgerliche Herkunft als Makel empfunden habe".[13] Denn der Dichter vergleicht nur sein eigenes Elternhaus um 1900 auf dem Lande mit dem des siebenunddreißig Jahre jüngeren Pfarrerssohnes Holt-

1 Kindheit

husen aus der Stadt Hildesheim, der ihm in einem Brief von seiner eigenen Jugend und den Üppigkeiten eines gemütlichen und zivilisierten Christentums geschrieben hatte und von der romantischen Klaviermusik an Sonntagnachmittagen im Ambiente einer Kleinstadtpfarrei. Das Urteil Benns über das Fehlen einer musischen und literarischen Bildung muß zeitgeschichtlich angemessen verstanden werden: Wenn auch Musik nur in der Form des Kirchengesangs oder des Orgelspiels erfahren wurde, und die eigentlich schöngeistige Bildung der Eltern fehlte, so ist doch der frühe Umgang mit dem Buch als einer wahren Enzyklopädie von „Sprachformen, Bildern, Gleichnissen, Redeweisen, Darstellungsarten, äußeren und inneren Formen" für Benns geistige Entwicklung bestimmend gewesen.[14]

Zu seinem Vater hatte Benn ein ambivalentes Verhältnis. Als Vierundsechzigjähriger schreibt er rückblickend: „Zwischen Vater und Sohn bestehen wohl grundsätzlich ebensoviel Antipathien wie ihr Gegenteil, sie sind ebenso von Haß in Spannung gehalten wie durch Liebe verbunden".[15] Die Vorbehalte des Sohnes erstaunen nicht, denn das begabte Kind fühlte sich zu wenig unterstützt und bestätigt, vielleicht sogar entwertet: „Mit sieben Jahren", berichtet Benn, „war ich so dumm, daß mein Vater, der mich unterrichtete, sagte, du bist so unbegabt, du kannst nicht mal Tischler werden".[16] Für die wenig einfühlsame Haltung des Vaters spricht auch eine Erinnerung, die Benns ältere Schwester Ruth mitteilt: „Als Gottfried und ich so 4 u. 5 Jahre alt waren, sollte Vater uns irgend ein kl[eines] Lied od. Gedicht beibringen. G[ottfried] behielt damals schwer auswendig, ich spielend (was meiner Ansicht nach nichts als eine Abart der Musikalität ist); Vater sagte am Schluß zu Mutter: „Der Junge wird nie das Gymnasium besuchen können, er ist zu unbegabt; vielleicht kann er mal ein Handwerk lernen".[17] Der Sohn konnte jedoch den Widerstand gegen den Vater in eine pfiffige Form bringen: „Gottfried, du hast ja kein Gesangbuch!", lautete der Vorwurf vor dem Kirchgang. „Ich singe aus dem Herzen, Vater".[18] Zum Tode seines Vaters schreibt Benn 1939 rückblickend: „Wenn ich jetzt an ihn zurückdenke, kommt mir als stärkster Eindruck entgegen, dass ich ihn niemals, in keiner Lage u. vor keinem Ereignis, armselig, dürftig, kleinlich, ängstlich sah, immer war er über den Dingen, immer hob er das Niedere, immer trug er das Gefallene u. Bedrängte in eine nur ihm gehörige reine, gütige Welt. Zweifellos ein sehr ungewöhnlicher Mann; ganz einfach, gänzlich unintellectuell; aber es strömte etwas von ihm aus, dem ich mich selbst in meinen extremsten u. explosivsten Jahren nie entziehen konnte, u. das ich als eine überwältigende unfassliche Reinheit bezeichnen möchte".[19]

Gustav Benn führte sein Haus mit patriarchalischem Regiment. Der Tagesablauf war auf das Genaueste eingeteilt. Erst wenn das Mittagessen Punkt halbeins auf dem Tisch stand und die Familie versammelt war, wurde der Vater gerufen. Zuspätkommen duldete er nicht. Am Sonntag hatte jede vermeidbare Hausarbeit zu ruhen, die Mutter plättete nicht, Schularbeiten waren untersagt. Theologisch jedoch kannte der Selliner Pfarrer keine dogmatische Strenge. Er lebte in der unerschütterlichen Überzeugung des rechten Glaubens und zog aus ihm die Kraft für die Seelsorge der ihm anvertrauten Gemeindemitglieder: Ohne Ansehen der Person und des Standes besuchte und beriet er Bedrückte, Gefährdete, Kranke. Er war kein Parteigänger der adligen Großgrundbesitzer, den Landarbeiter wie den Grafen aus Trossin begrüßten seine Kinder unterschiedslos mit einem höflichen Handschlag und machten ihren Diener.[20] Natürlich nimmt das Kind die sozialen Unterschiede wahr, einerseits den Adel in seiner festumgrenzten Welt der Herrschaft mit distanzierten Formen, andererseits die vom Gut abhängigen Kleinbauern und Landarbeiter. Aber das Pfarrerskind lebt durchaus privilegiert. In der Forschungsliteratur zu Benn hat sich die These breitgemacht, der Junge habe unentschieden zwischen den Arbeiter- und Dorfjungen und den Söhnen des ostelbischen Adels gestanden, nach Geburt und Erziehung sei er zwischen den Klassen gependelt, eine „frühe und extreme Sozialkonstellation" habe seine Identitätsfindung erschwert, die „prekäre soziale Schieflage" habe ihn sogar für eine Resozialisation im Nationalsozialismus empfindlich gemacht.[21]

Das ist natürlich falsch. Es wird in Benns Leben früh zu Kränkungen gekommen sein, zu Zurückweisungen seiner geistigen Andersartigkeit. Für Benn ist das Bewußtsein seiner Begabung und seiner nicht alltäglichen Sensibilität immer eng mit fehlender Empathie verbunden gewesen. Er deutet das in einem Brief an Elinor Büller an, wenn er anläßlich einer Einladung über die Gastfamilie sagt: „Kleinster Kreis, familiär. Viel Familienleben u. Gemütstiefe – Eigentlich reizend. Mir ja unbekannt, nie kennengelernt zu Hause".[22] Nicht die Klassenunterschiede bedrängen das Kind, sondern die mangelnde Anerkennung seiner kindlichen Bedürfnisse und das Schweigen auf seine diesbezüglichen Fragen nehmen seine aufgeweckte und verletzliche Seele in Anspruch. Daß seine lebenslange Suche nach den Ursachen für den Zwang zum Dichten eigentlich eine unbeantwortbare „Kinderfrage" ist, hat Benn wenige Jahre vor seinem Tode im Gedicht ausgedrückt (*Nur zwei Dinge*). Seine lebensgeschichtlichen Konflikte und Brüche, die in Gedichten, Briefen und Selbstzeugnissen zum Ausdruck kommen, haben etwas mit der frühen Gewißheit des eigenen Wertes zu tun bei gleichzeitig mangelnder Empathie seiner Umgebung. „Nächst dem jüdischen ist mir ja das adlige das liebste Milieu. Auch hier etwas Überlegenes und man könnte sagen Unnordisches, eben: Verfeinerung".²³ Diese Feststellung des fast Fünfzigjährigen ist auch der Ausdruck einer unerfüllten Sehnsucht nach der Zugehörigkeit zu einer Gruppe, die sich durch eine besondere Intellektualität auszeichnet, wie etwa die jüdische, die Benn dann im Literatur- und Kunstbetrieb der Weimarer Republik kennen und schätzen lernte. „Weil ich kein Ich mehr bin, sind meine Arme schwer geworden. Wann fing es an? Sehr weit zurück. Denn dunkel war der Garten meiner Jugend, morsch die kleinen Brücken und die Bretter fielen ein. Von Anfang an war alles Schwere da, aller Kummer so von selbst, so vorbereitet war ich früh, daß es galt, eine kleine Weile zu bestehen, wo es keine Hoffnung gab".²⁴

Dieses Bekenntnis aus der Novelle *Die Phimose* (1918), das in späteren Abdrucken wegen des zu verräterischen autobiographischen Hinweises unterdrückt wurde, spricht von der Hoffnungslosigkeit, der sich schon das Kind widersetzen mußte, und der melancholischen Grundstimmung, unter der Benn zeitlebens litt. Von hier aus führt ein gerader Weg zu seinen späteren Lieblingsworten, etwa dem Rilke-Vers: „Wer spricht von Siegen – überstehn ist alles", oder seiner eigenen Zeile aus *Weinhaus Wolf*: „Du stehst für Reiche, nicht zu deuten und in denen es keine Siege gibt".²⁵

Der unerklärte Kummer der „Frühe" wird als etwas Apriorisches und Unaufhebbares verstanden: „Auch im Äußeren verlief mein Leben nicht hell, niemand hat es mir erleichtert, keine Hand, konnte es nicht, von früh an nicht".²⁶ Benn verharrt allerdings nicht in der Anklage gegen die großen Figuren der Kindheit, im Gegenteil. Die Verarbeitung der Verlusterfahrungen mit Hilfe der Sprache bildet eine konstitutive Grundlage für sein poetisches Werk.

Benns Mutter wurde 1858 in Fleurier, einem Straßendorf des Schweizer Jura geboren. Es erstreckt sich auf der Hochebene des Val-de-Travers oberhalb des Neuenburger Sees zwischen steil aufragenden Felsen mit Eisenerz- und Asphaltlagern und hat wenig von dem Reiz der tiefer gelegenen Orte mit dem Flair südlichen Weinbaus: Benns idealisierende Schilderungen von der scheinbar fast mediterranen Heimat seiner Mutter entsprechen der Realität nicht. Sie stammte aus armen Verhältnissen, die eigene Mutter stirbt schon 1866 bei der Geburt des neunten Kindes; deswegen wächst die Halbwaise bei einer Patentante im waadtländischen Yverdon auf. Der Vater ist im Kirchenbuch als „Horloger" eingetragen, er wird in der Uhrenindustrie als handwerklicher Zulieferer tätig gewesen sein. Caroline hat wahrscheinlich eine Mittelschule besucht. Zu den Grundfächern Religion, Rechnen, Französisch und Schönschrift lernte sie Deutsch als Fremdsprache, die Voraussetzung für ihre spätere Tätigkeit als Gouvernante. Auch ihre vier älteren Schwestern gehen als Erzieherinnen ins Ausland.

Mit zwanzig Jahren kommt Caroline nach Deutschland, Benn wurde geboren, als sie bereits siebenundzwanzig Jahre alt war. Wir wissen fast nichts über sie und ihr Verhältnis zu ihrem ersten Sohn, der ihr in der Körpergestalt nachgerät: Benn erbte ihre Beleibtheit. Wenn in der Sekundärliteratur bis heute davon die Rede ist, daß der Mutter seine „vorbehaltlose Liebe" gehörte,[27] dann sind Zweifel angebracht. Im November 1933 lädt der *Berliner Lokalanzeiger* einige Mitglieder der Preußischen Akademie der Künste in Berlin ein, zum Thema „Das Bild meiner Mutter" beizutragen. Benn geht auf sein Verhältnis zur Mutter überhaupt nicht ein, sondern trägt genealogische Gedanken über das Erbmilieu vor, in das sie das „romanische Blut" einbrachte: „Sie sprach die deutsche Sprache immer mit Akzent, gewisse deutsche Worte wollten ihr ihr Leben lang nicht gelingen, und sie sang ihre vielen Kinder mit französischen Liedern ein. Ein Lied begann, ich erinnere mich deutlich: „les cloches sonnent, l'air en rayonne".[28] Er spricht auch von einer „düsteren Erzählung" über den Rückzug der französischen Ostarmee unter General Charles Bourbaki im Januar 1871 in die Schweiz, die ihn besonders erregte. Sein Beitrag schließt mit einer Floskel: „Die Erinnerung an sie, die über alles zärtliche und treue Mutter, lebt in ihren Kindern weiter, die Erinnerung an sie, ihre Heimat, ihre Berge, ihre Lieder".[29] Und im *Lebensweg eines Intellektualisten* (1934) charakterisiert er sie als „irdisch, allem Lebendigen nah, die Gärten, die Felder säend und gießend: Ackerbautyp, Pfahlbürgertyp mit dem realen Sein voll Lächeln und Tränen".[30]

Wir können in diesen Worten kaum einen Beweis für das innige Verhältnis von Mutter und Kind sehen: Der erwachsene Sohn erinnert sich an eine lebenstüchtige Frau. Jedoch ist eine Mutter, deren Kräfte sich zwischen Wochenbett, Küche, Stall und Garten erschöpfen müssen, noch keine zugewandte Mutter für den empfindsamen Sohn. Wenn man also bedenkt, daß Caroline Jequier während der eigenen Kindheit und Jugend selbst viel entbehren mußte, später selbstverständlich ihrem Mann mit Hingabe diente und ansonsten die Familie versorgte, versteht man leichter, daß sie ihrem Sohn auf eine grundlegende Art nicht zur Verfügung stand, und daß das seelische Klima der ländlich-pfarrhäuslichen Kindheit für den kleinen Gottfried nicht förderlich genug war.

Auffallend ist der häufige Rekurs auf die Natur, wenn Benn an seine Kindheit denkt. Statt von der Liebe der Eltern spricht er vom „großen Pfarrhaus, großer Garten, drei Stunden östlich der Oder [...], Kindheitserde, unendlich geliebtes Land".[31] Oder im Gedicht *Epilog* (1949) heißt es: „Es ist ein Garten, den ich manchmal sehe / östlich der Oder, wo die Ebenen weit, / ein Graben, eine Brücke, und ich stehe / an Fliederbüschen, blau und rauschbereit". Benns Kindheitserinnerungen beziehen sich auf menschenleere, idealisierte Landschaften. Eine schwerwiegende

1 Kindheit

Folge der kindlichen Anpassung an die altpreußische Rigidität des Milieus besteht in der Unmöglichkeit, bestimmte eigene Gefühle wie Eifersucht, Neid, Wut oder Ohnmacht bewußt zu erleben, weil sie verboten sind. Im Garten, auf dem Felde, im Walde findet sich der konfliktfreie Raum, in den sich das Kind flüchtet, in dem es sich der inneren Spannungen enthoben weiß.[32] „Ein ländliches Pfarrerskind, neben seiner erstgeborenen Schwester Ruth, Ältester von sieben Geschwistern, an enges Beieinanderleben gewohnt, liebte er es, alleine spazieren zu gehen, *am liebsten in der Dämmerung*. Sein Einsamkeitsbedürfnis war schon damals groß", sagt Rübe,[33] und wir ergänzen: aus Notwendigkeit, vielleicht aus Verzweiflung. Die unter diesen Umständen abgespaltene, weil verurteilte Sehnsucht nach Beachtung, Respekt und Echo kommt zum Ausdruck in den Erzählungen des großen Bruders für die jüngeren Geschwister, in denen von „einem ‚Onkel ohne Haut', der im Walde lebte", die Rede ist.[34] Die Anderen sind für das lyrische Ich stets lebenstüchtig und glücklich, es selber ist zwar erwählt, aus der lebensbejahenden Gemeinsamkeit jedoch ausgeschlossen. In diesem Zwiespalt liegt die Quelle für Benns Bedürfnis, die Gesellschaft zu meiden und für sich zu bleiben: „Allein –: wahrscheinlich gibt es kein Wort darüber, allein und unverbittert in die Stunden des Dunkelwerdens sehen, dem will ich die Krone des Lebens geben".[35]

2 Gymnasium in Frankfurt/Oder

Benn ist elf Jahre alt, als er das Leben auf dem Lande aufgeben muß: Ab Herbst 1897 besucht er das Königliche Friedrichs-Gymnasium in Frankfurt/Oder. Der Freund und Schulgenosse seiner Kindheit, Heinrich Graf Finck von Finckenstein (1882–1914), der Sohn des Patronatsherrn der Selliner Pfarrei, wartet schon auf ihn. Beide wohnen in der Gubener Straße 31a, ganz in der Nähe der Schule, wo die Rechtsanwaltswitwe Agnes Leonhard in der zweiten Etage eine Schülerpension unterhält.

Frankfurt liegt fünfzig Kilometer Luftlinie südlich von Sellin auf dem linken Ufer der Oder und ist um die Jahrhundertwende eine Stadt, die sich kräftig entwickelt: Wirtschaftsmittelpunkt durch Banken, Behörden und große Firmen, etwa die Kesselschmiede und Eisengießerei Gutmann oder die Buch- und Kunstdruckerei Trowitzsch. Die Einwohnerzahl steigt in den sieben Jahren der Gymnasialzeit Benns auf weit über 60.000 an. Die Stadt ist Sitz einer königlichen Regierung, hier geben Divisions- und Armeekorpsstäbe den Ton an, in den Kasernen liegen an die sechstausend Soldaten. Der Schüler Benn hört Militärkonzerte im Karthausgarten und läuft mit der Tochter eines Brigadekommandeurs auf den Oderwiesen Schlittschuh.[36]

Die Werte des preußischen Ständestaates und die entsprechende Gesellschaftsordnung beherrschten die Stadt. In der Rangordnung folgten auf die Regierung, den Landadel und das Militär in absteigender Linie die Justiz und die städtischen Behörden. Die Gymnasialprofessoren und die freien Berufe stellten das Gros der intellektuellen Oberschicht.[37] Benn hat sich über seine Schulzeit später kaum geäußert, jedoch mit Stolz betont, daß er „zum Glück ein humanistisches Gymnasium" besucht habe.[38] Damit meinte er die Inhalte, die vermittelt wurden, und kaum den Drill und das Pauken, „wir wurden zu sehr von alten steifen Strebern geführt".[39] Das Friedrichs-Gymnasium war eine ehrwürdige Anstalt, deren Tradition bis ins 17. Jahrhundert zurückreichte. Das Schulgeld, das „in der ersten Woche eines jeden Quartals praenumerando" zu entrichten war, betrug 120 Mark. Eine Befreiung konnte durch den Direktor für jeweils ein Semester gewährt werden.[40] In dem Gedicht *Pastorensohn* findet sich ein Hinweis darauf, daß Benn während der Schulzeit auf fremde Unterstützung angewiesen war: „In Gottes Namen denn, mein Sohn / ein feste Burg und Stipendiate, / Herr Schneider Kunz vom Kirchenrate / gewährt dir eine Freiportion".

Der Unterricht folgte dem Lehrplan für die höheren Schulen in Preußen und sah eine gründliche Ausbildung in den alten Sprachen vor. Die Schüler mußten alle vierzehn Tage schriftliche Übungen in den Fächern Latein und Griechisch anfertigen, die Werke von Platon, Euripides, Sophokles und Homer sowie Herodot, Horaz und Tacitus gehörten zum Lehrstoff. Das Reifezeugnis bestätigte dem Schüler Benn, daß er die „lateinischen Dichter und Prosaiker mit Verständnis gelesen und sich dadurch eine erfreuliche Kenntnis des antiken Lebens und Denkens erworben" habe.[41] Das Altertum, besonders die griechische Kultur in allen ihren Formen, als Geschichte, bildende Kunst, Dichtung und Philosophie, gehörte deshalb auch zum thematischen Grundbestand des Bennschen Denkens und Dichtens. Sie bot ihm ein Arsenal von Motiven, Zitaten, mythologischen Begriffen, und er nutzt die Melodik griechischer Vokabeln zur Steigerung des eigenen Ausdrucks.

Dabei steht sein Bild der Antike ganz im Zeichen der Philosophie Friedrich Nietzsches, die er sich schon früh zu eigen gemacht haben muß. Nietzsches Worte aus dem *Willen zur Macht* haben auch auf Benn gewirkt: „Den *Süden* in sich wieder entdecken und einen hellen glänzenden geheimnisvollen Himmel des Südens über sich aufspannen; die südliche Gesundheit und verborgene Mächtigkeit der Seele sich wieder erobern".[42]

Eine andere Stärke des Frankfurter Gymnasiums lag in der mathematischen Ausbildung. Dabei fiel Benn die Bewältigung des mathematischen Lehrstoffes zeitweise nicht leicht, die schriftliche Prüfungsarbeit im Reifezeugnis wurde mit „genügend" bewertet. Auch im Fach Deutsch reichte es zu keiner besonders guten Note: „Seine Darstellung war hier und da noch ungewandt und der Ausdruck nicht überall treffend; aber sein redliches Streben ließ ihn auch hier befriedigende Ergebnisse erzielen. Im mündlichen Unterrichte zeigte er stets rege Teilnahme und gutes Verständnis, auch die durch häusliche Lektüre erworbene Kenntnis der Haupterscheinungen der vaterländischen Literatur war befriedigend". Im Nebenfach lernte Benn Französisch, über eine bescheidene Stufe der Verständigung ist er jedoch nicht hinausgekommen. Englisch lernte Benn nicht, er hat diese Unkenntnis zeitlebens als Manko empfunden, was noch als autobiographische Reminiszenz in dem Gedicht *Was schlimm ist* thematisiert wird: „Wenn man kein Englisch kann, / von einem guten englischen Kriminalroman zu hören, / der nicht ins Deutsche übersetzt ist". Am Religionsunterricht zeigte er „stets ein sichtliches Interesse und erfreute auch durch zunehmendes Verständnis selbst in schwierigen Teilen des Stoffes. Seine Kenntnisse in der Glaubenslehre sowie in der Bibelkunde und besonders in den Hauptepochen der Kirchengeschichte waren sichere und gute". Benns Betragen und Fleiß

schienen den Lehrern „lobenswert und gut", von der mündlichen Prüfung wurde er befreit.
Sicher las er viel, nicht nur Felix Dahns *Ein Kampf um Rom*. In einem Brief an seine Schwester Ruth vom 9. Januar 1900 zählt er die Weihnachtsgeschenke auf, darunter Wilhelm Hauffs *Lichtenstein*, eine Biographie über Fridtjof Nansen, *Hans Jürgen von der Linde* von Oskar Schwebel. Gräfin von Finckenstein schenkte ihm *30 Lebensbilder deutscher Männer aus neuerer Zeit* von Hanns von Zobeltitz.[43]

Sicher gehörte auch die zeitgenössische Poesie zum Lesestoff. In seiner Bibliothek hat sich das *Hausbuch deutscher Lyrik* von Ferdinand Avenarius aus dem Jahre 1903 erhalten, Benns erste Gedichte, die 1910 veröffentlicht wurden,[44] entsprechen noch ganz dem traditionellen Typ der stimmungshaften Naturlyrik.

Über die außerschulische Betätigung Benns in Frankfurt gibt es kaum Überlieferungen. Bekannt ist seine Teilnahme an der Tanzstunde im Winter 1900/1901. Er war befreundet mit Joachim Trowitzsch, dem Sohn des Besitzers der „Hofbuchdruck- und Verlagsbuchhandlung", dem er zwei Konvolute von Gedichten widmet – „Zur Erinnerung an die gemeinsame Tanzstunde 1900–1901".[45]

Als Benn das erste Konvolut dieser Lyrik schrieb, war er fünfzehn Jahre alt. Es besteht aus acht Gedichten, die als *Lied I–VIII* fortlaufend numeriert sind; sie thematisieren Weltschmerz, Liebe und Leid. Eine Ballade handelt von einer Hexe, die einer Jungfrau falsche Hoffnungen macht, eine andere von der vergeblichen Sehnsucht einer Nonne. Die Themen sind konventionell, die Reime nicht überraschend.

Erst ein Vergleich macht deutlich, wie sehr der Schüler Benn bereits auf der Höhe des zu seiner Zeit Geläufigen steht. Die *Auswahl Deutscher Gedichte* (1. Auflage 1877) von Hermann Kluge, „ein vorzügliches Buch für Schule und Haus, sehr geeignet für die oberen Klassen der Gymnasien, das ohne Streben nach falscher Volkstümlichkeit durchweg kräftige und gesunde Nahrung für Geist und Gemüt bietet", stellt in späteren Auflagen in dem Kapitel „Aus der Dichtung der neuesten Zeit" unter anderen die Dichter Ferdinand Avenarius, Carl Busse, Gustav Falke, Arno Holz, Detlev von Liliencron und Carl Spitteler vor. Der Durchschnitt lautet so:

> Jahrelang sehnten wir uns,
> einen Garten unser zu nennen,
> darin eine kühle Laube steht
> und rote Rosen brennen.
> (Falke)
>
> Weil dir ein goldner Traum zerronnen,
> was hast du drum für herbe Qual?!

> Es ist doch nicht das erstemal,
> daß dich enttäuscht, was du begonnen!
> (Flaischlen)
> Durch Dornen bin ich aufgestiegen,
> durch dürre Heide weit und breit.
> Ich sah kaum einen Falter fliegen
> durch meine bittre Einsamkeit.
> (Oertel)

Verglichen mit solchen Elaboraten anerkannter, in Anthologien vertretener Dichter, schneiden manche Zeilen des Schülers nicht schlechter ab:

> Wenn mir die Brust bewegte
> Der Menschheit Leid und Nacht
> Und wenn ich jubelnd dachte
> Der Welt und ihrer Pracht,
> Ich eilte zu dem Thale,
> Zum Lindenbaum hinab;
> Da war es still und ruhig,
> So wie im kühlen Grab.

Der Volksliedton mit Eichendorff-Anklang der ersten Liedsammlung Benns wird im zweiten Konvolut abgelöst durch bekennende Freundschafts- und Liebesgedichte, die Zeugnis ablegen von den Gefühlswirren der Tanzstundenzeit. Die Sammlung beginnt mit einem reimlosen, sechsundzwanzigzeiligen Gedicht in fünfhebigen Jamben, in dem die Naturschilderung kein Selbstzweck ist, sondern als Anlaß für den Ausdruck eines unbegriffenen Gefühls dient:[46]

> Wenn ich hinausseh' in das stille Land,
> Das lenzumwoben, sich vor mir entfaltet,
> Das nur der sanfte Frühlingswind umspielt [...]
> Dann packt es mich, weiß ich doch selbst nicht wie?
> Ich fühl es nur wie eine heiße Ahnung
> Von etwas Hohem, einem sternenreinen
> Der Menschheit nie zu Teil gewordenen Glück.
> Und lauschen, ewig lauschen möchte ich
> Dem Sange jenes großen, stummen Dichters,
> Der uns so wundersam zu rühren weiß – –
> Und dann? Ja dann, mag es banal auch klingen
> Dann dichte ich und könnte meine Zeit
> Doch wahrlich besser totzuschlagen suchen. –
> Dies weiß ich wohl und dennoch ließ ich's nicht.

Hier wird bereits ein folgenreiches Thema angeschlagen, nämlich die Frage nach dem Zwang zur dichterischen Produktion, den Benn immer als ein unlösbares, existentielles Rätsel begriffen hat. Im großen Bogen einer Wenn-Dann-Konstruktion wird dieser Zwang thematisiert, und es fließt die kritische Frage nach dem Sinn eines solchen Tuns ein, die als ein unbewußter Vorwurf des Dichters an die verständnislosen Anderen verstanden werden kann. Das Gedicht endet mit einer oppositionellen Geste: Gemessen an der Nützlichkeitsideologie der bürgerlichen Gesellschaft entbehrt Dichten zwar des Sinns, aber es ist gleichwohl durch eine individuelle Notwendigkeit gerechtfertigt. *Frankfurt im Juni 1902* ist das Gedicht überschrieben, und es markiert sowohl den Ort als auch die Zeit der Geburt eines dichterischen Selbstbewußtseins, das der sechzehnjährige Schüler zeitlebens behalten wird.

Joachim Trowitzsch verließ im Herst 1902 als *primus omnium* das Frankfurter Gymnasium, Benn machte ein Jahr später, am 11. September 1903, mit siebzehn Jahren Abitur, und die Königliche Prüfungskommission, die ihn mit den „besten Wünschen für sein ferneres Wohl" verabschiedete, beschloß das Zeugnis mit der Feststellung, daß er die Anstalt jetzt verlasse, „um Medizin zu studieren".

Vielleicht hat der junge Benn das Medizinstudium auf Befragen seiner Lehrer als Herzenswunsch angegeben. Der sollte sich jedoch nicht so schnell erfüllen, denn es kam zu Auseinandersetzungen mit dem Vater wegen der Berufswahl. Wenn der älteste Sohn auch keine Anstalten machte, in des Vaters Fußstapfen zu treten, dann sollte er wenigstens, vielleicht im Hinblick auf eine Laufbahn im höheren Schuldienst, Theologie und Philologie studieren, das konnte man bei den beschränkten Mitteln noch leisten. Ein Medizinstudium war, schon allein wegen der Studiendauer von zwölf Semestern, zu teuer; und die anschließende Ausbildung als unbezahlter Medizinalassistent ließ nochmals zwei Jahre vergehen. Jura dauerte in der Regel nur fünf Semester. Zum Wintersemester 1903 bezog Gottfried daher ein Zimmer in Marburg bei der Familie Reinhard in der Wilhelmstraße 10, um Theologie und Philologie zu studieren.

3 Studium in Marburg (WS 1903/04 – SS 1904)

Die Entscheidung des erstgeborenen Sohnes, das geistliche Amt abzulehnen, wiegt im protestantischen Milieu besonders schwer, denn er verschließt sich damit nicht nur dem persönlichen Wunsch des Vaters, sondern zugleich dem Ruf Gottes. Ein Studium der Naturwissenschaften wäre in dieser Situation für den jungen Benn die beste Lösung gewesen: Es hätte die Distanz zur väterlichen Autorität garantiert und keine Schuldgefühle nach sich gezogen. Aber Gustav Benn bestand auf dem theologischen, zumindest dem philologischen Studium.

Was sollte der Junge machen? Er mußte dem Vater gehorchen, ob er wollte oder nicht. Benn hat sein Studium in Marburg später mit keinem Wort mehr erwähnt. Erst als er am 21. August 1951 im Auditorium maximum der Universität seinen Vortrag *Probleme der Lyrik* hält, kommt er zum Schluß mit einer Geste der Höflichkeit auf seine zwei Semester an der Lahn zu sprechen:[47]

> „Ich war achtzehn Jahre, als ich hier in Marburg zu studieren anfing. Es war im ersten Jahrzehnt dieses Jahrhunderts. Ich studierte damals Philologie und hörte ein Kolleg bei Professor Ernst Elster, dem Herausgeber der ersten großen Heine-Ausgabe, sein Kolleg hieß: Poetik und literarhistorische Methodenlehre. Es war ein anregendes und nach damaligen Maßstäben wohl auch modernes Kolleg [...]. Also ich hörte bei Elster, bei Professor Wrede über mittelalterliche Lyrik, und bei vielen anderen hatte ich belegt".

Die Philipps-Universität, eine Gründung der Reformationszeit (1527), hatte damals einen guten Ruf. Der Serologe Emil von Behring war als erster Mediziner überhaupt für die Entdeckung der Antitoxine gegen Diphterie und Tetanus mit dem Nobelpreis ausgezeichnet worden, berühmt war die „Marburger Schule" als Zentrum der philosophischen Bewegung des Neukantianismus. Sie wurde von Hermann Cohen und Paul Natorp, in Heidelberg von Wilhelm Windelband und Heinrich Rickert vertreten und spielte an den deutschen Universitäten jahrzehntelang eine tonangebende Rolle.

In den Abteilungen „Philosophie und Pädagogik" sowie „Philologie und Geschichte" bot die Philosophische Fakultät für das Winterhalbjahr 1903/04 und das Sommerhalbjahr 1904 genügend Vorlesungen und Seminare an, die das Interesse Benns fesseln konnten. Cohen trug über die „Geschichte der neueren Philosophie" und über „Kant's System (Erfahrungslehre, Ethik und Aesthetik)" vor. Natorp las vierstündig über „Allgemeine Psychologie", Ernst Maass behandelte „Die Stoffe der antiken Tragödie (zugleich als Einführung in die Mythologie)", dazu „Geschichte der griechischen Literatur von Alexander dem Großen bis auf Augustus". Theodor Birt interpretierte Catull, Juvenal und Euripides' *Medea*. Im Winterhalbjahr hielt der Privatdozent Ferdinand Wrede ein Seminar „Mittelhochdeutsch für Anfänger" und benutzte als Text *Meier Helmbrecht*. Auf diese Veranstaltung wird sich Benns Erinnerung bezogen haben, denn im Sommerhalbjahr lehrte Wrede nur gotische Grammatik. Ernst Elster bot in der Tat, Benn täuscht sich nicht, im Winterhalbjahr ein Kolleg mit dem Titel „Poetik und literarhistorische Methodenlehre" an, dazu behandelte er „Die Faustsage und Goethe's ,Faust'" und „Das deutsche Drama der Gegenwart". Im Sommer ging es ihm dann um „Schiller's Leben und Werke", um „Opitz' Buch von der deutschen Poeterei" und um „Uhland's Balladen". Im Reiten unterrichtete der Reitlehrer Daniel, im Fechten Fechtmeister Harms.

Gustav Benn hatte vom Sommersemester 1879 bis zum Sommersemester 1881 in Berlin studiert und war im Akademischen Turnverein Berlin aktiv gewesen. Auch Gottfried tritt, wie jetzt gesichert ist, gleich im Wintersemester 1903/04 in den Akademischen Turnverein Marburg ein.[48] Im Sommersemester übernimmt er dort als Beigeordneter des Vorstands das Amt des Bücherwarts, ist in der „Festkommission" tätig und wird als „Frühschoppenvertreter" gewählt. Fünfundzwanzig Turnstunden und acht Fechtstunden sind pro Semester zu absolvieren. In das Album der Verbindung trägt der junge Fuchs, der den Biernamen „Ratz" trägt, seinen Lebenslauf ein:[49]

> „Ich, Gottfried Benn, wurde am 2ten Mai 1886 in Mannsfeldt (West-Prignitz) geboren. Anfang 1887 zogen meine Eltern nach Sellin bei Bärwälde in der Neumark, wo sie bis heute geblieben sind. Michaelis 1897 kam ich nach Frankfurt, Oder aufs Gymnasium, das ich nach 6 Jahren als Mulus verließ. Gottsei Dank! Nach Marburg zu gehen, bestimmte mich eigentlich nur der Umstand, daß es Universität ist; daß ich in den A.T.V. ging, war für mich als Sohn eines alten Herren, der noch heute mit großer Liebe am Verein hängt, selbstverständlich. Ich hoffe und glaube, ebenso schöne Semester im A.T.V. zu verleben, wie er es seiner Zeit getan hat. Gottfried Benn stud. phil. Marburg, den 4. XI 1903".

Dieser kurze Lebenslauf des Siebzehnjährigen ist bereits ein gutes Beispiel für die Ambivalenz, mit der Benn sein ganzes Leben lang Auskunft über sich selbst gegeben hat. Denn der junge Student sagt nichts über eigene Eindrücke und Absichten beim Eintritt in die Verbindung: Die Hoffnung auf „schöne Semester" wird an das vergangene Erleben des Vaters gebunden. Vom Vater aber trennt ihn gegenwärtig das Zerwürfnis wegen der Studienrichtung. Und so spiegelt die unverbindliche Floskel und die Leere des Satzes auch die innere Abwehr des Sohnes gegen ein Studium, das dem Zwang der väterlichen Autorität folgen muß. Zum andern betont der Lebenslauf ungehemmt die Abneigung gegen die Gymnasialzeit in Frankfurt und spielt dagegen geschickt die Qualität Marburgs aus, dessen Hochschule Universität „ist": Benn bezieht sich mit diesem Urteil auf eine gängige Redeweise unter Studenten, die den Rang der Hochschule danach bemißt, ob der Standort nur eine Universität „hat" oder selbst Universität „ist".

Der ATV Marburg war zwar kein schlagender Verein, anderen Korporationen gegenüber jedoch in Ehrenfragen satisfaktionsfähig. Das Fechten als turnerische und sportliche Übung wurde im Gegensatz zum Mensurfechten auf der Kneipe oder später im Haus der Verbindung auf dem eigenen Fechtboden betrieben: „Daß den Mitgliedern darin eine gute Ausbildung zuteil wurde, bewiesen schon recht früh öffentliche Vorführungen von Säbelfechtriegen zu verschiedenen Gelegenheiten".[50] In den handschriftlichen Protokollen der Vorstandssitzungen ist für den 3. November 1904 von einer „Chargenforderung" des Vereins die Rede, die jedoch entfällt, weil sich die Geforderten bereit erklären, „die beleidigenden Ausdrücke" gegen die Verbindung zu revozieren. Benn hatte zweifellos einen Schmiß in der Höhe des linken Auges,[51] für den schon eine kleine Hebung des Kopfes reichte, um diesen Winkel zu ermöglichen. Es handelt sich wahrscheinlich um eine „Horizontalquart", oder, wenn Benn gegen einen Linkshänder gefochten hat, eine „Tieferz".[52] Im Protokoll des ATV vom 28. Juli 1904 teilt der Vorsitzende mit, daß ein Ehrengerichtsverfahren zwischen Benn und einem Bundesbruder stattgefunden habe, Benns Verhalten jedoch „kommentmäßig" gewesen sei.

Mehr als das Theologiestudium, von dem wir nichts hören, interessierte ihn die Literatur, besonders die Lyrik: „Als ich jung war, erschien 1903 die Anthologie von Hans Benzmann ‚Moderne deutsche Lyrik'. Es war das lyrische Zeitalter der Dehmel und Liliencron, der Holz, Mombert, Morgenstern und das der zweiten Garnitur wie Falke, Bierbaum, Schlaf, der beiden Busse, Bethge, Schaukal, Hugo Salus […]. Die Epoche, die sie darstellte, reichte etwa von 1880 bis zum Jahrhundertanfang. Else Lasker-Schüler war schon vertreten, der junge Rilke, der junge Hofmannsthal, auch Nietzsche war dabei. Dies war die Anthologie, aus der wir damals das Lyrische in uns aufnahmen, und sie war nicht schlecht, sie enthielt, wie ich heute sehe, erstaunlich viele schöne Gedichte, geschrieben von vielen, die keineswegs zu den Großen zählten, und deren Namen heute keiner mehr kennt".[53]

Der Drang zum Dichten ließ auch den Studenten nicht los. Proben seiner Arbeiten schickte er zur Begutachtung an die *Deutsche Roman-*

Zeitung in Berlin-Lichterfelde, in der der leitende Redakteur Otto von Leixner die eingesandten Gedichte mit einer kurzen Kritik bedachte. Dessen Urteil lautete nicht gerade ermunternd: „Stud. G.B. in M. Warmes Gefühl, unzureichender Ausdruck. Vermeiden Sie auch die Elisionen: ‚woll'n‘, ‚soll'n‘, ‚spiel'n‘. Das macht die Sprache sehr hart. O.v.L.".[54] In derselben Nummer war auch sein späterer Verleger Alfred Richard Meyer mit dem Gedicht *Sterben* vertreten.

Um der unbefriedigenden Situation zu entkommen, sann der junge Benn auf Abhilfe. Denn sein Wille, sich der Medizin und den Naturwissenschaften zu verschreiben, war ungebrochen. Offenbar hoffte er, in Christoph Friedrich Blumhardt einen Fürsprecher zu gewinnen. Daß die Verbindung beider Familien nicht abgerissen war, bezeugt ein Brief vom 26. März 1912 an Caroline Benn, die zu diesem Zeitpunkt bereits auf dem Sterbebett liegt: „Liebe Frau Pfarrer", schreibt Blumhardt ihr, „ich danke dir für dein Briefchen und bin getrost für dich. Dein Geist wird schon stark werden, weil dich der Geist Gottes umgibt, der dir die Kraft der Ewigkeit in die Seele legen wird [...] Deinem Mann herzliche Grüße für seine Berichte. Ich freue mich, daß du den Rath eines Arztes gefunden hast; denn der Leib braucht auch das Seine".[55] Es gab also ein Vertrauensverhältnis zwischen beiden Familien, das Gottfried für sich nutzen wollte. Gegen Ende des ersten Marburger Semesters, am 5. März 1904, reiste er nach Bad Boll. Um seiner Sache Nachdruck zu verleihen, hatte er auch den alten Jugendfreund und Schulkameraden, Heinrich Graf Finck von Finckenstein, der in Bonn Jura studierte, gebeten zu kommen; dieser traf fünf Tage später ein. Auch die Eltern Finckenstein waren Anhänger Blumhardts und kamen des öfteren nach Bad Boll.

Über den unmittelbaren Erfolg dieses Besuches wissen wir nichts. Benn setzt jedoch sein Studium im kommenden Wintersemester überraschenderweise an der Universität Berlin fort. Es scheint so, als wenn mit der Erlaubnis des Universitätswechsels die erste Bresche in die Abwehrfront des Vaters geschlagen wurde. Am 28. November 1904 trug sich auch Gustav Benn ins Fremdenbuch von Bad Boll ein. Vermutlich hat Blumhardt ihm bei diesem Besuch zugeredet, dem Sohn das Medizinstudium nicht länger zu verwehren.

Es dauerte freilich noch fast ein Jahr, bis Gottfried einen Studienplatz an der Kaiser Wilhelms-Akademie für das militärärztliche Bildungswesen in Berlin bekam; bis dahin studierte er mehr recht als schlecht zwei Semester lang Philologie. Als er zum Ende des Sommersemesters 1905 „vor Antritt der grossen Studentenferien eine Rheinreise macht",[56] schreibt er seinem Vater eine Karte mit einem Gelegenheitsgedicht, das mit der Strophe beginnt:

Wem komm' ich wohl am ersten was?
Den Eltern wie ich meine.
Auf Euer Wohl mein erstes Glas,
Mein erstes Glas am Rheine.

Der Vater, so berichtet Benns Schwester Ruth, der den Postboten immer in seinem Selliner Arbeitszimmer erwartet habe, sei nach dessen Weggang mit den Worten ins Wohnzimmer getreten: „Der Junge hat was Besonderes, der ist nicht alltäglich".

An diesen Ausflug erinnert sich noch der fast siebzigjährige Dichter: „Das Herz stieg auf, noch nicht das alte jetzt / das junge noch, nach einem Wandertag, berauscht und müde", und er hält die Erinnerung in einem *Impromptu* fest:[57]

> Auch wer nie Wein trank,
> hier gab man Goldenes an seinen Gaumen,
> schlug sich den Staub vom Rock,
> dann auf ein Lager
> den Rucksack unter den Kopf,
> die beide nichts enthielten
> als für des nächsten Tags
> Gelegenheiten.
>
> Ein Paar Schuhe. Ein Musensohn.
> Damals war Liliencron mein Gott,
> ich schrieb ihm eine Ansichtskarte.

Die Karte, falls er sie wirklich abschickte, hat sich nicht erhalten, wohl aber ein Exemplar aus seinem Bücherregal: Detlev von Liliencron, *Bunte Beute*, Zweite Auflage, Berlin, Leipzig, Schuster & Loeffler 1903, mit dem Besitzvermerk „Gottfried Benn 1904".

4 Studium in Berlin (WS 1904/05 und SS 1905)

Planlos setzt Benn im Wintersemester 1904/05 vorerst sein Studium in Berlin fort. Er ist an der Königlichen Friedrich-Wilhelms-Universität eingeschrieben[58] und wohnt in Kreuzberg in der Neuenburgerstraße 1a, vier Treppen hoch. Die Philologische Fakultät glänzte damals mit einer Reihe von berühmten Namen. Im Wintersemester 1904/05 las Max Dessoir über „Grundzüge der Ästhetik", Heinrich Wölfflin beschäftigte sich mit der „Kunstgeschichte des 19. Jahrhunderts", Hermann Diels las über die „Geschichte der griechischen Philosophie", Ulrich von Wilamowitz-Moellendorff „Über die Götter der Griechen". Wilhelm Dilthey behandelte die „Allgemeine Geschichte der Philosophie bis auf die Gegenwart", Georg Simmel verbreitete sich über die „Grundzüge der Psychologie als Geisteswissenschaft", und der „Literaturpabst"[59] Erich Schmidt las „Goethes Faust mit historischer Einleitung" sowie „Der junge Goethe". Sicher wissen wir nur, daß Benn im Sommersemester 1905 eine Vorlesung bei Richard M. Meyer über „Fr[iedrich] Nietzsches Leben und Schriften" belegt hat.

Der Schwebezustand dieser beiden Semester wurde durch eine starke innere Anspannung bestimmt. Einerseits mußte Benn auf den väterlichen Beschluß über sein weiteres Schicksal warten, andererseits litt er an der Unsicherheit seines Gefühls, zum Künstler geboren zu sein.

Diese existentielle Krise verschärft sich zur Angst, wahnsinnig zu werden. Am 7. Februar 1905 wendet sich der Achtzehnjährige an den Dichter und Literaturkritiker Carl Busse (1872–1918), der in den populären *Monatsheften* des Verlags Velhagen & Klasing seit September 1904 mit seiner Rubrik „Neues vom Büchertisch" die Literaturkritik vertritt.[60] Busse gehörte mit Dehmel, Falke und Liliencron zu den Gründern des „Kartells lyrischer Autoren", einer Vereinigung, die sich seit 1902 gegen die Verlagspraxis honorarfreier Abdrucke von Gedichten in Anthologien einsetzte. Diese Stellung sicherte ihm einen erheblichen Einfluß im Literaturbetrieb. Für Busse war es keineswegs ungewöhnlich, Anfragen junger Dichter zu erhalten: Auch von Johannes R. Becher, Ludwig Meidner oder Agnes Miegel finden sich Schreiben in seinem Nachlaß. Im Februar-Heft bespricht er die Lyrik-Sammlung des Dichter-Vaganten Peter Hille und läßt kein gutes Haar an der Ausgabe: Den Franzosen, einem „Volk von alter Kultur und durchgebildetem Geschmack" sei es gänzlich unverständlich, die Gedichte eines Mannes zu sammeln, der die „Ausdrucksmittel seiner

Kunst" nicht beherrsche: „Es genügt nicht, daß jemand eine Dichter s e e l e ist, daß er als Dichter schaut und fühlt – er muß vor allem doch auch als Dichter schaffen, d. h. sein Schauen und Fühlen in einer entsprechenden, notwendigen, gesetzmäßig wirkenden Form offenbaren".[61]

Unter dem unmittelbaren Eindruck der Lektüre dieser Rezension schreibt Benn an Carl Busse: „Hineingeboren in eine religiöse Atmosphäre, von Kind auf damit vollgesäugt, bildet das Religiöse einen Bestandteil meiner Seele. Daneben wuchs und blühte seit Erinnern eine tiefe, große Sehnsucht nach Leben u. Schönheit, die ihren Ausdruck fand in dem Verlangen: Künstler werden. Sehen Sie den Riß? Hier Religion[,] Kirche, Vaterhaus, dort Sehnsucht nach Freiheit, eigener Weltanschauung, Künstlertum. So geht es mehrere Jahre; ich habe gerungen, ehrlich gerungen u. konnte doch das Eine nicht lassen um des andern willen. Der Riß wurde zur Kluft. Und kein Mensch ahnte und half". Benn fragt den Kritiker, ob „ein Funken wahren, echten Künstlertums" in seinen Gedichten stecke, ob Busse den Konflikt verstünde, „an dem man zu Grunde gehen kann?".[62]

Aus diesem Zwiespalt soll Busses richterliche Meinung einen Weg weisen. Benn erbittet von einer Autorität, bei der sich Urteilsvermögen mit eigener dichterischer Erfahrung paart, die Rechtfertigung seines Wunsches, Künstler zu werden. Er möchte sich dem Beruf des Seelsorgers entziehen und trotzdem nicht als Sohn und Künstler verstoßen werden: „Können Sie mir sagen, es steckt ein Funken echten, wahren Künstlertums in meinen Gedichten, gut; dann habe ich ein Recht an die Kunst, ein Recht zu dieser blutigroten heidnischen Sehnsucht, dann darf ich vor meinen Vater treten u. sagen: gib mich frei aus den Banden, die du durch Religion u. Kirche um mich geschlagen hast, ich will meinen eigenen Gott mir suchen und du mußt mich doch lieb behalten [...] es ist nur die große Seelennot, daß ich wissen möchte, ob mein Dichten berechtigt ist, ehrlich ist es jedenfalls.[63]

In diesem Brief wird ein Konflikt formuliert, in dem schon das Kind stand: Seine sprachliche Begabung, seine Sensibilität für das Wort wird von ihm als eine besondere Auszeichnung erlebt, ohne daß dafür im Elternhaus, in der Schule oder der Universität Interesse bestanden hätte. Im Gegenteil: Mit Dichten die Zeit „totzuschlagen" gehört zur Bohème und gilt im bürgerlichen Milieu als unseriös.

Die Antwort Busses ist uns unbekannt, auch die beigelegten Gedichte sind verschollen. Unklar bleibt auch, welche Unterredungen, Auseinandersetzungen oder Bitten an Dritte dazu führten, daß Gottfrieds Entscheidung für den Arztberuf und somit für die Naturwissenschaften schließlich vom Vater respektiert wurde. Das Ende vom Liede: Benn wird aus der Studentenliste der Universität unter der Matrikel-Nummer

4 Studium in Berlin (WS 1904/05 und SS 1905)

1834 mit der Randbemerkung gelöscht: wegen „Unfl[eisses]". Ein Abgangszeugnis hat er nicht beantragt, weshalb sich nicht feststellen läßt, welche Fächer er studierte. Am 20. Oktober 1905 trug sich Benn als Student der Medizin in die Stammliste der Kaiser-Wilhelms-Akademie für das militärärztliche Bildungswesen ein.

5 Kaiser-Wilhelms-Akademie, Berlin („Pépinière")

Auf die Kaiser-Wilhelms-Akademie für das militärärztliche Bildungswesen in Berlin, die sogenannte „Pépinière" (frz., Baumschule), hat Benn 1934 ein begeistertes Loblied angestimmt und sie als den „alles entscheidenden Glücksfall" seiner beruflichen Laufbahn gefeiert: „Ohne den Vater stark zu belasten, wurden für uns alle die sehr teuren Kollegs und Kliniken belegt, die die Zivilstudenten hören mußten, dazu bekamen wir die besten Plätze, nämlich vorn, und das ist wichtig bei den naturwissenschaftlichen Fächern, bei denen man sein Wissen mit Hilfe von Experimenten, Demonstrationen, Krankenvorstellungen in sich aufnehmen muß. Dazu hatten wir aber noch eine Fülle von besonderen Kursen, Repetitorien, hatten Sammlungen zur Verfügung, Modelle, Bibliothek, bekamen Bücher und Instrumente vom Staat geliefert. Dazu bekamen wir eine Reihe von Vorträgen und Vorlesungen über Philosophie und Kunst und allgemeine Fragen und die gesellschaftliche Bildung des alten Offizierskorps. Für jedes Semester, das man dort studierte, mußte man dort ein Jahr aktiver Militärarzt sein. Im übrigen war das Leben dort das vollkommen freier Studenten, wir hatten keine Uniform".[64]

Die Pépinière war 1795 als Ausbildungsstätte für den sanitätsdienstlichen Nachwuchs der preußischen Armee gegründet worden. Mit dem Eintritt in diese traditionsbewußte Institution konnte Benn endlich eine naturwissenschaftliche Laufbahn einschlagen. Vor allem hatte die Entscheidung für die Medizin einen Vorteil, den Benn sich bewußt oder unbewußt erhoffte: Dieses Studium öffnete auch eine Möglichkeit, Aufschluß über die eigenen psychischen Probleme zu erhalten und sich nach therapeutischen Möglichkeiten umzusehen. Von einhundertachtundsiebzig Bewerbern durften achtunddreißig im Wintersemester 1905 mit der Ausbildung beginnen: Benn war unter den Glücklichen.

Oft wird angenommen, die Pépinière habe eine Ausbildung zweiter Klasse vermittelt, sie sei eine Anstalt für die Söhne der Minderbemittelten gewesen. Das schlossen die Aufnahmebestimmungen aus: „Es wird ausdrücklich bemerkt, daß Freistellen oder Stipendien bei der Akademie nicht vorhanden sind".[65] Allerdings konnten Zuschüsse zur Miete für die externen Studenten und zu Lehrmitteln, Büchern und Instrumenten gewährt werden. Der Arztberuf war damals ein Aufsteiger- und Brotberuf und bei dem alten Adel oder den Großbürgerssöhnen keineswegs angesehen: Der Zwang, Tag und Nacht an sieben Tagen der Woche zur Verfügung stehen zu müssen, wirkte wenig einladend. Deswegen hat der Student Benn sich auch nicht „deklassiert" fühlen müssen,[66] denn die Stammlisten der Akademie verzeichneten sowieso keine ostelbischen Junker oder Abkömmlinge des Großbürgertums. Der Jahrgang, dem Benn angehörte, stammte mehrheitlich aus Elternhäusern ohne akademische Bildung, in der Pépinière suchten Söhne von Eisenbahnsekretären und Pastoren, von Oberförstern, Postkassenbuchhaltern und Zollinspektoren ihr berufliches Heil. Benn gehörte mit den anderen Pfarrerssöhnen also zur Elite seiner Jahrgangskameraden, er war, überblickt man die Jahre von Sellin bis Berlin, eher „ein Günstling des Geschicks"[67] denn ein gesellschaftlicher Paria.

Mit dem Eintritt in die Akademie hatte sich der Student verpflichtet, zukünftig für jedes Semester ein Jahr aktiv als Militärarzt zu dienen. Für die angehenden Sanitätsoffiziere belegte die Akademie die klinischen Vorlesungen an der Berliner Medizinischen Fakultät der Universität. „Erlauchte Namen hielten die Vorlesungen, Praktika und Demonstrationen ab, die Benn zu absolvieren hatte".[68] Dazu wurde Englisch und Französisch über alle Semester hinweg fakultativ angeboten, an Vorträgen und Vorlesungen über Philosophie und Kunst fehlte es nicht. „Das Wesen der menschlichen Seele und Geisteslebens", „Die Entwicklung der plastischen Chirurgie", „Über die Berechtigung teleologischen Denkens in der praktischen Medizin", „Über griechische Kultur im Zeitalter des Perikles": Mit diesen Themen kam der Sanitätsstudent in Berührung. Über alle zwölf Semester zog sich zudem eine im Stundenplan festgelegte, am Samstag nachmittag gehaltene Kollegstunde über Kunstgeschichte. Im übrigen war für das sechste Semester zweimal wöchentlich Reitunterricht Pflicht.

Der naturwissenschaftliche und medizinische Teil der Ausbildung wurde unterstützt durch die Bibliothek mit 68.000 Bänden und 129 Fachzeitschriften des In- und Auslandes. In den Laboratorien standen 115 Mikroskope für die Studenten bereit. Die Bedeutung dieser streng geregelten, aber auch vielseitigen Ausbildung mit erheblichen Anforderungen bei den Prüfungen hat Benn später betont: „Härte des Gedankens, Verantwortung im Urteil, Sicherheit im Unterscheiden von Zufälligem und Gesetzlichem, vor allem aber die tiefe Skepsis, die Stil schafft, das wuchs hier".[69]

Ein halbes Jahr lang, vom 1. April bis zum 30. September 1906, leistet Benn neben dem Studium seine aktive Dienstzeit beim 2. Garde-Regiment zu Fuß in Berlin ab, Ostern 1908 bestand er das Physikum. Er arbeitet zielstrebig und weiß sich aufgehoben in den Grenzen der Pflichten. Für das Leben in der Weltstadt wird er nicht viel Zeit gehabt haben. Die medizinischen Studienpläne waren minutiös ausgearbeitet und verbindlich, der Kollegplan umfaßte täglich neun Stunden.[70] Aber Studenten sind auch erfinderisch, wenn es darum geht, sich dem Druck zu entziehen, und Benn wird keine Ausnahme gewesen sein. Ein Streber war er nicht, dagegen sprechen seine durchschnittlichen Prüfungsleistungen.

Es ist anzunehmen, daß er die literarischen Ereignisse wahrnimmt und den literarischen Markt verfolgt. Der Expressionismus deutet sich an. Kurt Hiller gründet im März 1909 einen literarischen Verein, den „Neuen Club", in dem sich die junge Berliner Dichtergeneration mit Erich Unger, Jacob van Hoddis, Georg Heym oder Ernst Blass zum ersten Mal sammelte. „Nach einer Reihe privater Monate begannen wir", so erzählt Hiller, „ ,Neopathetische Cabarets' zu veranstalten, in denen wir uns, unter dem Gefeix des Pöbels, einer kleinen Schar Sachverständiger (die blieb und wuchs) kraft Sprechens zu Gemüte führten".[71] Man tagt im Café Kutschera am Kurfürstendamm,[72] am 6. Juli 1910 trägt Heym zum ersten Mal vor, Else Lasker-Schüler liest am 18. Januar 1911 *Die Wupper*. „In diesem unsicheren Berlin, seiner verbissenen Geldgier und zweifelhaften Lustigkeit, mußten rebellische Literaten verfahren wie die Urchristen im alten Rom: man war gezwungen, krypterisch Gott zu opfern. Die Öffentlichkeit lachte und spottete über sie, meist aber schwieg man. Diese Lage, verbunden mit einem leicht genialischen Aristokratismus, bewirkte es, daß man sich in die verrauchten Hinterzimmer westlicher Cafés oder in mondäne Buchhandlungen zurückzog, um dort einem kleinen Publikum vorzulesen. Und doch lag keinem die tolpatschige Weltstadt mehr im Blut als uns Zwanzigjährigen".[73] Ab 1907 erschienen die *Lyrischen Flugblätter* bei Alfred Richard Meyer, broschierte Hefte mit den Gedichten expressionistischer Autoren, die mit ihrer Kunst „dem Nervenzustand der neuen Zeit, den eröffneten Tiefen, Übergängen, Reizungen Ausdruck verliehen".[74]

Benn wird diesen Vorgängen nur am Rande gefolgt sein. Denn während die Berliner Bohème in den Cafés herumsitzt, ist er in ein geregeltes Studium eingespannt. Aber er findet doch Zeit für seine innere Berufung. In der Berliner Zeitschrift *Die Grenzboten* erschienen im Februarheft des Jahrgangs 1910 zwei Gedichte des vierundzwanzigjährigen Medizinstudenten, *Rauhreif* und *Gefilde der Unseligen*. Beide Gedichte gehören noch ganz dem traditionellen Typus stimmungshafter Naturlyrik an. Sie sind ein gutes Zeugnis dafür, daß Benn, wie viele der Expressionisten, sich nicht von Anfang an gegen die traditionelle Dichtung gewandt, sondern zunächst ihre Themen und Ausdrucksformen übernommen hat. Seine Lyrik beginnt durchaus in geistigen Beziehungen zum 19. Jahrhundert und zur Jahrhundertwende.

Die Zeitschrift *Die Grenzboten* hat einen weiten Horizont, von der Kolumne „Politik, Kolonialwesen, Militär" über „Rechtswissenschaft,

Unterricht, Kirche" bis zu „Kulturgeschichte, Kunst, Romane, Novellen, Gedichte". Der Kampf um die preußische Wahlrechtsreform ist ebenso Gegenstand wie die religiösen Grundlagen der politischen Anschauungen. Der Romanist Victor Klemperer schreibt über Ernst Moritz Arndt, Heinrich Spiero über Paul Heyse, Hermann Bräuning-Oktavio teilt einen ungedruckten Brief von Hebbel mit. Eine Briefsammlung Nietzsches wird ebenso besprochen wie Thomas Manns *Königliche Hoheit*, Ernst von Wildenbruchs *Die letzte Partie* oder die *Geschichte der Weltliteratur* von Carl Busse.

Unter den Mitarbeitern der Zeitschrift ist auch der Pfarrerssohn und Lyriker Adolf Petrenz (1872–1915), der zuerst an der *Ostpreussischen Zeitung* in Königsberg und später als Schriftleiter an der *Täglichen Rundschau* in Berlin tätig war. Der Pfarrerssohn und Lyriker Benn muß mit ihm bekannt gewesen sein, denn Petrenz hat nicht nur selber Gedichte in den *Grenzboten* veröffentlicht und sich dort für Benns Lyrik verwendet, sondern auch das Gedicht *Herbst* an die Sonntagsbeilage der *Königsberger Hartungschen Zeitung* vermittelt.[75]

Am 1. Oktober 1910 wird Benn als Unterarzt beim 8. Brandenburgischen Infanterie-Regiment Nr. 64 in Prenzlau eingestellt. Das hatte besoldungstechnische Gründe, von hier erhält er seine Gelder für das weitere Studium im Rahmen der Militärärztlichen Akademie. Gleichzeitig hospitierte er als Unterarzt an der Berliner Charité, wo er „auf die Kliniken der Herren [Wilhelm] His, [Theodor] Ziehen, [Karl] Franz, [Fritz] Lesser, [Richard] Greff kommandiert" wurde.[76] Die tägliche Arbeit mit den Kranken reicht dem Studenten nicht aus, das Erfahrene und Erkannte drängt nach schriftstellerischem Ausdruck. In kurzer Zeit legt Benn drei Studien vor: *Beitrag zur Geschichte der Psychiatrie* (1910), *Zur Geschichte der Naturwissenschaften* (1911), *Medizinische Psychologie* (1911), die alle in *Die Grenzboten* veröffentlicht werden. Zudem reicht er auf die Preisfrage der medizinischen Fakultät der Universität Berlin nach der *Ätiologie der Pubertätsepilepsie* (1910) einen sechsseitigen Aufsatz ein, für den er die Krankengeschichten von 92 männlichen und 92 weiblichen Epileptikern aus der Städtischen Anstalt für Epileptische (Wuhlgarten/Berlin) herangezogen hatte. Ihm wird der erste Preis zugesprochen, „weil er sich der Frage mit einer neuen Methode nähert", die Untersuchung erscheint umgehend in der *Allgemeinen Zeitschrift für Psychiatrie*. Benn war stolz auf diesen Erstling seines wissenschaftlichen Ehrgeizes, der ihm die goldene Medaille der Universität einbrachte, deren Goldwert er sich auszahlen ließ. Vielleicht hatte er doch die Absicht, eine wissenschaftliche Karriere einzuschlagen.

Das Jahr 1910, „das Jahr, in dem es in allen Gebälken zu knistern begann",[77] zeigt bereits das produktive „Doppelleben", durch das Benns gesamte Existenz bestimmt worden ist, nämlich die Spaltung zwischen den unauffälligen Erscheinungsformen einer militärisch-bürgerlichen Existenz als Arzt und den radikalen Überzeugungen und Ausdrucksweisen als Dichter und Kulturkritiker.

Der Arztberuf hat ihm immer, mal besser, mal schlechter, die Existenz gesichert. Und Benn hat seinen Beruf ausgefüllt, im Kapp-Putsch 1920 half er, nach dem Zeugnis von Franz Jung, als Einziger den Verwundeten der Straßenschlachten. Aber die tägliche Routine des Quacksalberns hat ihn nicht begeistert. In den Sprechstunden war er kurz und förmlich, Intellektuelle behandelte er nicht gern, aber er zeigte Empathie und hatte etwas Mütterliches, was ihn zum Arzt besonders fähig machte.

Neben dem Lyriker und dem Fachwissenschaftler tritt der Prosadichter auf den Plan. 1910 erscheint in *Die Grenzboten* sein erster dichterischer Text *Gespräch*, in dem die Frage nach dem Sinn und der gesellschaftlichen Bedeutung des Dichtens wieder aufgenommen wird, die bereits den vierzehnjährigen Schüler beschäftigte. Benn versucht, Problemen aus seinen medizinischen Interessengebieten in künstlerischen Ausdruck umzusetzen und sich über die theoretischen Bedingungen des Dichtens zu vergewissern:

„Sieh mal, wenn man heutzutage von jemandem sagt: der macht Gedichte oder schreibt Novellen, so ist das beinahe so, als ob man sagte, er habe einen unreinen Teint. Das kompromittiert seinen Geschmack und stellt seine Lebensart in Frage. Wenn man es aber doch nicht lassen kann, bleibt nur die Zuflucht, die Dinge und Geschehnisse auf ihren rein tatsächlichen Bestand zurückzuführen, sie auf eine wissenschaftliche Basis zu stellen. Gert: Das hieße also, ehe man einen Roman oder ein Gedicht schreiben wollte, müßte man Chemie, Physik, experimentelle Psychologie, Atomistik, Embryologie studieren? Thom: Du drückst es etwas verwegen aus; aber ich sage: ja".[78]

In dieser dichtungstheoretischen Äußerung geht es sowohl um die Form der Darstellung als auch um die Möglichkeit von Dichtung überhaupt. Das Erlebnis eines Frühlingsabends führt zur Reflexion über die Art und Weise seiner adäquaten dichterischen Wiedergabe: „Wie würdest du das nun aber ausdrücken, wenn du es gewissermaßen künstlerisch sagen wolltest? Neu? Eigentümlich? [...] Stelle dir doch einmal vor, was heißt das denn eigentlich: Dichten, und um was handelt es sich, wenn man irgendetwas beschreiben will? Feiner, flüchtiger, noch nie gesagter Dinge will man doch habhaft werden und sie so aufbewahren, daß sie den Schmelz nicht verlieren, den sie trugen, als sie zu uns kamen. Du mußt also eine ganze Heerschar von Worten und Bildern und Vorstellungen haben, denen du gebieten kannst; und du mußt sie zusammenpassen und du mußt sie ändern, sie müssen ganz geschmeidig vor dir sein, und meinst du, du vermöchtest dies, ohne ganz genau zu wissen, woher sie eigentlich kommen und was denn in ihnen steckt?".[79]

Gleich zu Beginn des Bennschen Dichtens wird also das Verhältnis von Darstellungsmöglichkeiten und Wirklichkeit berührt, das Handwerkliche, die Artistik sind Gegenstand der Reflexion: „Du kannst den ganzen Kosmos durch dich fluten fühlen und brauchst doch nur ein Schwätzer zu sein. Ich halte mich an Rodins hartes Wort, daß es überhaupt keine Kunst gibt, sondern nur ein Handwerk".[80] Wenn Benn fordert, daß „die Dinge und Geschehnisse" im Gedicht „auf ihren rein tatsächlichen Bestand zurückzuführen sind", dann hat er mit den *Morgue*-Gedichten diese Theorie in die Praxis umgesetzt.

Eine wichtige Quelle für das *Gespräch* ist die Einleitung zum ersten Band der *Gesammelten Werke* von Jens Peter Jacobsen. Die Übersetzerin Maria Herzfeld hatte ein Vorwort beigesteuert, aus dem Benn verdeckt zitiert, erste Spuren der später so ausführlich gehandhabten Kunst, fremde Äußerungen und Zitate in seine Texte einzubauen. Auch der Einfluß Hofmannsthals ist deutlich, Benn bezieht sich auf die *Terzinen* und auf das *Gespräch über Gedichte* (1903). Daß im Mittelpunkt des Dialogs *Gespräch* aber Jens Peter Jacobsen steht, leuchtet ein. Denn die Persönlichkeit Jacobsens ist für den jungen Benn beispielhaft in ihrer Verbindung von erfolgreichem Naturwissenschaftler und Dichter, wobei dieses Verhältnis keineswegs widerspruchsfrei ist. Die beiden Gesprächspartner Thom und Gert stellen dar, daß die problemlose Einheit von Naturwissenschaft und Poesie nicht mehr gilt. Erstere behält zwar ihr Recht, aber die Skepsis, die aus ihr folgt, nicht weniger. Und diese Skepsis ist eine Grunderfahrung im Verhältnis von Naturwissenschaft und Dichtung innerhalb der literarischen Moderne. Benn hat sie später so formuliert:

> „Rückblickend scheint mir meine Existenz ohne diese Wendung zur Medizin und Biologie völlig undenkbar. Es sammelte sich noch einmal in diesen Jahren die ganze Summe der induktiven Epoche, ihre Methoden, Gesinnungen, ihr Jargon, alles stand in vollster Blüte, es waren die Jahre ihres höchsten Triumphes, ihrer folgenreichsten Resultate, ihrer wahrhaft olympischen Größe. Und eines lehrte sie die Jugend, da sie noch ganz unbestritten herrschte: Kälte des Denkens, Nüchternheit, letzte Schärfe des Begriffs, Bereithalten von Belegen für jedes Urteil, unerbittliche Kritik, Selbstkritik, mit einem Wort die *schöpferische Seite des Objektiven*".[81]

Vor allem wird auf den Spuren Jacobsens dem Entwicklungsbegriff eine kritische Wendung und Neufassung gegeben, die den Darwinismus aus der Diskussion ausschließt: Der Darwinismus, sagt Thom zu Gert, „bedeutet doch nur, daß alles, was ist, dem Gesetz der Entwicklung unterstellt ist; daß unser Leben verknüpft ist mit vielen andern Leben, ja daß wir verwandt sind mit allem, das überhaupt Leben heißt [...]. Das ganze Chaos von Geschehnissen, das sich aus den Beziehungen der Menschen zueinander ergibt, alle je träumbaren Träume und je erleidbaren Sehnsüchte, das läßt sich doch schließlich alles restlos auf einige ganz wenige Funktionen zurückführen, die eben die Funktionen des Lebens an sich sind und die in jeder Zelle stumm sich abspielen".[82]

Die Hospitation in der Charité findet ihren Niederschlag im *Beitrag zur Geschichte der Psychiatrie*, in dem Benn in großem Bogen das Entstehen der induktiven Forschung mit ihrer Entscheidung für die kausale Analyse des Experiments sowie die Erkenntnis von der Bedeutung des Nervensystems beschreibt. Mit der Einsicht des 19. Jahrhunderts, daß Seelenerkrankungen auf Erkrankungen der Großhirnrinde zurückgehen, ist dann die Möglichkeit der Psychiatrie als Wissenschaft gegeben. Benn weist in diesem Zusammenhang auf die wissenschaftlichen Veröffentlichungen von Professor Theodor Ziehen hin, eine Geste der Reverenz gegenüber dem Lehrer, auf dessen Wohlwollen der vierundzwanzigjährige Arzt angewiesen gewesen wäre, hätte er die wissenschaftliche Laufbahn einschlagen wollen. Aber die Arbeit in der Charité endet mit einem Desaster. Der junge Arzt fühlt sich nicht in der Lage, seine Hospitation ordnungsgemäß zu Ende zu bringen: „Ich war ursprünglich Psychiater gewesen, bis sich das merkwürdige Phänomen einstellte, das immer kritischer wurde und darauf hinauslief, daß ich mich nicht mehr für einen Einzelfall interessieren konnte. Es war mir körperlich nicht mehr möglich, meine Aufmerksamkeit, mein Interesse auf einen neu eingelieferten Fall zu sammeln [...]. Mein Mund trocknete aus, meine Lider entzündeten sich, ich wäre zu Gewaltakten geschritten, wenn mich nicht vorher schon mein Chef zu sich gerufen, über vollkommen unzureichende Führung der Krankengeschichten zur Rede gestellt und entlassen hätte".[83]

Benn versucht, seinen Zustand, der als „Depersonalisation oder Entfremdung der Wahrnehmungswelt" bezeichnet wird, durch das Studium psychiatrischer Lehrbücher zu verstehen und kommt zu der Einsicht, daß die Begriffe der „Nervenschwäche, Ermüdbarkeit, Psychasthenie, die tiefe, schrankenlose, mythenalte Fremdheit zwischen dem Menschen und der Welt" bezeichnen.[84] Die heutige Psychiatrie spräche von einer schweren Depression, die den jungen Mediziner überwältigt hat, Gefühle der Sinnlosigkeit und der Isolation beherrschen ihn, „unmöglich, noch in einer Gemeinschaft zu existieren, unmöglich, sich auf sie zu beziehen in Leben oder Beruf".[85] Für den Studenten der Militärärztlichen Akademie, der aus psychischen Gründen seinen Pflichten nicht nachkommen kann und deswegen aus der Klinik entlassen wird, wiederholt sich die Situation im März 1912. Denn ursprünglich hatte Benn sich verpflichtet, für jedes studierte Semester ein Jahr als aktiver Militärarzt zu dienen. Die nächsten zwölf Jahre hätte er nun als Revier- und Truppenarzt mitreiten und mitmarschieren müssen. Aber aus dem 3. Pionierbataillon in Spandau wird er bereits im Sommer als garnisonsdienstunfähig entlassen: „Bekam bald den Abschied, da nach einem sechsstündigen Galopp bei einer Übung eine Niere sich lockerte".[86]

Dieser von Benn selbst angegebene Grund für sein Ausscheiden aus dem aktiven Militärdienst ist von den Biographen immer unkritisch übernommen worden. Nun wird jedoch einer „Wanderniere", so ein Lehrbuch für Innere Medizin von 1907, eine klinische Bedeutung abgesprochen: In der Mehrzahl der Fälle handele es sich um „Zustände allgemein nervöser Natur, die als Hysterie oder Neurasthenie bezeichnet werden".[87] Der angegebene Grund für die Entlassung kann zwar nicht kategorisch ausgeschlossen werden, gleichzeitig ist jedoch kaum zu übersehen, daß eine Disposition zur Melancholie mit ihrem grüblerischen Hang und Isolationsbedürfnissen Benns Leben stark bestimmt hat. „Der Melancholiker zeigt eine außerordentliche Herabsetzung seines Ichgefühls, eine großartige Ichverarmung. Bei der Trauer ist die Welt arm und leer geworden, bei der Melancholie ist es das Ich selbst".[88] Sinnlosigkeitsgefühle und in deren Schlepptau Ungeselligkeit sind die Folge. „Unterhaltlich bin ich kein Matador, ging nie auf Fêten, nicht aus Ablehnung, sondern aus einem physiologischen Grunde, der mein ganzes Leben so beherrschte, daß ich ihn erwähne: eine Müdigkeit von hohen Graden, eine gehirnliche Schwere innerer und äußerer Art, die ich geradezu als Widerstand gegen Eindrücke bezeichnen muß".[89] Im Schreiben sucht Benn das Leiden zu überwinden, mit ästhetischen Mitteln soll der verlorene Sinn wieder hergestellt werden. Die Spannung zwischen dem „tiefen Nihilismus der Werte und der Transzendenz der schöpferischen Lust" löst sich im Glauben an die absolute Bedeutung der Kunst: „Ontologie – wo ist denn ein Sein, außer in meinen Bildern?".[90] Der Preis für den Glauben an die metaphysische Bedeutung der Kunst ist die Einsamkeit und Isolation in der monologischen Existenz. Oder umgekehrt: Die Melancholie ist die Voraussetzung und Bedingung für Benns lebenslange, einsame Beschäftigung mit dem Wort.

6 Berlin 1912–1914

Am 24. Februar 1912 bestand Benn sein Staatsexamen mit der Note „gut", vom Minister des Innern wird ihm die Approbation als Arzt erteilt. Zwei Tage später promovierte er mit einer Untersuchung *Über die Häufigkeit des Diabetes mellitus im Heer*, Prädikat „rite". Im März brachte der Schriftsteller Alfred Richard Meyer in seinem Verlag Benns erste selbständige literarische Veröffentlichung, *Morgue und andere Gedichte*, heraus. Meyer hatte das Manuskript auf Empfehlung des Freundes und Redakteurs Adolf Petrenz für eine Reihe angenommen, die seit 1907 in zwangloser Folge erschien, und die er *Lyrische Flugblätter* nannte.

Es gibt keine besseren Belege für die frühexpressionische Bewegung als dieses typische Produkt eines literarischen Kleinverlages. Meyer hatte mit den Münchner Dichtern 1907 begonnen: Frank Wedekind und Heinrich Lautensack, Hans Carossa und Hans Brandenburg. Als sich in Berlin die jungen Genies zu Wort meldeten, war es dieser originelle Dichterverleger, der die broschierten, kaum mehr als einen Bogen umfassenden Hefte mit Gedichten der neuen Autoren herausbrachte, die die Phalanx der modernen Lyrik in Deutschland bildeten: Alfred Lichtenstein, Else Lasker-Schüler, Max Herrmann-Neisse, Rudolf Leonhard, Ernst Wilhelm Lotz, dazu die *Futuristischen Dichtungen* von Filippo T. Marinetti.

Es ist unüberlegt und übertrieben, wenn die Germanistik von der *Morgue* als einer literarischen Sensation spricht.[91] Dazu war die Auflage von fünfhundert Exemplaren zu gering, Benn ein Neuling und der Expressionismus, dem die Gedichte zugeordnet wurden, zu jung. Lyriker wie Liliencron, Dehmel und Falke beherrschten den Markt. Von den literarischen Kreisen in Berlin und München sagt Otto Flake: „Sie schritten zur Gruppenbildung, zur sozialen Gemeinsamkeit, zum Konventikel. Machte die Bürgerlichkeit sich nichts aus ihnen – sie machten sich noch weniger aus der Bürgerlichkeit und waren sich selbst genug".[92]

Benn fühlte sich allerdings als Opfer des Verlegers: „Ich bedaure die Veröffentlichung [der *Morgue*] bereits sehr. Nicht weil ein paar Spießer, Familienväter, Oberfeldärzte u. ähnliche Kanaken aus ihrer Ruhe gestört werden. Sondern aus künstlerischen Gründen: der Inhalt überschreit die Form. Es riecht nach Sensation. Es schmeckt nach Kino. Ich hätte von mir aus niemals diese Zusammenstellung veröffentlicht, da ich, um überhaupt von meinen beschissenen literarischen Arbeiten zu reden, andere Sachen für viel persönlicher halte, spezifischer für mich, mit viel Energie und Arbeit hinter. Es handelt sich vielmehr um eine – wie ich jetzt erst merke – recht schamlose Ausnutzung meiner Produktionen von Seiten des Verlegers, der ja tatsächlich ein gutes Geschäft mit mir gemacht hat, da ja ganz unverhältnismäßig viele Kritiken darüber erfolgt sind".[93]

In einer Sammelbesprechung über die *Lyrischen Flugblätter* nennt Max Krell Benns Verse „exzentrisch, grotesk, aber sie haben Leben und Blut und stecken voll glühender Leidenschaft".[94] Hermann Meister bespricht in der Zeitschrift *Saturn* die Lyriker Paul Zech, Otto Pick und Gottfried Benn. Die Gedichte des Letzteren seien „stofflich absolut neu". Es schwänge trotz der lyrischen Studien aus den Krankenbaracken ein menschlicher Unterton mit. „Vom menschlichen Ton zum dichterischen ist freilich noch ein langer Weg – und von diesem Weg ging Benn nur eine Strecke. Trotzdem birgt die dringliche Art seiner Darstellungsweise viele Sinnfälligkeiten und erzeugt auf Augenblicke hinaus den Eindruck vollkommener Geschlossenheit. Man vermag also in Benn einen Lyriker zu finden, auf den man zeigen darf".[95] Ähnlich äußert sich Ernst Stadler in einer Sammelbesprechung der *Lyrischen Flugblätter*. Frank Wedekind, Hans Carossa, Heinrich Lautensack werden gewürdigt. „Am meisten interessieren die Verse eines jungen Arztes, Gottfried Benns ‚Morgue'. Schon äußerlich durch die Stoffwahl, die nun freilich gründlich mit dem lyrischen Ideal der Blaublümeleinritter aufräumt. [...] Wer Lebensvorgänge mit solcher Knappheit und Wucht zu gestalten und in so schicksalsvollen Gesichten auszuweiten vermag, ist sicherlich ein Dichter".[96] Mit diesem Urteil hat Benn die erhoffte Antwort auf die Frage bekommen, die er zwei Jahre zuvor dem Kritiker Carl Busse gestellt hatte.

Benns *Morgue* ist in den Zirkeln der jungen Literaten, die sich in den Großstädten gebildet hatten, in Leipzig, München, Wien oder Prag, wahrgenommen worden. Und natürlich in Berlin, wo die beiden wichtigsten expressionistischen Zeitschriften, *Die Aktion* und *Der Sturm* erschienen. Denn diese Gedichte stellten menschliches Leiden nicht mimetisch dar, sondern als „Wirklichkeitszertrümmerung": „Einer früheren Generation bedeutete Abschilderung, Analyse und Erkenntnis der Wirklichkeit Aufgabe und Ziel der Kunst. Die Wirklichkeit vom Umriß ihrer Erscheinung zu befreien, uns selbst von ihr zu befreien, sie zu überwinden [...] durch des Geistes Bohrkraft, Beweglichkeit, Klärungssehnsucht, durch des Gefühls Intensität und Explosivkraft sie zu besiegen und beherrschen, das ist der gemeinsamste Wille der jüngsten Dichtung".[97] Wenn daher in der Literaturwissenschaft von der „detailbesessenen Realität" der *Morgue*-Gedichte die Rede ist,[98] dann folgen solche Urteile einem Irrtum von Gelehrten, denen die Obduktionserfahrung fehlt und die nie ein ärztliches Protokoll gelesen haben.

Die *Morgue* kam den gleichgesinnten, jungen Expressionisten im Kampf gegen den provinziellen Zuschnitt der deutschen Lyrik zupaß. Das Schulterzucken des bürgerlichen Lagers war erwartet und als Bestätigung der eigenen Haltung erwünscht. Aber auch die Kritik in den Avantgarde-Zeitschriften konnte sich abfällig äußern. Es handele sich um „Bilder von einer Scheußlichkeit ohne gleichen",[99] meinte der *Zwiebelfisch,* und Emil Faktor fand in der Zeitschrift *Pan,* daß der Dichter die „Schamlosigkeit eines Fachmannes" habe.[100] Eine richtige Meinung, wenn man an Benns Theorie von 1912 denkt, daß die Dinge auf „ihren rein tatsächlichen Bestand" zurückzuführen sind.[101] Nur wenige wollten sich den Blick auf das Gute, Schöne und Wahre durch Gedichte trüben lassen, die sogar vor dem Kreißsaal nicht Halt machten, in dem die ärmsten Frauen Berlins ihre Kinderschar um einen weiteren Esser vermehrten:[102]

„Schließlich kommt es: bläulich und klein.
Urin und Stuhlgang salben es ein".

Die konservative Kritik verurteilte die Nähe der Gedichte zu einem „schreienden Naturalismus" und setzte damit ein Vorurteil in die Welt, das noch heute gepflegt wird. Benn lag nichts an der naturalistischen Deskription des Leichenschauhauses oder der Krebsbaracken. Ihm ging es um eine Konfrontation des modernen Menschen mit seiner Nichtigkeit, seiner Verfallenheit an Krankheit, Tod und Verwesung. Hinter den provozierenden Bildern der Bennschen Gedichte aus dieser Zeit steht die verzweifelte Frage nach dem Sinn der christlich-idealistischen Verheißungen, die durch die Realität des Todes ad absurdum geführt werden. Diese radikale Desillusionierung richtet sich in den einleitenden Gedichten *Kleine Aster* und *Schöne Jugend* gegen den Anspruch auf ein bequemes Leben ohne Leiden, den Benn immer wieder angriff: Aus seinem Haß „gegen den Staat als reinen Verpfleger, den Menschen als reinen Rentenempfänger, gegen alles Mechanistische des Lebens" machte er keinen Hehl.[103]

Benn wurde nach dem Erscheinen der *Morgue* in den Kreisen der jungen Literatur Berlins bekannt, und er versuchte auch, den Anschluß zu behalten, nachdem ihm diese Gedichte die Tür zum literarischen Leben geöffnet hatten. Wir dürfen uns dieses Leben allerdings nicht zu bedeutend vorstellen. Es beschränkt sich auf Berlin und einen kleinen Kreis, der durch die gleichen Namen und die gleichen Treffpunkte gekennzeichnet ist. Und durch die gleichen Zeitschriften, in denen Benns Gedichte fortan erschienen.

Da war die Zeitschrift *Der Sturm,* gegründet von Herwarth Walden, deren erstes Heft am 3. März 1910 in einem Umfang von acht Seiten mit

Beiträgen von Karl Kraus, Adolf Loos, René Schickele und Else Lasker-Schüler an die Kioske ging. Der Start war günstig. René Schickele und Ferdinand Hardekopf, Ludwig Rubiner und Max Brod hatten schon vorher mit Walden zusammengearbeitet. Bald stellten sich die Berliner Autoren ein: Kurt Hiller und Jacob van Hoddis, Ernst Blass und Erich Unger. Dann kamen nach und nach die Neuen: Vor allem Alfred Lichtenstein und Ernst Wilhelm Lotz und schließlich August Stramm im Sommer 1914. Benn selbst trägt die Gedichte *Notturno*, *Kurkonzert* und *Untergrundbahn* bei. Als Organ der neuen, noch nicht eingeführten Literatur war *Der Sturm* modern in der Ausstattung: großes Format und kräftige Antiqua im Gegensatz zur bürgerlichen Fraktur. Die bizarren Zeichnungen des genialen Kokoschka auf den Titelseiten sind die ersten Versuche, die Typographie durch Graphik aufzulockern.

Das literarische Leben in Berlin sah sich eingebettet in den Strukturwandel der modernen Welt, begrüßte den Futurismus als das gemäße Lebensgefühl, feierte 1912 Filippo T. Marinetti als Propheten und begründete das eigene Schaffen mit futuristischen Argumenten: „Heute glauben wir nicht an die Ehrlichkeit (...) eines Werkes, das rein äußerlich genommen, zur Niederschrift allein mehrere Monate Zeit bedarf. Man bedenke, wie oft uns ein Tag verändert mit seinen Aufregungen und Abenteuern. Und dann: mehrere Monate! Die einzig mögliche Ausdrucksform ist für uns das Gedicht und die Glosse".[104]

Unter ähnlichen Bedingungen, jedoch mit anderen Tendenzen, enstand ein Jahr später, am 20. Februar 1911, eine zweite, mit dem *Sturm* rivalisierende Zeitschrift: *Die Aktion*. Ihr Begründer und alleiniger Herausgeber bis 1932, Franz Pfemfert, war ein politischer Kopf, radikal und wenig kompromißbereit, und die *Aktion* wurde ein Zeitschrift für Literatur, Kunst und Politik. „Maler bauen Barrikaden" und „Der Dichter greift in die Politik" − diese Titel von Ludwig Rubiners Beiträgen bestimmten die Richtung.

Doch diejenigen Zeitschriften − im Mai 1914 gab es fünfzehn expressionistische Vorkriegsjournale − die sich der neuen Dichtung öffneten, standen in den ersten Jahren auf wackligen Füßen. Dem Herausgeber des *Neuen Pathos*, Paul Zech, fehlen im April 1913 noch die „100 Subskribenten",[105] die *Bücherei Maiandros* von Alfred Richard Meyer zieht sich auf unregelmäßige Erscheinungsweise zurück. Die expressionistische Generation hat es schwer, ihre Dichtung unterzubringen, weil die großen und anerkannten Verlage fehlen: „Von mir erscheint ja demnächst bei Meyer ein neues Heft", schreibt Benn an Paul Zech. „Gegen den Verlag läßt sich ja nichts sagen. Wo soll man auch hin? Kunst ist eine Sache von 50 Leuten, davon noch 30 nicht normal sind. Was große

Verlage verlegen, ist keine Kunst, sondern Arbeit von Leuten, die ihrer Mittelmäßigkeit schriftstellerisch gerecht werden".[106] Benn spricht von dem Band *Söhne. Neue Gedichte,* der im Oktober 1913 wieder von Meyer verlegt wird, und den er Else Lasker-Schüler widmet: „Ich grüße Else Lasker-Schüler: Ziellose Hand aus Spiel und Blut", ein Zitat aus deren Briefroman *Mein Herz* von 1912. Er war der Dichterin, die damals bereits bekannt war, in dieser Zeit begegnet: „Sie war klein, damals knabenhaft schlank, hatte pechschwarze Haare, kurzgeschnitten, was zu der Zeit noch selten war, große rabenschwarze bewegliche Augen mit einem ausweichenden unerklärlichen Blick. Man konnte weder damals noch später mit ihr über die Straße gehen, ohne daß alle Welt stillstand und ihr nachsah".[107] Möglicherweise trafen sich die beiden im Stammcafé der Dichterin, denn Kurt Hiller glaubt sich zu erinnern, Benn habe „im Café des Westens besonders gern am Tische der Lasker-Schüler gesessen".[108] Die Dichterin verwendet sich bei dem Verleger Kurt Wolff für den Freund: „Sonst bin ich immer mißtrauisch dieser Arzt Art [sic] gegenüber, aber diese Gedichte hat ein *wirklicher* Tiger gedichtet".[109] Sie verstärkt ihre Anstrengung Ende Juni 1913: „Hör mal König. Ich habe einen Essay über Dr. Benn geschrieben, der ... Aufsehn macht – und noch sein *Bild* dazu ... Er ist halb Tiger halb Habicht ... Er ist ebenso herb wie derb[,] ebenso zart wie weich. König, ihr dürft *nicht* zögern, seine Gedichte in den Verlag zu holen".[110] Der Essay erscheint in *Die Aktion,* die neben dem Abschnitt VIII von Benns *Alaska* unter der Überschrift *Drohungen* die Prosaskizze *Dr. Benn* und Else Lasker-Schülers Profilzeichnung des Dichters abdruckt.

Die Dichterin verliebt sich in den siebzehn Jahre jüngeren Mann, nennt ihn „Giselheer", „Nibelungen", „Heide", „Barbar", und schreibt siebzehn Gedichte an ihn, die später in ihren *Gesammelten Gedichten* zum Zyklus zusammengefaßt werden. Im Oktober 1912, ein halbes Jahr also nach Erscheinen der *Morgue,* bringt die Zeitschrift *Saturn* das erste Gedicht auf den Angeschwärmten. Ob sich der Student der Militärärztlichen Akademie mit der Dichterin verbunden hat, wissen wir nicht. Alle Erzählungen über ein Liebesverhältnis sind Phantasie und entbehren einer dokumentarischen Grundlage.[111] Die Dichterin verliebte sich leicht, und in ihren Gedichten und Berichten vermischen sich Wunsch und Realität.

Daß Benn Else Lasker-Schüler als Dichterin sehr geschätzt hat, ist mehrfach bezeugt. Bevor sie am 19. April 1933 Deutschland verläßt, verabschiedet sie sich telefonisch von Benn, der mit dem Begriff der „Lebensirrungen", den er in seiner Gedenkrede im British Center Berlin 1952 verwendet, nachträglich auch ein Schuldgefühl der Dichterin gegenüber eingesteht.[112] Denn schließlich hatte er sie in seinem Aufsatz *Expressionismus* 1933 aus taktischen Gründen nicht erwähnt. Auch muß ihm deutlich gewesen sein, daß sie als Emigrantin kein leichtes Los haben würde. Denn sie lebte schon in Berlin als Randfigur und war in ihren Beziehungen eher heikel und vertrackt. Walter Benjamin spricht von ihrer Hysterie, Kafka lehnte sie rundweg ab. Benn wurde sich allmählich bewußt, daß seine expressionistische Lyrik an ihre Grenze gekommen war. Erste Ausdrucksversuche in Prosa fallen in das Jahr 1913, so die kurze Skizze *Heinrich Mann. Ein Untergang*. Der Titel spielt auf die Vorrede von *Also sprach Zarathustra* an und ist ein frühes Zeugnis für Benns lebenslangen Rückgriff auf Nietzsche. Der Eingangssatz umreißt seine innere Situation:

„Jahre waren es, da lebte ich nur im Echo meiner Schreie, hungernd und auf den Klippen des Nichts. [...] Bis mich die Seuche der Erkenntnis schlug: es geht nirgends etwas vor; es geschieht alles nur in meinem Gehirn. Nun gab es nichts mehr, das mich trug. Nun war über allen Tiefen nur mein Odem. Nun war das Du tot. Nun war alles tot: Erlösung, Opfer und Erlöschen. Bis ich den Ausweg aus mir fand: in Siedelungen aus meinem Blut. Die sollten Heimat werden, Trost, Erde, Himmel, Rache, Zwiegespräch". –[113]

Mit den „Siedelungen aus meinem Blut" sind die Dichtungen gemeint, in denen die inneren Bilder ihren Ausdruck finden. Mit ihnen will der junge Benn den Sinn seiner Existenz begründen: „Dichten, – ein unbarmherziges Geschäft", aber ein lebensnotwendiges, ein existentieller Zwang, dem Benn sein Leben lang ausgeliefert war: „Ich werde am Sonntag nicht mit Ihnen fahren können, da ich am Sonntag arbeiten muß", schreibt er im Mai 1930 an Gertrud Hindemith. „Dem Einen ist es gegeben, in flotter Weise, in ununterbrochenem Zug seine Einfälle zu meistern, seine Gesichte zu bannen; dem andern, mit einem Füllfederhalter, der immerzu aussetzt, in stockender Form an Sonntagen seine armselige Existenz schriftstellerisch zu versuchen".[114]

Benn war sich seines Genies zwar immer bewußt, jedoch war ihm auch klar, daß er von seiner Kunst nicht leben konnte und die meiste Zeit seinem Beruf widmen mußte. Sein Neid auf die „epischen Schleimer" oder auf die Vielschreiber, die ihre Werke „fingerfertig hervorkarnickeln",[115] erklärt sich auch aus der Anstrengung, die ihm die dichterische Produktion auferlegte und dem Zeitmangel, der ihn an einer kontinuierlichen Beschäftigung mit dem Wort hinderte.

Im März 1914 erscheint in den *Weißen Blättern* die Szenenfolge *Ithaka*, die in der Figur des Arztes Rönne autobiographische Züge trägt. Denn der Schauplatz ist das Labor einer Prosektur, und Rönne wirft dem Professor eine gedankenleere Autorität vor, die es vermocht habe, daß „jeder Art von Pöbel die Schnauze vor Ehrfurcht stillsteht vor dem größten Bettpisser, wenn er nur mit einem Brutschrank umzugehen weiß, aber sie haben es nicht vermocht, auch nur das Atom eines Gedankens aufzubringen, der außerhalb der Banalität stände!".[116] Rönne trägt schon hier Gedanken vor, die dem Bennschen Werk nicht wieder verloren gehen werden. Das Leben hat eine tragische Konstitution, der auch Sozialfürsorge und Krankenkassen keinen höheren Sinn geben können: „Kindersterben und jede Art Verrecken gehört ins Dasein, wie der Winter ins Jahr. Banalisieren wir das Leben nicht".[117] Oder die Frage nach dem „Feldherrntum des Intellekts" und dem Sinn des Gehirns: „Ich habe den ganzen Kosmos mit meinem Schädel zerkaut! Ich habe gedacht, bis mir der Speichel floß. Ich war logisch bis zum Koterbrechen. Und als sich der Nebel verzogen hatte, was war dann alles? Worte und das Gehirn".[118]

Rönnes Sehnsucht geht in den Süden, zum Mittelmeer als Symbol einer regressiven Sehnsucht: „O so möchte ich wieder werden: Wiese, Sand, blumendurchwachsen, eine weite Flur. In lauen und in kühlen Wellen trägt einem die Erde alles zu. Keine Stirne mehr. Man wird gelebt".[119] Der Professor deutet diese Rede als neurotische Reaktion: „Lassen Sie sich von Rönne nicht irre machen. Er ist durch Denken ohne ernste, zielgerichtete Arbeit etwas zermürbt. Es wird solche Opfer geben müssen auf unserem Weg".[120] Und er hat mit diesem Hinweis auf die labile Konstitution Rönnes nicht ganz unrecht, sie kommt einer Selbsteinsicht Benns gleich.

Als aktiver Offizier leistet Benn seinen Dienst als Militärarzt beim Infanterieregiment 64 in Prenzlau, dem er stellenplanmäßig zugeteilt ist und wird bald zum 3. Spandauer Pionierbataillon versetzt: Er muß „auf den Kartoffelfeldern der Uckermark die Regimentsübungen mitmarschieren und in Döberitz beim Stab des Divisionskommandeurs im englischen Trab über die Kiefernhügel setzen".[121] Aber er wird schon im Herbst aus der Armee entlassen, von einer „Senkniere" ist die Rede, aber wir sollten eher an Depressionen denken. Und auch die Assistenz an der pathologisch-anatomischen Anstalt des Städtischen Krankenhauses Charlottenburg-Westend vom Oktober 1912 bis zum Dezember 1913 mit ihren fast täglich notwendigen Leichenöffnungen scheint für den jungen Dichter nur eine kurzfristige Nische ohne aussichtsreiche Perspektive gewesen zu sein.[122] Auch die Gedichtproduktion stagniert, da sie nach der zweiten Veröffentlichung (*Söhne*) bei Alfred Richard Meyer 1913 im Ton des seit dem *Morgue*-Zyklus Erprobten stecken bleibt.

Einige Gedichte aus der *Morgue* und einige ungedruckte liest Benn noch am 24. März 1913 in Paul Cassirers Kunstsalon. Er sucht jedoch einen Ausweg aus der Stagnation und geht auf große Fahrt: Am 3. April 1914 heuert er als zweiter Schiffsarzt auf dem Doppelschrauben-Postdampfer „Graf Waldersee" der Hamburg-Amerikanischen-Paketfahrt-Actien-Gesellschaft (Hapag) an. Die Fahrt geht nach New York. Zwar besucht er die Metropolitan Opera, Caruso sang, „ich hörte seine wahrhaft arielhafte, arionschöne Stimme".[123] Aber auch hier herrscht statt Begeisterung und Genuß eher Unzufriedenheit über den gesellschaftlichen Umgang mit den „widerlichen Passagieren".[124] Im Sommer vertritt er für ein paar Wochen den Chefarzt einer Lungenheilstätte in Bischofsgrün bei Bayreuth im Fichtelgebirge. Die Erinnerung an die Rückreise von diesem Aufenthalt ist andeutungsweise in der Novelle *Gehirne* beschrieben: „Rönne, ein junger Arzt, der früher viel seziert hatte, fuhr durch Süddeutschland dem Norden zu. Er hatte die letzten Monate tatenlos verbracht; er war zwei Jahre lang an einem pathologischen Institut angestellt gewesen, das bedeutet, es waren ungefähr zweitausend Leichen ohne Besinnen durch seine Hände gegangen, und das hatte ihn in einer merkwürdigen und ungeklärten Weise erschöpft".[125] Der Versagenszustand verstärkt sich, die Versorgung der Patienten leidet, der Chefarzt muß zurückkommen. Der Ausbruch des Ersten Weltkrieges beendet abrupt eine Zeit, die durch seelische Krisen gekennzeichnet ist.

Im April 1912 war Benns Mutter an Brustkrebs gestorben. Es kommt zu einem Zerwürfnis zwischen Sohn und Vater, weil dieser die Schmerzen der Mutter nicht durch Morphiuminjektionen mildern ließ.[126] „Sie starb den schwersten Tod, den ich gesehen habe, wochenlang. Sie bekam die letzten zwei Monate täglich etwa nur soviel Luft, wie unsereiner stündlich zu sich nimmt. [...] Die ganze eine Lunge war voll Metastasen, desgl. Leber u.s.w., gar nicht zu beschreiben. Und sie selber und alle wußten, daß sie aufgegeben war und nicht mehr zu helfen. So war in diesem Sinne ihr Tod jedenfall ein Glück. Aber einsamer und verwaister fühlt man sich nun doch als früher".[127]

Wenn auch der achtundzwanzigjährige Arzt beruflich noch keinen festen Boden unter den Füßen hatte, so war doch der Dichter im kleinen Kreis der führenden Geister der neuen Kunstbewegung anerkannt und seine Gedichte wurden gedruckt. Persönliche Beziehungen verbanden ihn mit einigen Kollegen, die den expressionistischen Zeitschriften nahestanden oder sie herausgaben, mit Paul Zech etwa und Herwarth Walden. Mit Paul Boldt, Carl Einstein, Alfred Lichtenstein, Leo Matthias und Egmont Seyerlen war er öffentlich bei Lesungen aufgetreten, ohne sich jedoch an dem Kaffeehausbetrieb der literarischen Welt in Berlin zu beteiligen.

Als die österreichische Kriegserklärung an Serbien erkennen ließ, daß ein bewaffneter Konflikt in Europa bevorstand, war Benn in München, wohnte in der Kaulbachstraße 40[128] und hospitierte in der Hautpoliklinik der Universität. Am 30. Juli 1914 heiratete er die acht Jahre ältere, verwitwete Schauspielerin Eva Brandt, mit bürgerlichem Namen Edith Brosin, geb. Osterloh (1878–1922), die er wohl bei einem Aufenthalt in

Hiddensee an der Ostsee im Juli zuvor kennengelernt hatte. Sie stammte aus Dresden und brachte ihren zweijährigen Sohn Andreas (1912–1930), den Benn später adoptierte, mit in die Ehe. Die standesamtliche Trauung fand in München statt. Als Trauzeugen dienten nicht, wie oft kolportiert wird, „zwei Gepäckträger, die man von der Straße auflas",[129] sondern zwei städtische Angestellte, die als Zeugen „zugezogen und erschienen" waren.[130] Allerdings konnte sich der Ehemann nicht länger an der Seite seiner Frau in München aufhalten: Wegen der allgemeinen Mobilmachung mußte er umgehend nach Berlin zurück, um sich als Oberarzt beim 3. Pionierbataillon in Spandau, das er zwei Jahre vorher verlassen hatte, zu stellen.

7 Berlin, Brüssel 1914–1917

„,Umbraust von der Kundgebung der Menge' hielt Kaiser Wilhelm am 31. Juli 1914 eine kurze Ansprache vom Balkon des Berliner Schlosses, die wenig Zweifel über den Beginn des Krieges ließ: ‚Eine schwere Stunde ist heute über Deutschland hereingebrochen. Neider überall zwingen uns zu gerechter Verteidigung. Man drückt uns das Schwert in die Hand'. Der nächste Tag brachte die Entscheidung. ‚In den Straßen wogten die Menschen auf und nieder, arm und reich, hoch und niedrig, alle im Gefühl unzerstörbarer Gemeinsamkeit. Die Kluft, die sonst wohl einzelne Stände und Klassen trennte, schien mit einem Schlage überbrückt'".[131]

Kriegsbegeisterung kennt Benn nicht. Von einer Verherrlichung des Kampfes Mann gegen Mann, von verzückter Kriegslyrik, wie sie Hans Benzmann, Cäsar Flaischlen, Hermann Hesse, Frida Schanz oder Ina Seidel in der *Illustrierten Kriegs – Chronik des Daheim* (Verlag von Velhagen & Klasing, Bielefeld und Leipzig 1915) loswerden, ist bei Benn keine Spur zu finden. Der Krieg als „inneres Erlebnis", sei es affirmativ soldatisch wie in Jüngers frühen Büchern, sei es anklagend pazifistisch wie bei Henri Barbusse oder Erich Maria Remarque, ist Benn fremd. Krieg gehört zur geschichtlichen Welt, er wird als Realität akzeptiert und allenfalls in der Essayistik zum Gegenstand kulturphilosophischer Reflexion.

Am 20. August 1914 ziehen deutsche Truppen in Brüssel ein. Bereits vier Wochen später werden die Forts der Festung Antwerpen mit schwerster Artillerie belegt, die neuen 42 cm-Belagerungsmörser der Firma Krupp in Essen kommen zum Einsatz. Während die Alliierten von der Sprengkraft der Waffe überrascht werden, schreiben die deutschen Berichterstatter stolz nach Hause: „Ein einziger Schuß riß Löcher von der Größe eines mittleren Wohnhauses in die Erd- und Betonumwallung, so daß die Verteidiger kompanieweise unter den aufgewühlten Schutzmassen begraben wurden. Die Panzertürme wurden aus ihrer Lagerung geschleudert und lagen herum wie zersprungene Riesenkessel".[132] Am Nachmittag des 9. Oktober zogen die deutschen Truppen unter General Hans Hartwig von Beseler in Antwerpen ein, die militärische Besetzung Belgiens war damit abgeschlossen. Benn erlebte die Erstürmung der Stadt als Arzt bei der angreifenden Truppe, er wurde mit dem Eisernen Kreuz 2. Klasse ausgezeichnet. Er hat diese Auszeichnung später nie erwähnt. Noch im Oktober wird er ins Generalgouvernement versetzt und arbeitet in der Brüsseler Vorstadt als Oberarzt am Krankenhaus St. Gilles, Rue Marconi. Dieses Hospital in der Verwaltung von Nonnen war ausschließlich für Prostituierte da. Geschlechtskrankheiten nahmen damals rapide zu und beeinträchtigten die Kampfkraft der Truppe. Allein im Brüsseler Kriegslazarett IV, geleitet von Professor Karl Zieler, Benns Chef vom 1. Dezember 1915 bis zum 1. September 1917, gab es 4.000 Betten nur für geschlechtskranke Soldaten.[133] In sechs Monaten werden etwa 8.000 intravenöse Injektionen mit dem Tripperimpfstoff Arthigon vorgenommen: Benn verfaßt darüber einen wissenschaftlichen Artikel, der in der *Zeitschrift für Urologie* 1918 gedruckt wird.[134] Im ersten Jahr wohnte er in der Rue de la Loi, einer prominenten Straße gegenüber dem Königlichen Palais. Der Arzt genießt das Leben in der kultivierten Großstadt mit den Annehmlichkeiten eines gehobenen Lebensstandards, mit den Museen und Bibliotheken, den Theatern und Kinos, der Oper, den Restaurants und dem eleganten Café Toison d'or, das er frequentierte. Da ihn kein militärischer Ehrgeiz plagt, betrachtet er die Etappe als einen Glücksfall. Die Jahre der untergeordneten Assistenztätigkeiten, der Abhängigkeiten und akademischen Prüfungen liegen hinter ihm. Benn folgt einer geregelten Tätigkeit mit regelmäßigem Einkommen und kennt keine Existenzsorgen. Neben dem Dienst bleibt ihm genügend Freizeit. Er hatte eine Lebensform erreicht, die er später immer vergebens anstrebte, nämlich eine feste Anstellung mit finanzieller Sicherheit und genügend freier Zeit zum Schreiben. Schon aus diesen Gründen müssen ihm die Brüsseler Jahre immer als Güte des Geschicks erschienen sein.

Die mörderischen Materialschlachten, die zwischen Marne und Aisne weitertoben, bestätigen Benn in seiner Auffassung von der Sinnlosigkeit des Geschichtsverlaufs. Daß die Deutschen in der Schlacht bei Ypern im April/Mai 1915 trotz Einsatz von Gas nur geringe Geländegewinne machen, wird ihn kaum berührt haben, patriotische Gefühle sind ihm fremd. Kriege muß man hinnehmen, sie gehören zum „typisch historischen Prozeß: unmotiviert und sinnlos".[135] Doch hat Benn bei dieser Geschichtsauffassung immer das individuelle Schicksal ausgenommen, so auch hier: „Allerheiligen 1915 traf ich mich zum letzten Mal mit einem kleinen Bruder von mir in Brügge, ich kam von Brüssel, er aus der Flandernfront: Kriegsfreiwilliger, 140 Schlachten u. Gefechte, darunter Langemarck, die Yserkämpfe, 22 Jahre, stiller Junge, schwarz, sehr französisch aussehend, weder E[isernes]. K[reuz]. noch Unteroffizier geworden, zu einfach, bescheiden; sass mit mir in einem verdunkelten Café, schweigsam, hoffnungslos, vertiert, sämtliche Kameraden von 1914 tot, kein Tag Urlaub bisher, von einer unsäglichen Traurigkeit wir beide. Kurz darauf kam er nach Galizien u. fiel auf ‚Höhe 317'".[136]

Der Truppenarzt Benn lebt im Windschatten der Kriegsereignisse. Obwohl sich die Bevölkerung verständlicherweise feindselig gegen die Besatzer verhielt, waren die drei Brüsseler Jahre eine einzigartige Zeit: „Das Leben schwang in einer Sphäre von Schweigen und Verlorenheit, ich lebte am Rande, wo das Dasein fällt und das Ich beginnt. Ich denke oft an diese Wochen zurück; sie waren das Leben, sie werden nicht wiederkommen, alles andere war Bruch".[137] 1915 zieht er in ein neues Quartier, Rue St. Bernard Nr.1: „Dort in der 1. Etage waren meine Wohn u. Arbeitszimmer. Dort wirkte Rönne in Hochblüte, wollte nach Antwerpen reisen u. kam nur bis zur Bahn aus Müdigkeit u. weil alles so schwer u. sinnlos war, da entstand die ‚Reise'. Vor allem aber – Ende April, Anfang Mai 1916 – ‚geschah' ihm der ‚Geburtstag'. Die ‚Karyatide' und vieles von dem schönen, sinnlosen, überlebten Zeug entstand da".[138] Weihnachten 1914 besucht ihn seine Frau, die Tochter Nele, Benns einziges Kind, wird am 8. September des folgenden Jahres in Hellerau bei Dresden geboren. Von einem Urlaub oder einem Besuch bei Mutter und Kind hören wir allerdings nichts. Benn wird seine Bekanntschaften gehabt haben, so die „berühmte Altistin der Berliner Staatsoper, die in den Lazaretten sang" und die seine Geliebte wurde. „Keine unangenehme Erinnerung", schrieb er noch Jahrzehnte später an Oelze, „obschon sie 25 Jahre älter war als ich".[139] In dem szenischen Stück *Die Stimme hinter dem Vorhang* von 1951 sagt die Figur Alfred: „Meine Glücke waren, wenn ich genau bin, alle mit Verbrechen verkuppelt: Ehebruch, Rausch, Treulosigkeit, Elternhaß, Falschheit, doppelte Moral, auch fiel mir die Wendung von Hamsun ein: ‚Es gibt nur eine Liebe, die gestohlene' – eines der wahrsten Worte der Menschheitsgeschichte".[140]

Diese kurzen Jahre eines Lebens in Sicherheit und Unabhängigkeit bilden den autobiographischen Hintergrund von Benns Brüsseler Prosa. Doktor Rönne, das alter ego des Dichters, tritt zwar schon in der Szene *Ithaka* auf, die 1914 im Märzheft der *Weißen Blätter* erschienen war, aber erst im Prosastück *Der Geburtstag* (1916) erhält Benns lebenslange Identitätsfigur den flämischen Vornamen Werff. Benns ärztliche Tätigkeit gibt zusammen mit der Szenerie der Stadt die Folie für die Dichtungen ab. Die Rönne-Prosa ist für Benn eine große Phase visionärer Kreativität, verbunden mit dem Gefühl epochalen Zusammenbruchs: „In Krieg und Frieden, in der Front und in der Etappe, als Offizier wie als Arzt, zwischen Schiebern und Exzellenzen, vor Gummi- und Gefängniszellen, an Betten und an Särgen, im Triumph und im Verfall verließ mich die Trance nie, daß es diese Wirklichkeit nicht gäbe".[141] Die Rönne-Novellen sind der eigentlich dichterische Ertrag der Jahre in Belgien. Dabei ist die Gattungsbezeichnung *Novelle* irreführend, denn das Leben des jungen Arztes Rönne wird nicht durch „unerhörte Begebenheiten"

bestimmt, nichts Außergewöhnliches wird „erzählt". In lyrisch erhöhter Prosa, die in André Gides *Paludes* und Carl Einsteins *Bebuquin* ihr Vorbild hat, ziehen Beobachtungen, Empfindungen und Gedanken in raschem Wechsel an Auge und Bewußtsein vorüber.
Die Phase visionärer Kreativität wird durch die Einnahme von Kokain unterstützt. Benn kannte bereits die sich erst langsam durchsetzende Form der zerebralen Droge als Schnupfpulver, daneben aber auch den Aufguß der Blätter als Tee. Die ärztliche Anwendung von Kokainlösungen zur Linderung schmerzhafter Reizzustände war ihm geläufig, der erotisierende Effekt aus Dirnenlokalen und Tanzdielen bekannt:[142]

> Den Ich-Zerfall, den süßen, tiefersehnten,
> den gibst Du mir: schon ist die Kehle rauh,
> schon ist der fremde Klang an unerwähnten
> Gebilden meines Ichs am Unterbau.

Benn nimmt die Wirkung der Droge in seine Lyrik und Prosa auf und spricht von der Trockenheit der Kehlkopfschleimhaut, den akustischen Halluzinationen, der Geruchsverfeinerung und Euphorie. In *Die Reise* (1916) werden die vegetativen Folgen des Drogengenusses kennerhaft ausgebreitet: Schweißausbrüche und Zittern, Beschleunigung des Pulses, Gefühle der Angst, aber auch der Schwerelosigkeit: „Er schwang über die Boulevards".[143]

Benns Geschichtsauffassung findet in der belgischen Hauptstadt ihr spezifisches Bild. Brüssel besteht aus einer Ober- und einer Unterstadt. Am Rande des Plateau-Absturzes, der die Ober- von der Unterstadt trennt, erhebt sich der Justizpalast. Von hier aus hat man einen beherrschenden Blick in das niedrig gelegene, sogenannte „Morellenviertel" der arbeitenden Unterschichten: „Was aber ist mit dem Morellenviertel, fragte Rönne sich bald darauf? Hinter dem Palast, um dessen Pfeiler Lorbeer steht, brechen Gassen in die Tiefe, den Hang hinunter steht Haus bei Haus klein herab. [...] Es riecht nach Brand und alten Fetten. Unzählige Kinder verrichten ihre Notdurft, ihre Sprache ist fremd".[144] Die Anschaulichkeit dieser topographischen und und zugleich ökonomischen Differenz zwischen den Klassen setzt sich für Benn in den Satz um, in dem seine Auffassung von Geschichte zusammenschießt: „Die Armen wollen hoch und die Reichen nicht herunter".[145]

Einen Kommentar zu seiner militärischen Existenz inmitten von Offizieren und Kameraden gab Benn in der erst 1919 veröffentlichten Szene *Etappe*. Sie spielt in dem „Wohlfahrtsbüro des Gouvernements einer eroberten Provinz" und richtet sich gegen die geschäftstüchtigen Ärzte, die mit ihrer Versorgungstätigkeit Kriegsgewinne erzielen. In dem Oberarzt Dr. Olf kann man unschwer den Autor erkennen:

„Olf *(und Dunker vom Balkon)*: Haben Sie sie gesehen, die blutgrauen Leichenschädel und die zersplitterten Visagen? Dazu das ganze Getümmel, die Schreie und der Mord? Ich sage Ihnen, Dunker, sie kriegten kein Schwein mehr gegen die Drahtverhaue, wenn die draußen wüßten, wer hier den Tod verschachert ... Mit dieser Peitsche hier, – und wenn sie mich an die Mauer stellen, mein Blut soll springen wie ein Hornruf: – Hetzt dieser Bande Hunde an die Gurgeln!!".[146]

Vom Leben im Offizierskasino hielt Benn sich weitgehend fern, er konnte sich den Gepflogenheiten nicht anpassen, der angeberische und bewußtlose Jargon stieß ihn ab: „Rönne lebte einsam seiner Entwicklung hingegeben und arbeitete viel. [...] Den Du-Charakter des Grammatischen auszuschalten, schien ihm ehrlicherweise notwendig, denn die Anrede war mythisch geworden".[147] Eine solche Phantasie, die das Gegenüber in der Sprache selbst ausgrenzen will, spiegelt die Bemühung, sich in monomanischer Strenge abzuschotten gegen alles Kollektive: gegen Familie, Gesellschaft und Staat mit dem Ziel der Insel-Existenz.

Unzweifelhaft hat Benn unter seiner grüblerischen Melancholie gelitten, die die Bedingung seiner Produktivität war und die ihn hinderte, aus sich herauszugehen und eine zugewandte Haltung gegenüber seiner Umgebung zu entwickeln. Viele Menschen, große Gesellschaften, unerwartete Besuche waren ihm erklärtermaßen ein Greuel, obwohl in ihm doch auch das Verlangen lebte, nicht beiseite stehen zu müssen, sich nicht ausgeschlossen zu fühlen.

Er kam auch mit Gleichgesinnten zusammen, lernte Hugo von Hofmannsthal und Wilhelm Hausenstein kennen. In die Abteilungen der Gouvernementsverwaltung für Presse, Buchwesen, Theater und Kunstschutz hatte man prominente deutsche Autoren als Propagandisten dienstverpflichtet, so Otto Flake, Carl Einstein und Rudolf Alexander Schröder, der sich besonders der flämischen Literatur annehmen sollte. Außerdem traf Benn hier Carl Sternheim, der mit seiner Familie in der Nähe von Brüssel lebte. Es entwickelte sich bald, fern von allem Kasinobetrieb, ein lebhafter geistiger Kontakt zwischen diesen höchst verschiedenartigen Geistern. Carl Sternheim, von Haus aus vermögend, hatte 1907 die geschiedene Millionenerbin Thea Bauer geheiratet. 1912 erwarben sie den Landsitz Clairecolline in La Hulpe. Man hatte Dienstboten, führte ein offenes Haus, eine Einladung war für die dienstverpflichteten deutschen Intellektuellen in Brüssel eine willkommene Abwechslung.

Thea Sternheim beschreibt in ihrem Tagebuch Benns Erscheinung: „Ein blonder schlanker, typisch preußisch aussehender Mensch, in der Art der jungen Bredows und Unruhs. Er macht Verbeugungen beim Herein- und Hinausgehn, Verbeugungen, reicht man ihm eine Hand. Man spricht über Literatur. Ohne besondere Relation zu den Jungen schätzt er einiges von Werfel, einiges von [Heinrich] Mann, Sternheim. Vorliebe für Hölderlin. Geringe Beziehung zum Westen, scheint mir. Entwicklung auf naturwissenschaftlicher Basis aufgebaut. Wie kommt sein Wortschatz so ins Blühen? [...] Unter Begriffen wie Gottes Zorn, Vaterland, Bereitschaft für den Staat zu sterben aufgewachsen, fragt er nicht: Wie konnte dieser schreckliche Krieg möglich werden, sondern antwortet: Da er einmal da ist, muß er ausgekämpft werden. Milde ist in keiner Hinsicht am Platze".[148]

Im Fortgang der Unterhaltung berichtet Benn von der Erschießung der englischen Spionin Edith Cavell, zu der er als ärztlicher Zeuge am 12. Oktober 1915 befohlen war. Thea Sternheim notiert: „Benn erzählt diesen Vorfall mit der erschreckenden Sachlichkeit eines Arztes, der einen Leichnam seziert. [...] Auf meine Erklärung hin, wie wir uns für die Befreiung Hostelets bemühen, antwortet er: Ist es nicht ganz richtig, dass man Leute, die einem schaden wollen, einsperrt?".[149]

Kurz nach dem ersten Besuch in La Hulpe erschien Benns gesammelte Lyrik unter dem Titel *Fleisch* im Verlag der Aktion (1917). Sternheim zeigte sich fasziniert davon, daß der Autor den „Dunstkreis zentraleuropäischer Gemeinplätze" mied und huldigte ihm in seinem Bändchen *Prosa* (1918): „Spürend, jedes irdische Ding enthält viel mächtigere Schwellung, üppigere Vermischung, als der durch ein Wort geprägte Begriff von ihm fassen kann".[150] Die Produktion der Brüsseler Jahre veröffentlichte Benn in expressionistischen Zeitschriften. Die Prosatexte *Gehirne, Die Eroberung, Die Reise, Die Insel*, dazu der *Ikarus*-Zyklus und das Gedicht *Karyatide* erschienen in den *Weißen Blättern* 1915/1916, die *Aktion* bringt die Gedichte *Kretische Vase, O Nacht* und *Durchs Erlenholz*. Für Benns Selbstbestätigung als Dichter war es eine Genugtuung, daß die gesammelte Rönne-Prosa unter dem Titel *Gehirne* im renommierten Kurt Wolff-Verlag als fünfunddreißigster Band der Reihe *Der jüngste Tag* 1916 erscheinen konnte. Im gleichen Verlag waren vor ihm schon Ehrenstein, Schickele, Sternheim, Trakl und Werfel herausgekommen; dort hatte sich auch Franz Kafka 1913 mit der Erzählung *Der Heizer* der Öffentlichkeit vorgestellt. In diese exklusive Gesellschaft von Autoren der expressionistischen Generation aufgenommen zu werden, war für einen Autor, der erst vier Jahre vorher in einem Berliner Kleinverlag ein Gedichtheft herausgebracht hatte, ein großer Schritt nach vorn.[151]

Die Ergebnisse seiner Brüsseler Jahre lagen vor, die Kritik der Gleichgesinnten war zustimmend. Und trotzdem war der junge Militärarzt krank, der dichterische Erfolg konnte die Melancholie nicht bannen, die Gefühle der Sinnlosigkeit, des unerklärten seelischen Schmerzes nahmen überhand. In der Novelle *Diesterweg*, die nach dem Sommer 1917 entstand, heißen die ersten Sätze: „Drei Jahre dauerte der Krieg. In tiefer

7 Berlin, Brüssel 1914–1917

Einordnung lebte daher, da er kriegstüchtig war, auch der in Frage stehende Arzt. Des Morgens erhob er sich in betreff des Dienstes; die Stunde führte den Gedanken das Erforderliche zu; Blut und Leiber: Schutt und Schlacken, in der Ferne das eine Ziel; ja, völlig entleert des eigenen Lebens, hatte er seines Namens selbst vergessen".[152] Der Arzt leidet an fortschreitender Infragestellung der Realität, er wird grüblerisch, ihm fehlt „das Abgegrenzte, die Sicherheit des Geformten",[153] wie wäre es, wenn er einen Tick entwickelte, „etwa ein kurzes, rasches Wischen mit dem Zeigefinger an der Backe, ein nervöses Wischen":[154] „Diesterweg galt als erkrankt und wurde nach Berlin zurückgeschickt".[155]

Wir kennen die Symptomatik nicht, die Benns Vorgesetzte dazu veranlaßte, den jungen Arzt mitten im Krieg zu entlassen. Benn gelang es zum zweiten Mal, dem aktiven Militärdienst zu entkommen. Im Berliner Notwinter 1917/18, in dem Tausende an Hunger starben, arbeitet er zunächst drei Monate lang als Assistenzarzt bei dem Dermatologen der Berliner Charité, Professor Edmund Lesser, dessen Zeugnis für den Kreisarzt des Bezirks Kreuzberg ihm die Niederlassung als Facharzt für Haut- und Geschlechtskrankheiten ermöglichte. Am 10. November 1917 eröffnete er in der Belle-Alliance-Straße 12, Ecke Yorkstraße eine eigene Praxis. Sprechstunde, laut Rezept von 1922: Täglich 5–7, sonntags 10–11 Uhr.[156] Es gab „zwei Wartezimmer, das eine für unbekannte Patienten, das andere mit angenehmen Sesseln und Büchern für private Patienten und Bekannte".[157] Eine Beschreibung der Räumlichkeiten, in denen Benn fast zwanzig Jahre lebte und praktizierte, lesen wir andeutungsweise in *Urgesicht*: „Von diesen Räumen gingen drei auf die Straße, einer in den Hof. In den Hof ergoß sich ein Musikcafé, das belauschte ich oft, entführende Weisen".[158] In dieser Wohnung führte er ein selbständiges Leben, hier verarbeitete er die Ergebnisse seiner Lektüre. Denn Benn versuchte, „mit Hilfe von Bildern u. Steinen in den Museen und den Büchern aus den Leih- u. Staatsbibliotheken hinüberzuäugen in die beschenkteren Reiche mit Marmor, Öl u. Orangen und jene Eroberungen zu betreiben, die dem lädierten Gehirn allein gegeben sind".[159]

In die Belle-Alliance-Straße kamen allerdings mehr Patienten, als dem Dichter lieb war. Wie nach jedem Krieg gab es einen Rekordstand an Geschlechtskranken: „Die ersten Jahre [der Bennschen Praxis] fallen in die wildeste Berliner Nachkriegszeit mit ihren blutigen Aufständen, Putschen und Morden, mit entsetzlicher Not und Hunger und Nachkriegsseuchen, mit Inflation und Papiergeldtaumel und dazu die unzähligen ‚Raffkes', die alle erlaubten und verbotenen Geschäfte machten. Am Zoo wurde wispernd Koks (Kokain) angeboten, die Prostitution quoll über, Tausende von Schleppern suchten am Abend Publikum für alle möglichen geheimen und verpönten Lokale, für Nacktclubs und getarnte

Spielbanken. Dutzende von Razzien jede Nacht, Zehntausende entlassener Soldaten und Offiziere auf den Straßen, die Werbebüros der Freikorps, viele Tausend von Krüppeln auf Krücken oder in Selbstfahrern, Prügeleien zwischen Rechts und Links, Protestdemonstrationen gegen die Ententeforderungen, schwache Staatsautorität, Arbeitslosigkeit, Selbstmorde in Rekordhöhe".[160]

Die Privatwohnung der Benns lag im Westen, in der Nähe des Wittenbergplatzes, Passauer Straße 20. Dort lebten Edith und die Kinder – die jetzt zweijährige Nele und ihr Halbbruder – behütet und vergleichsweise sorglos in den turbulenten Zeiten. Der Vater tauchte in diesem gepflegten Interieur eher wie ein Besucher auf. „Er dankte es seiner Frau, daß sie ihm nie Vorwürfe machte und eine ausgezeichnete, verständnisvolle Zuhörerin war, wenn er erzählte und berichtete".[161]

Das Familienleben, soweit es überhaupt bestanden hatte, löste sich sehr bald ganz auf. Denn seine Frau starb am 19. November 1922 im Alter von nur vierundvierzig Jahren in Jena an den Folgen einer Gallenoperation.

Benn trennte sich von seinen Kindern: Andreas blieb in einem Internat in Niesky, östlich von Dresden, in das er schon vor dem Tode seiner Mutter gekommen war; er starb 1930 nach längerem Krankenlager mit achtzehn Jahren an Tuberkulose. Seine Tochter Nele lebte zunächst bei seinem Bruder Stephan im heimatlichen Dorf Sellin. Im April 1923 vertraute er ihre weitere Erziehung der „Dänin", Frau Ellen Overgaard an, die als Künstlerkollegin seiner Frau an deren Begräbnis teilgenommen hatte. Beide fuhren im gleichen Zug nach Berlin zurück, Benn begann eine Affäre mit ihr, und sie nahm, selbst kinderlos, Nele in ihr Haus in Kopenhagen auf.

Die Beziehung Benns zu der gleichaltrigen Dänin, die ihn auf ihren Konzertreisen in Berlin besuchte und ihn in der Weihnachtszeit öfter in ihrem Haus im Norden Kopenhagens aufnahm, dauerte bis etwa 1927. Den tiefen Eindruck, den ihre Gestalt auf Benn gemacht hat, spiegeln Gedichte dieser Zeit wie: *Die Dänin, Einzelheiten, Aus Fernen, aus Reichen* und *Wie lange noch* mit ihrer melancholischen Verbindung von Liebeserlebnis und Todesmystik:[162]

> Wie lange noch, dann fassen
> wir weder Gram noch Joch,
> du kannst mich doch nicht lassen,
> du weißt es doch,
> die Tage, die uns einten,
> ihr Immer und ihr Nie,
> der Nächte, die wir weinten,
> vergißt du die?

8 Berlin 1918–1927

„Wenn ich an die Jahre 1918–23 denke, die letzten ‚*expressionistischen Jahre*', – mein Gott, was habe ich mich gepreßt u. massakriert u. erniedrigt u. gepeitscht, um Kunst zu machen, um zum letzten erfühlbaren *Ausdruck* zu kommen. Die Sonntage mit Hunger u. Kaffeetrinken bis zum Taumeln, die Nächte vielfach verbummelt, um noch müder, depressiver, mürber zu sein. Und wozu? Das ist die Frage! Um isoliert, absonderlich dazustehn, wenn das Alter beginnt, immer in Gefahr, aus der Insel der bürgerlichen Existenz, auf die man sich rettete, ausgestoßen zu werden. Ein Rätsel, das Ganze. Und dabei eigentlich noch großzügig von Staat u. Volk, daß sie nicht zur direkten Vernichtung schreiten".[163]

Die Erinnerung an die produktive Qual in der Nachkriegszeit trügt Benn nicht, denn in Brüssel war ihm das Schreiben leicht gefallen, er hatte genügend freie Zeit und fühlte sich inspiriert.

Für den Druck der Novelle *Diesterweg* (1918) sowie für das Stück *Die Etappe* und das erkenntnistheoretische Drama *Der Vermessungsdirigent* (beide 1919) blieb Benn dem Aktionsverlag treu. Dabei war der Verlag schon Anfang 1919 kein Organ der literarisch-künstlerischen Avantgarde mehr. Der Herausgeber Franz Pfemfert konzentrierte sich auf politisch-revolutionäre Fragen, löste sich jedoch 1921 von der KPD, weil sie sich zu einer zentralistischen Parteiorganisation verfestigt hatte. Warum Benn gerade in diesem Verlag willkommen war, obwohl er sich weder politisch noch tagespolitisch äußerte, bleibt offen. Für das Stück *Die Etappe* schien der Verlag durchaus geeignet, handelte es sich doch um ein Antikriegsstück: „Sandte es damals zusammen mit der Novelle die ‚Reise' an [René] Schickele, der in der Schweiz die ‚Weissen Blätter' herausgab", schreibt Benn 1936, „die ‚Reise' kam an. Die ‚Etappe' nicht. Sicher bei der Grenzbriefkontrolle angehalten. Dass man mich nicht herausgeholt u. erschossen hat, ist mir heute schleierhaft. Wie naiv muss ich gewesen sein!".[164]

So beeindruckend die Liste der Veröffentlichungen auch ist: Man darf nicht vergessen, daß Benn in den Nachkriegsjahren nur eine beschränkte Leserschaft hatte und auch die Literaturkritik ihn stiefmütterlich behandelte. Zu den wenigen, die die Bedeutung der Prosa erkannten, gehörte Carl Sternheim. Er begrüßte die Zerstörung der herkömmlichen, als bürgerlich gebrandmarkten Sprache und deren Begriffe und lobte Benn als den „wahrhaft Aufständischen".[165] Oskar Loerke zeigt in der

Neuen Rundschau Benns Gedichtband *Fleisch* an: Die Gedichte der *Morgue*, „die uns vor Jahren [1912] durch ihre Kühnheit erstaunlich waren, wirken heute wie Stilleben mit Leichenteilen". In den neuen Gedichten möchte man zwar „seine herausfordernde Besessenheit verspotten, doch aus den Stellen, die man mit kalter Hand berührt, fährt ein Schlag".[166]

Das Berlin der unmittelbaren Nachkriegszeit war durch enorme Widersprüche gekennzeichet. Die Novemberrevolution des Jahres 1918 brachte den ausgehöhlten Hohenzollernstaat zum Einsturz. Anfang Januar setzen sich riesige Marschkolonnen aus den Arbeitervororten in Richtung Stadtzentrum in Bewegung, 150.000 Berliner stehen dichtgedrängt am Alexanderplatz. Noch in der Nacht formulieren Georg Ledebour (USPD), Karl Liebknecht (KPD) und Paul Scholz (Revolutionäre Obleute) einen Aufruf, der die Regierung von Friedrich Ebert und Philipp Scheidemann für abgesetzt erklärt. Wieder folgen über eine halbe Million Menschen dem Aufruf in einer Massendemonstration. Rasch zusammengestellte Regierungstruppen machen sich daran, mit Maschinengewehren und Handgranaten für „Ruhe und Ordnung" zu sorgen. Nach erbitterten Straßen- und Häuserkämpfen, die bis zum 12. Januar andauern, gelingt es den Regierungstruppen, die besetzten Gebäude zurückzuerobern. Im Februar tritt die Nationalversammlung zu ihrer ersten Sitzung in Weimar, wo man sich sicherer fühlt, zusammen.

Die Arbeitslosigkeit, während des Krieges fast vergessen, erreicht in den ersten Monaten des Jahres 1919 in Berlin Rekordhöhe: 75.000 Leute, an manchen Tagen sogar 120.000, kommen zum Arbeitsnachweisgebäude in der Gormannstraße, in der Hoffnung, endlich eine Beschäftigung zu finden.[167] Mit Protestaktionen suchen die Arbeiter der ständigen Verschlechterung ihrer Verhältnisse entgegenzuwirken: Einhundertsiebzehn Streiks in über sechstausend Betrieben werden 1919 in Berlin amtlich registriert. Die blutigen Straßenschlachten hören nicht auf. Mit schwerer Artillerie, Panzern und Minenwerfern gehen Freikorps und Regierungstruppen gegen die bewaffneten Arbeiter vor. Hunderte von Unschuldigen werden getötet: Eine nicht abgelieferte Waffe, das Mitgliedsbuch einer Arbeiterorganisation, eine Denunziation genügen, um ohne Gerichtsverfahren auf der Stelle erschossen zu werden. Den Intellektuellen und Angehörigen der Mittelschicht wird bewußt, daß wesentliche Teile der Staatsgewalt in Händen jener Eliten geblieben sind, die sie bisher im Dienste und im Geiste des monarchischen Obrigkeitsstaates verwaltet hatten: *Der Kaiser ging, die Generäle blieben* – dieser sprichwörtlich gewordene Titel eines Romans von Theodor Plievier von 1932 bringt die Situation auf den Punkt.

Die völkische Bewegung mit ihrem Haß auf den „Novemberstaat" durchdringt nicht nur die Parteien der Rechten. Ebenso stehen die Freikorps, der Stahlhelm (Bund der Frontsoldaten), die Jugendbünde, der

Hochschulring Deutscher Art, die Wehrverbände, der Deutsche Schutzbund, die Heimwehren, der Jungdeutsche Orden, der Preußenbund auf völkischem Boden. Eine Welle von Haß und Gewalt rollte über Deutschland hinweg, Rosa Luxemburg, Karl Liebknecht, Kurt Eisner (USPD) werden umgebracht. Im August 1921 trifft es den Zentrumspolitiker Matthias Erzberger, ein Jahr später den Außenminister Walther Rathenau: 376 Menschen werden insgesamt zwischen 1919 und 1922 aus politischen Motiven ermordet.

Am 10. Januar 1920 trat der Friedensvertrag von Versailles in Kraft. Die Reparationsschuld wird im Frühsommer 1921 endgültig auf 132 Milliarden Goldmark fixiert. An dieser Riesensumme entzündet sich die Empörung der Deutschen, die die zukünftige Generation der noch Ungeborenen in „Schuldknechtschaft" wähnen.[168] Die Mark verliert von Woche zu Woche an Wert. Ende 1919 mußten fünfzig und im Herbst 1921 bereits das Doppelte für einen Dollar gezahlt werden. Ein Jahr später steht der Kurs bei 4000, im Januar 1923 bei 18.200 und erreicht, am Ende der Hyperinflation im November, mit 4,2 Billionen Papiermark seinen astronomischen Höchststand. Mit dem Höhenflug der Preise können die Einkommen trotz steigender Löhne und Gehälter nicht annähernd mithalten. Im Januar 1923 ist das Gehalt eines unteren Beamten zwar siebenhundertmal höher als 1913, demgegenüber haben sich die Ernährungskosten auf das 1360fache gesteigert.

Auch die Angehörigen freier Berufe sind angesichts des Verfalls der Mark der Verelendung ausgesetzt. Die große Schar der Künstler – der Schriftsteller, Maler, Schauspieler, Musiker – fühlt sich im Berlin der Inflationsjahre zwischen Armut auf der einen und dem Reichttum der Inflationsgewinnler auf der anderen Seite ohnmächtig eingeklemmt: „Gelten tut ja nur noch das skrupellose Geschäft, das Geldscheffeln, Verdienstjagen, Schieben, Makeln, Spekulieren auf Teufel komm raus!", schreibt der Dichter Max Herrmann-Neiße am 10. Dezember 1922 an einen Freund.[169] Und Franz Hessel berichtet beim „Spazieren in Berlin" von der Trübsal in den versteckten Hofwohnungen: „Es findet sich zwischen Hermannstraße und Bergstraße auch eine Gegend, wo das Elend sichtbarer wird, das sogenannte Bullenviertel; wo abends arbeitsmüdes Volk aus überstopften Trambahnen steigt und sich viel kümmerliche Kinder auf der Straße herumtreiben. Eine traurige Gegend. Als sie noch Rixdorf hieß und Ausflugsort war, mag sie interessanter gewesen sein".[170] Diese Einschätzung bringt Benn auf Einladung der *Aktion* in einem Gedicht zum Ausdruck:[171]

Verlauste Schieber, Rixdorf, Lichtenrade,
Sind Göttersöhne und ins Licht gebeugt,
Freibier für Luden und Spionfassade –

Der warme Tag ist's, der die Natter zeugt:
Am Tauentzien und dann die Prunkparade
Der Villenwälder, wo die Chuzpe seucht:
Fortschritt, Zylinderglanz und Westenweiße
Des Bürgermastdarms und der Bauchgeschmeiße.
[...]
Die Massenjauche in den Massenkuhlen
Die stinkt nicht mehr, die ist schon fortgetaut.
Die Börsenbullen und die Bänkeljulen
Die haben Deutschland wieder aufgebaut.
Der Jobber und die liederreichen Thulen,
Zwei Ferkel, aus demselben Stall gesaut –
Streik? Dowe Bande! Eignes Licht im Haus!
Wer fixt per Saldo kessen Schlager raus?

Nun hat Benn die Republik auch gar nicht als Heilserwartung verstanden: „Hohenzollern oder Republik, das ist Jacke wie Hose".[172]

Wenn er auch außerhalb jeder politischen Gruppierung steht, so nimmt er doch zur Situation seiner Gegenwart in Aufsätzen Stellung und begibt sich damit auf den Weg als Journalist. Seine erste kulturkritische Prosa, *Das moderne Ich*, erscheint in der von Kasimir Edschmid herausgegebenen Schriftenreihe *Tribüne der Kunst und Zeit* 1920 als Einzeldruck. In dieser fiktiven Rede an Studenten der naturwissenschaftlichen Fächer stellt Benn die innere Lage des damaligen deutschen Ich in den furchtbaren Nachkriegsjahren dar. Die Kritik an der Zeitgeschichte mündet in den Satz: „Daß Deutschlands Zusammenbruch aus irgendeiner sogenannten inneren Notwendigkeit heraus erfolgt sei, ist eine Behauptung, die gänzlich unerwiesen ist. Daß etwa der Staat der Untertanen reif gewesen sei zur Katastrophe, ist eine Phrase ohne Hintergrund – denn welches Volk war weniger reif?".[173] Benn formuliert zudem seine Vorbehalte gegen den Darwinismus und weist auf Bücher hin, die sich diesem Thema widmen, besonders auf Semi Meyer, *Probleme der Entwicklung des Geistes*, Leipzig 1913. Meyer stellt die Entwicklung dar als das Prinzip, das nicht abläuft oder sich entfaltet, „sondern auf den vorhandenen Grundlagen schöpferisch das Unberechenbare erbaut".[174] „Es wird nichts und es entwickelt sich nichts", heißt es dann 1921 im Essay *Epilog und lyrisches Ich*. In diesem Zusammenhang formuliert Benn auch seine Auffassung vom Verlauf des irdischen Lebens und seiner Geschichte: „Vier Jahrtausende Menschheit sind gewesen, und Glück und Unglück war immer gleich".[175] Und was ist mit der Geschichte? „Wer sieht noch nicht das Kasuistische der Schlachten, die Rhythmik der Katastrophen und der Kriegshistorie zirkuläres manisch-depressives Irresein? Fades Da Capo! Die Idee in der Geschichte!".[176] Die Kritik am kapitalistischen

Sozialstaat wird im Essay *Das letzte Ich* (1920) fortgesetzt: „Die Menschenlehre Europas, als Fiktion individuell existenter Subjekte, hat nur noch einen kommerziellen Hintergrund", der Entwicklungsgedanke bleibt „die proletischste Idee des Abendlandes".[177]

Mit diesen Stücken leitet Benn die Serie seiner Essays ein, in denen er die Abrechnungen mit der Gegenwart entfaltet und sie mit Hohn und Verachtung für den Lauf der kapitalistischen Welt formuliert. Im Aufsatz *Medizinische Krise* (1926) räumt er mit der angeblichen Heilwirkung der Bäder und Kuren auf und stellt fest, daß „hier eine Art von Industrie an der Arbeit ist. Eine andere Art ist die der chemischen Medikamentenfabrikation".[178] Benn rechnet mit der „ausschließlich technisch-industriell gerichteten Verwertungsproblematik" ab,[179] läßt aber auch an den „Telepathen und Wünschelrutenbesitzern", denen sich die Kranken in steigendem Maße zuwenden, kein gutes Haar.

Und auch die dürftige Existenz eines Lyrikers wird zum Gegenstand eines Essays, in dem Benn seine Honorare von 975 Mark, die er im Laufe von fünfzehn Jahren für seine Schriftstellerei bekommen hat, mit den Verdiensten von Solotänzern, Filmschauspielern oder lyrischen Tenören vergleicht, die allein monatlich auf mehr als 4000 Mark kommen. Zwar sind solche Einschätzungen ironisch gemeint, aber sie verdecken doch nur oberflächlich den Unmut über die gesellschaftliche Bedeutungslosigkeit des Dichters. Will er sich aber auf die Umtriebigkeit der Kulturvermittler einlassen? „Nein, ich will weiter meine Tripper spritzen, zwanzig Mark in der Tasche, keine Zahnschmerzen, keine Hühneraugen, der Rest ist schon Gemeinschaft, und der weiche ich aus".[180]

Benn lebte in der Tat zurückgezogen, kein Vorsitz, keine Präsidentschaft, keine Treffen der Verwaltungsspitze in Ärztekammer oder Schriftstellerverband, keine Empfänge und Verdienstkreuze. Abends ging er in den „Reichskanzler", ein Lokal in der Yorkstraße, nur wenige Schritte von seiner Praxis entfernt, dort traf er sich mit den Leuten, die er kannte. Einige wenige zeichnete er durch Widmungsgedichte aus. In ein Exemplar der *Gesammelten Schriften* schrieb er 1923 ein Gedicht für Klabund,[181] George Grosz bekam das Gedicht *Café*, das 1921 in der Zeitschrift *Der Anbruch* veröffentlicht wurde. Carl Einstein bedachte er mit den Strophen *Meer- und Wandersagen*, die im Lyrikband *Spaltung* bei Alfred Richard Meyer 1925 erschienen. Franz M. Zatzenstein erhielt eine gedruckte Widmung im Aufsatz *Kunst und Staat (1927)* und Alfred Flechtheim, dem „durch die Äonen strahlenden Gründer des ‚Querschnitt'", wurde zum 50. Geburtstag mit *Die hyperämischen Reiche* geehrt.

1919 erscheint eine der meistverkauften Anthologien der Weimarer Republik, die *Menschheitsdämmerung. Symphonie jüngster Dichtung*, herausgeben von Kurt Pinthus im Rowohlt-Verlag. Benn ist mit acht Gedichten vertreten, kein Vergleich zu der Gedichtzahl, mit der Theodor Däubler, Walter Hasenclever, Wilhelm Klemm oder Franz Werfel aufwarten können, aber doch etwas mehr als die vier Gedichte von Rudolf Leonhard oder die fünf von Ludwig Rubiner. In jedem Fall war er damit in die Riege derjenigen Lyriker aufgenommen, die den Expressionismus repräsentierten. Der Bitte des Herausgebers um eine biographische Notiz kommt er in zwei Sätzen nach: „Geboren 1886 und aufgewachsen in Dörfern der Provinz Brandenburg. Belangloser Entwicklungsgang, belangloses Dasein als Arzt in Berlin". Das ist etwas mehr als das Geburtsdatum, auf das sich Johannes R. Becher beschränkt, aber viel weniger als die Auslassungen von Paul Zech oder René Schickele mit mehr als vierzig Zeilen. Die Anthologie erreichte bereits im ersten Jahr drei Auflagen und konnte 1922 den Verkauf von 20.000 Exemplaren vermelden.

Anfang der zwanziger Jahre lernte er Gertrud Zenzes kennen, zwölf Jahre jünger als er selbst, die als Archivarin und Bibliothekarin in Berlin arbeitete, aber auch die Verantwortung für große Privatbibliotheken hatte. Ende des Jahres 1922 löste sich das Verhältnis bereits wieder auf, Gertrud Zenzes heiratete 1926 in die USA, wo sie später mit ihrem Mann einige Patente auf dem Gebiet der Lebensmittelchemie anmeldete. Der uns überkommene Briefwechsel zeigt Benn als einen Briefschreiber der zärtlichsten und verständnisvollsten Töne. Er versucht, wie auch später noch oft, das Liebes- in ein Freundschaftsverhältnis umzuwandeln und schreibt am letzten Tage des Jahres 1922: „Seien Sie geduldig u. denken Sie ohne Wehmut oder Groll an mich, ich denke an Sie mit den wärmsten Gefühlen der Freundschaft u. Dankbarkeit für Ihr mancherlei Verstehen".[182] Benn berichtet auch über sich und die Schwierigkeiten, die das Jahr 1922 ihm bereitet: „Mir geht es heute miserabel. Vollkommen dezentralisiert, überarbeitet, veludert. Es ist kein Leben dies tägliche Schmieren u. Spritzen u. Quacksalbern und abends so müde sein, dass man heulen könnte. Aber wenn ich mir vorstelle, was ich machen sollte, weiß ich es auch nicht".[183] Soll er die Praxis verkaufen? Sich von seiner Frau trennen? Eine neue Arbeit anfangen? „Aber wozu, für wen, worüber, alles so erledigt, ausgepowert, angeknabbert u. schließlich kotzt man vor sich selber, vor der Methode seiner eigenen Gedanken, seiner produktiven Technik".[184] Für das Jahr 1922 hört das Klagen nicht auf, Benn fühlt sich müde und verbraucht: „Es gibt Tage, die so leer sind, daß man sich wundert, daß die Fensterscheiben nicht rausgedrückt werden von dem negativen Druck; es gibt Gedankengänge von einer Aussichtslosigkeit, die bewußtseinsraubend ist. Das ist so, da ist nichts zu machen".[185] Er berichtet von seiner Beschäftigung mit den USA und der Lektüre von *Manhattan Transfer* von John Dos Passos, „das ist neu, phantasievoll u. eine Art Kollektivroman. Alles in allem, wird mir die U.S.A. nicht persönlich sympathisch".[186]

Am 19. November 1922 stirbt seine Frau Edith in Jena nach einer Gallenoperation. Nele kommt für die nächsten Monate zu seinem nächstjüngeren Bruder Stephan, der in Sellin Pfarrer ist. Auf der Rückreise von der Beerdigung lernte Benn im Zug die Opernsängerin Ellen Overgaard aus Kopenhagen, „die Dänin", kennen, neununddreißig Jahre alt, kinderlos und in zweiter Ehe mit einem dänischen Industriellen verheiratet. Als geschulte Sopranistin war sie mit Konzertprogrammen unterwegs, besaß ein Apartment in Paris und nutzte jetzt die Passauer Straße als gelegentliche Wohnung in Berlin. Sie war gerne bereit, Nele in ihr Kopenhagener Haus aufzunehmen und für Unterhalt und weitere Erziehung zu sorgen: Benn stimmte erleichtert zu. Sie hat ihn zu einigen bedeutenden Gedichten inspiriert, zur berühmten *Dänin* (1924), auch zu Gedichten wie *Einzelheiten (1925), Wie lange noch (1927), Aus Fernen, aus Reichen*, geschrieben im Frühjahr 1927. Mit dieser Lyrik kommt Benn dem Goetheschen Typus des Erlebnisgedichtes sehr nahe.

Benn gibt die Wohnung in der Passauerstraße auf und zieht ganz in die Belle-Alliance-Straße, die er hat renovieren lassen: „So bin ich nun hier gelandet in meinem Altersheim, Siechenhaus, Greisenasyl, vorbei der Prunk der wohlhabenden Jahre, still in den Hafen der Greis. Nun bin ich die ewigen Sorgen und Ausgaben wegen der großen Wohnung los u. hoffe, wieder etwas hochzukommen, wenigstens so weit, daß ich wieder mal an eine Reise denken kann".[187] Erich Reiss bringt in seinem Verlag Benns *Gesammelte Schriften* heraus, die allerdings wegen der Inflation nicht ausgeliefert werden. Zudem erwirkt der Kurt Wolff-Verlag eine einstweilige Verfügung, um das Erscheinen zu verhindern. Benn hatte den Novellenband *Gehirne* aufgenommen, ohne von Wolff eine Abdruckerlaubnis einzuholen. Alle Exemplare werden eingezogen, auseinandergenommen, teilweise neu gedruckt und erreichen den Markt erst im Januar 1923: „Nun erscheinen diese gesammelten Werke, ein Band, zweihundert Seiten, sehr dürftig, man müßte sich schämen, wenn man noch am Leben wäre. Kein nennenswertes Dokument; ich wäre erstaunt, wenn sie jemand läse; mir selber stehen sie schon sehr fern".[188]

Es erscheinen Rezensionen von Oskar Loerke im Berliner *Börsen-Courier*, von Carl Werckshagen in der *Vossischen Zeitung* (1923/24), von Otto Flake in der *Weltbühne* und von Max Krell im *Tagebuch:* „Benn, von jedem Autoren-Ehrgeiz entfernt, bedeutet im gegenwärtigen Schrifttum eine heftig kreißende, virulente Zelle, ein wirklich aus dem Chaos neuschöpferisches Element in Gedanke, Anschauung, Form und Silbe". Seine Gedichte sind „lyrische Unsentimentalitäten von letzter Steigerung".[189] Ähnlich äußert sich Max Herrmann-Neiße: „Die Gedichte dieses Bandes sind wohl die stärkste eigenwüchsige Lyrik, die es aus letzter Zeit bei uns gibt".[190]

Erich Reiss (1887–1951) hat nach diesem Band keinen Benn-Titel mehr herausgebracht. Für Benn ist er gleichwohl die zentrale Verlegerfigur der zwanziger Jahre und ein Freund fürs Leben gewesen. Er stammte aus einer betuchten jüdischen Familie, hatte früh ein beträchtliches Vermögen geerbt und schon als Einundzwanzigjähriger 1908 seinen Verlag gegründet. Er verlegte zahlreiche Expressionisten, brachte die gesammelten Artikel des Herausgebers der Wochenzeitschrift *Die Zukunft*, Maximilian Harden, heraus, und manchmal waren es nicht weniger als zehn Zeitschriften auf einmal, die er publizierte. Benn und Reiss begegneten sich um 1920, als Benn seinen Essay *Das moderne Ich* vorlegte. Er hatte in seinem Leben nur wenige nahe und vertraute Freunde, Erich Reiss gehörte dazu. Er nahm Benn im Auto mit nach Schwarzburg in Thüringen, die Freunde verbrachten zehn Tage im feudalen Hotel „Zum weißen Hirsch", Reiss trug den größten Teil der Kosten. Er mietete für sich ein Zimmer mit Bad, Benn durfte es mitbenutzen. Man wanderte, fuhr nach Ilmenau und besuchte die Saalfelder Grotten.[191] Reiss emigriert 1938, nachdem er während des Progroms vom 9. November verhaftet und ins KZ verschleppt worden war. An Oelze schreibt Benn unmittelbar darauf: „Mich betrafen diese Tage insofern besonders[,] als ein Bekannter von mir den Weg seiner Rasse ging, abgeholt wurde am Donnerstag Nachmittag um 4½ u. verschwand, der mir als Letzter der vergangenen Epoche nicht nur oberflächlich nahe stand u. den ich auch jetzt noch ab und zu sah. Ein früherer Verleger, 50 Jahre, zart, krank, degeneriert, politisch völlig inaktiv. An seltsame Dinge werden wir herangeführt, äusserst seltsame Vorgänge".[192] Die Dänin Karin Michaelis setzt sich für Reiss ein, über seine Gesandtschaft in Berlin erwirkt der schwedische König eine Ausreisegenehmigung, Reiss kann nach New York emigrieren.

Aber auch mit Carl Einstein hielt Benn Kontakt, er bewunderte ihn: „An Einstein denke ich oft", schrieb er 1951, „und lese in seinen Büchern, der hatte was los, der war weit an der Spitze".[193] Zu seinem Bekanntenkreis gehörten der Galeriebesitzer Alfred Flechtheim, Heinz Ullstein und seine Frau Änne, dazu George Grosz, Ina Seidel und das Ärztehepaar Elsa und Paul S. Fleischmann, das Benn ärztlich behandelte. Fleischmann arbeitete als Oberarzt an der Berliner Charité und war später ärztlicher Direktor der inneren Abteilung des Hindenburg-Krankenhauses in Berlin, bevor er 1936 nach England auswanderte. Benns Briefe aus den zwanziger Jahren an Fleischmanns spiegeln seine depressive, alles Gesellschaftliche abwehrende Gemütslage, mit der zurechtzukommen ihm das Ärztehepaar hilft. Benn schreibt noch 1931 von dem beruhigenden Gedanken, „daß ein Teil von mir, meinem Leben und meiner

Gesundheit unter Ihrer und Ihres Mannes Obhut steht", und er unterzeichnet den Brief mit „Ihr dankbarer Patient und Freund".[194] Alfred Richard Meyer hält als Verleger an seinem Autor fest. Im Februar 1924 erscheint ein Heft mit acht Gedichten unter dem Titel *Schutt*, im November dann der Band *Spaltung. Neue Gedichte* mit achtundzwanzig Gedichten, von denen die Hälfte bisher ungedruckt war.

1927 werden die *Gesammelten Gedichte* im Verlag *Die Schmiede* herausgebracht, über einhundert Gedichte, ein Zeichen dafür, daß Benn in fünfzehn Jahren bereits auf eine beachtliche Produktion zurückblicken kann. Über die Gedichte dieses Zeitraums schweigt sich die Sekundärliteratur meistens aus oder ergeht sich in Feststellungen, in denen die „Mythe" oder der „Mythos" die Chiffre für eine Erklärung bilden. Dabei sind die Gedichte so hermetisch, daß sich allenfalls sagen läßt, daß oft nur mit einer Zeile oder gar einem Wort auf die Realität inneren Lebens oder äußerer Ereignisse eingegangen wird. So bleibt unklar, was das Gedicht *Bolschewik* mit der russischen Revolution zu tun hat, wenn die letzte Strophe lautet:

> Hinab, hinab, stygische Schattenkähne
> Wenden thyrsäisch auf das Drohnentor,
> Dunkelnd, in die das Haupt, die Rosenlehne
> Und tief aus Trümmern rauscht die Weltverbene
> Nachts klingt es wie ahoi und nevermore.

Es ist keine Frage, daß diese Jahre durch eine schwere Krise bestimmt sind, die sich auch in den Gedichten ausdrückt. Und Carl Einstein hat zweifellos recht, wenn er in seiner Rezension der *Gesammelten Gedichte* von 1927 von den „Zeichen eines halluzinativen Egoismus" spricht: „Diese zerebralen Halluzinationen werden zwangsmäßig orakelhaft herausgestoßen und verdichten sich zu einer Folge von Substantiven; diese wirken definitiv wie ein Reim und schlagen – statt beschreibend zu zerlegen – den Gesamtkomplex an".[195]

In manchen Gedichten findet Benn jedoch auch einen Zugang zur Wirklichkeit und wird konkreter. Das gilt für *Curettage*, *Staatsbibliothek*, für *Jena* und auch für Liebesgedichte, die sich auf die Dänin beziehen. Besonders aber wird die aggressive Geste sprachlich verständlich in den kritischen Gedichten wie *Pastorensohn*, in dem er mit dem Vater abrechnet oder *Stadtarzt*, in dem Benn die Mechanik des Heilberufs aufs Korn nimmt, für den das „Wort als Ausdrucksfaktor gänzlich anomal" geworden ist.[196] In *Weiße Wände* ahndet er „den Hochmut der weißen Kittel"[197] und formuliert die reine Satire in *Annonce* oder *Fürst Kraft*:

> Fürst Kraft ist – liest man – gestorben.
> Latifundien weit,
> ererbte, hat er erworben,

eine Nachrufpersönlichkeit:
„übte unerschrocken Kontrolle,
ob jeder rechtens tat,
Aktiengesellschaft Wolle,
Aufsichtsrat."
Die Tageszeitungen nehmen von den *Gesammelten Gedichten* wenig Notiz. Die Rezensenten, die sich sonst zu Wort meldeten, etwa Otto Flake, Max Krell, Hermann Kasack oder Oskar Loerke, kannten den Autor persönlich und hatten dessen Produktion seit Jahren verfolgt. Es gab allerdings auch Stimmen, die Vorbehalt und Ablehnung formulierten. Ernst Lissauer sprach Benn in seiner Besprechung von *Spaltung* das Formgefühl ab, monierte die hohe Zahl der Fremdwörter und Neologismen und wandte sich gegen die musikalische Konzeption der späteren Gedichte, denen er „Süßlichkeit" und „Sentimentalität" vorhielt.[198] Zwar gab es keinen Zweifel daran, daß Benn nach der expressionistischen Phase einen neuen Ton gefunden hatte, aber es dauerte noch bis 1927, bis diese Entwicklung von der Kritik allgemein anerkannt wurde. Benns Lyrik rückte jetzt in einen Zusammenhang mit der modernen europäischen Literatur, er stand mit Rimbaud und Joyce als denjenigen Dichtern auf einer Stufe, die am konsequentesten die literarische Tradition aufgelöst hatten: Die Notwendigkeit der sprachlich-formalen Destruktion in der Bennschen Lyrik wurde vor dem Hintergrund des zeitgenössischen Wirklichkeitsverlustes betont. Der Rückzug auf das Ich und der Verzicht auf die Realität sind der Preis, den der moderne Dichter für das ästhetische Gelingen des Produkts zu zahlen hat. Mehrteilige Gedichte wie *Die Dänin* oder *Betäubung* bringen eine bis dahin im Deutschen unbekannte kühne Beherrschung von Metrum und Reim und eine virtuose Erweiterung des Wortschatzes, wie sie die Gedichte des expressionistischen Jahrzehnts nur andeutungsweise auszeichnet.

War die Mitte des dritten Jahrzehnts gekennzeichnet durch einen hochentwickelten Sinn für den formalen Anspruch des Werks, standen die folgenden Jahre unter dem Vorzeichen des kritischen Essays.

Sucht man für den Beginn dieser neuen Phase nach einem Datum, böte sich der 7. Juni 1927 an. An diesem Tage hatte Benn zum ersten Mal Gelegenheit, seine Gedichte im Radio vorzutragen. Edlef Köppen, dessen *Heeresbericht* Benn sehr schätzte, arbeitete als Lektor im Gustav Kiepenheuer Verlag, der Benns Werk herausbrachte. 1925 wurde er Mitarbeiter der literarischen Abteilung der Berliner „Funkstunde". Er forderte Benn zur Mitarbeit auf und gab ihm so die Möglichkeit zu Honorareinnahmen mit Vorträgen, deren Gedankengänge den Dichter ohnehin beschäftigten. Selbstverständlich trug das Radio auch dazu bei, den Namen Benns bekannter zu machen, denn das neue Massenmedium hatte im Verbund mit der Rundfunkgeräteindustrie eine millionenfache Zuhörerschaft vor die knisternden Lautsprecher gezogen. Die regelmäßige Arbeit für den Rundfunk ergab sich dann in Folge eines Ereignisses, das den neuesten technischen Stand des Mediums vorführte: Die „Funkstunde" beteiligte sich 1929 an Fernsehversuchssendungen. Dabei erschien auf handflächengroßen Bildschirmen eigens dafür ausgerüsteter Radioapparate das zumeist unbewegte Bild derjenigen Persönlichkeit, die im Mittelpunkt des Programms stand. Eine solche Bildfunkübertragung kündigte am Abend des 16. August 1929 eine Sendung mit Gottfried Benn an, die dem Gedenken an den verstorbenen Jugendfreund und Dichter Klabund gewidmet war. Diese *Totenrede für Klabund* fand soviel Beachtung, dass sie wenige Wochen nach der Rundfunkausstrahlung auch als Schallplatte erschien. Sie bildete neben einer Rede Thomas Manns den Grundstock zu einer „Lautbibliothek berühmter Persönlichkeiten".[199]

Von jetzt an war Benns Stimme regelmäßig zu hören, 1930 trat er sechsmal vor die Mikrophone. Endlich verdiente er ein regelmäßiges Zubrot und blieb in der literarischen Szene präsent. Für Benn hatte die Rundfunkarbeit zudem den Vorteil, seine Beiträge zusätzlich an Zeitungen und Zeitschriften verkaufen zu können. Die Radio-Vorträge *Genie und Gesundheit*, *Der Aufbau der Persönlichkeit* und *Heinrich Mann zum 60. Geburtstag* erschienen im *Querschnitt*, in der *Neuen Rundschau* und in der *Literarischen Welt*.

In zwei Essays, *Paris* (1925) und *Frankreich und wir* (1929) schildert Benn Eindrücke seiner Frankreichreisen, er beschäftigt sich mit Frankreichs Geschichte und der französischen Mentalität. Er entwirft ein Porträt der Hauptstadt und vermischt seine Reiseerfahrungen mit seinem historischen Wissen zu einer Ortsbestimmung der „Grande Nation". Spätestens mit dem Jahr 1925 wird sie als Gegenstück zu Deutschland in Benns Werk präsent sein, die positive Wertung Frankreichs ist von nun an selbstverständlich für sein künstlerisches und gesellschaftliches Selbstverständnis.

Ein vermögender Patient verhilft ihm im Sommer 1929 zu einer ausgedehnten Frankreichreise: Mit dem Berliner Kunsthändler Franz M. Zatzenstein besucht er im großen Wagen mit Chauffeur in Paris den Herausgeber der Zeitschrift *Bifur*, Nino Frank, für den er beratend tätig war. In Klöstern und Schlössern Südfrankreichs und der Pyrenäen sucht man nach Gemälden und wertvollen Antiquitäten: „Reisen, die ich mir nie selber hätte leisten können, – unvergeßliche Tage am Atlantik, in den Monts Maudits und an der Méditerranée".[200] Auf Benns und Zatzensteins Reiseroute lag auch der kleine Ort Urrugne bei Biarritz, auf dessen Sonnenuhr am Kirchturm Benn die stoische Inschrift entdeckt:

„Vulnerant omnes, ultima necat". Dieser Satz wird zu einem Topos seines Denkens, er wird sowohl in dem Gedicht *Sils-Maria I–II*, im Essay *Pessimismus* als auch in einem Brief an Oelze zitiert.[201] Und an Käthe von Porada schreibt er 1933: „Alle verwunden, die letzte tötet. Das muß man wohl als herrlich bezeichnen".[202]

In der *Weltbühne* erscheint im Juni 1926 ein polemischer Rechenschaftsbericht über seine Lebensbedingungen als Lyriker und Arzt vor dem Hintergrund der sich von der Hyperinflation erholenden Gesellschaft. Zum Schluß setzt es einen Hieb gegen die besser verdienenden Zunftgenossen: „Diese literarischen Heros, jeden Tag ein Interview, [...] diese künstlerischen Journale: ‚Woran arbeiten Sie?' und dann antworten diese Biedermänner über ihre Gestaltungsideale, daß demgegenüber die Antwort eines anständigen Schusters, nach seinem Leisten befragt, ein menschlich tiefes Gebilde wäre".[203] Benns Vorbehalte gegen die Kollegen, die sich mit Romanen ihr Geld verdienen, ist verständlich. Von Lion Feuchtwangers historischem Roman *Die häßliche Herzogin* (1923) lassen sich 150.000 Exemplare absetzen, von einer Neuauflage des Rilkeschen *Cornet* gehen mehr als 250.000 über den Ladentisch. Ein neues Buch von Hesse, Hauptmann oder Wassermann bedurfte keiner Werbung, von Thomas Manns *Zauberberg* werden schon im ersten Jahr des Erscheinens 1924 fünfzigtausend Exemplare verkauft. Auch Döblin gelingt der Durchbruch: *Berlin Alexanderplatz* wird einer der großen Bucherfolge zum Ende der Weimarer Republik. Von Hans Grimms Roman *Volk ohne Raum* werden bis 1932, also in sechs Jahren, 260.000 Exemplare gedruckt. Autoren wie Ernst Jünger (*In Stahlgewittern*), Franz Schauwecker (*So war der Krieg*), Edwin Erich Dwinger (*Die deutsche Passion*) oder Werner Beumelburg (*Sperrfeuer um Deutschland*) erreichen und beeinflussen mit ihren vaterländischen Romanen und Kriegsbüchern ein Millionenpublikum. Ganz zu schweigen von denjenigen Büchern, die als Vorlage für einen Film dienen, wie etwa Heinrich Manns *Professor Unrat* oder Alfred Döblins *Berlin Alexanderplatz*. Und ohne falsche Bescheidenheit erklärt die Königin der Trivialliteratur, Hedwig Courths-Mahler, deren Bücher bis 1930 allein in Deutschland eine Auflagenhöhe von 22 Millionen erreichen: „Machen wir uns doch nichts vor. Wenn der Arbeiter heute ein Buch in die Hand nimmt, so doch sicher nicht eines von Wassermann oder Thomas Mann, sondern eines von mir".[204]

9 Berlin 1927–1934

Ab 1927 wird Benn den Berlinern als Essayist und Journalist bekannt. Der Lyriker bleibt auf der Strecke, denn in den nächsten sechs Jahren verfaßt Benn nur neun Gedichte, dafür aber Zeitungsartikel und Essays. Er schreibt Buchkritiken und antwortet auf Rundfragen. Um die zermürbenden wirtschaftlichen Sorgen abschütteln zu können, bewirbt er sich als kommunaler Arzt bei der Stadt Berlin: Das Gesuch wird abgelehnt. Diese Erfahrung trägt zu Benns Ablehnung der Weimarer Republik bei.

Die Möglichkeit, im Radio zu sprechen, ist ein sicheres Zeichen dafür, daß sein Ruhm sich gefestigt hat. Viel verdankt er dabei der Bekanntschaft mit dem Rundfunk-Intendanten Dr. Hans Flesch und dem Schriftsteller Edlef Köppen, der zum 1. Oktober 1929 als Leiter der Literarischen Abteilung der Berliner „Funkstunde" berufen wurde. Benns Rundfunkarbeit in diesen Jahren darf man jedoch auch nicht überbewerten: In den Jahren 1928 und 1932 kommt er überhaupt nicht vor das Mikrophon, im Jahre 1931 hält er einen gemeinsamen Vortrag mit Loerke und rechnet in der kritischen Bestandsaufname *Die literarische Saison* mit dem Berliner kulturellen Leben ab. 1930 aber wird sein Radio-Jahr. Im März, Mai und September, im Oktober, November und Dezember ist seine Stimme zu hören.[205] 1933 nutzt er das neue Medium mehrfach, um sein Interesse am „Neuen Staat" zu dokumentieren und um sich zu verteidigen.

Benn ist jetzt in den wichtigen kulturellen Zeitschriften vertreten, in der *Neuen Rundschau*, im *Querschnitt*, in der *Literarischen Welt*. Hier erscheint im September 1927 sein Aufsatz *Kunst und Staat*. Benn betont den grundlegenden Unterschied zwischen dem Künstler und dem Kunstverwerter und beklagt, daß der Staat nicht eigentlich die Künstler selbst, sondern nur die Kunst-Vermittler, die Bearbeiter und Ausbeuter unterstützt: „Sublimierter Kapitalismus ist die Kategorie, in der der Staat und die von ihm vertretene Öffentlichkeit die Kunst empfindet und gelten läßt".[206] Benn setzt Kunst und Staat in eine produktive Beziehung und fordert vom Staat Schutz für die Kunst, die ein isoliertes Phänomen, „individuell und monoman",[207] und deswegen gefährdet sei.

Dieser Aufsatz ist stark bestimmt durch antikapitalistische und antirepublikanische Töne; auch bringt Benn die Bedeutung der Kunst grundsätzlich in Zusammenhang mit dem Verlauf von Geschichte, über den es seiner Ansicht nach zwei diametral entgegengesetzte Auffassungen gibt: „Immer wird die kollektivistische Hypothese der individualistischen ge-

genüberstehen, immer [wird] die Theorie vom Sichtbarwerden allmählicher Veränderungen beim Reifwerden der Umschichtung [in Opposition zu] der des Führers stehen, des großen säkularen Typs, in dem das Besondere und das Allgemeine magisch koinzidiert".[208] Benn steht auf der Seite des Individualismus und der des Führers und spricht bereits hier die Meinung aus, daß nicht Straßenbeleuchtung und Kanalanlagen den Staat erhalten, sondern „immanente geistige Kraft wird es wohl sein, die den Staat erhält, produktive Substanz aus dem Dunkel des Irrationalen".[209]

An Lob fehlt es nicht. In einer Besprechung des Gedichtbandes *Spaltung* im *Querschnitt* wird Benn als der „einzige niveaugleiche Gegenspieler zu Stefan George" genannt,[210] und der Herausgeber der *Neuen Rundschau*, Rudolf Kayser, der Schwiegersohn Albert Einsteins, hält Benn „für den größten Lyriker dieses Zeitalters".[211] Es gibt Aufmerksamkeiten der schreibenden Kollegen. Brecht schickt ein Exemplar der *Hauspostille* mit handschriftlicher Widmung,[212] Becher übersendet seinen Gedichtband *Maschinenrhythmen* „mit herzlichstem Gruß",[213] Klaus Mann überreicht Benn den Aufsatzband *Auf der Suche nach einem Weg* mit der Eintragung: „Dem verehrten Gottfried Benn – den ich, noch wo ich ihm zu widersprechen wage, mehr bewundere als die meisten anderen, die ich lobe".[214]

Der Gang in die journalistische Öffentlichkeit hält auch 1928 an. Er lernt Oskar Loerke persönlich kennen, der im literarischen Leben Berlins als Cheflektor im Samuel Fischer Verlag und als ständiger Sekretär der Sektion Dichtkunst in der Preußischen Akademie der Künste eine einflußreiche Position innehat. Diese Bekanntschaft, die langsam enger wurde, ermöglichte es ihm, seine Essays in der *Neuen Rundschau* zu veröffentlichen,[215] womit die Aufnahme in das literarische Establishment besiegelt ist. Denn wer in dieser Zeitschrift schrieb, vertrat gleichsam die „deutsche Kultur", Stil und Inhalt der Äußerungen hatten sich darauf einzustellen.[216] Er publiziert in der *Literarischen Welt* eine Hommage an Knut Hamsun zum 70. Geburtstag, in die Diskussion um die Erschießung der englischen Spionin Edith Cavell im Jahre 1915 in Brüssel greift er als Augenzeuge mit einem Artikel im *8-Uhr-Abendblatt* ein.[217] Im *Querschnitt* erscheint der Essay *Dein Körper gehört dir*, der sogar durch eine Radierung von Emil Stumpp mit dem Untertitel „Gottfried Benn beim Vorlesen" ausgezeichnet wird. Es handelt sich um eine Rezension des Romans von Victor Margueritte, *Ton corps est à toi*, in die Benn eine Polemik gegen den Abtreibungsparagraphen 218 einschließt. Für Damen der höheren Schichten sei Abtreibung kein Problem, „sie haben Geld". Aber für die ungeheure Zahl von 44.000 toten Frauen, die bei mehr als 875.000 Abtreibungen jährlich auf der Strecke blieben, interessiere sich niemand. Es seien die Armen, die Dienstmädchen, die leiden müßten: „Solange also Kapitalismus als Moral und Staat als Rüstung besteht", gäbe es keine Änderung.[218]

In den Essays dieser Jahre drückte sich Benns Haß gegen Geldmacht und Zivilisation aus. Das ließ manchen Intellektuellen glauben, er äußere eine politische Einstellung und stünde „radikal links".[219] Aber ein solcher Schluß war voreilig, weil Benn keinem politischen Lager angehörte und seinen Überlegungen keine politische Theorie zugrunde legte. Er sieht, im Gegensatz zu den von ihm verabscheuten Marxisten, im Gang der Geschichte keinen Sinn und glaubt nicht an eine Erlösung der Menschheit durch materiellen Sozialismus: „Auch wer nicht weniger radikal als die patentierten Sozialliteraten das nahezu Unfaßbare, fast Vernichtende unsrer jetzigen Wirtschaftslage, vielleicht unsres Wirtschaftssystems empfindet, muß sich meiner Meinung nach doch zu der Erkenntnis halten, daß der Mensch in allen Wirtschaftssystemen das tragische Wesen bleibt, das gespaltene Ich, dessen Abgründe sich nicht durch Streußelkuchen und Wollwesten auffüllen lassen, dessen Dissonanzen nicht sich auflösen im Rhythmus einer Internationale, der das Wesen bleibt, das leidet".[220] Die Idee einer gesellschaftlichen Organisation, die der Vernunft gehorcht, scheint Benn vollkommen absurd. Hedonistische Demokratien haben die allgemeine Rückgraterweichung beschleunigt, Opportunismus und skrupellose Verhaltensformen sind an der Tagesordnung: Die Zivilisation versinkt für ihn im Chaos der Normverwahrlosung der Weimarer Republik.

Benns gesellschaftliche Kontakte nehmen zu. Mit Ina Seidel beginnt eine Dichterfreundschaft, er hält Verbindung zu George Grosz, korrespondiert mit dem Herausgeber der französischen Zeitschrift *Bifur*, Nino Frank, der Benn als Berater für die deutschsprachigen Länder, James Joyce für die englische und William Carlos Williams für die amerikanische Literatur engagiert.[221] Benn empfiehlt den *Lindberghflug* von Brecht und Edlef Köppens Kriegsroman *Heeresbericht* zum Abdruck. Er setzt sich für Döblins *Alexanderplatz* ein, für Heinrich Mann und Franz Kafka, dessen Novelle *Das Urteil* in französischer Übersetzung in *Bifur* Nr. 5 erscheint, er unterhält gute Beziehungen zu dem Galeristen und Gründer des *Querschnitt*, Alfred Flechtheim. Die Verbindung zu Thea Sternheim hat sich gehalten, er behandelt sie auch als Arzt: „Meine Freunde in erster Generation, meine primären Bekannten zu behandeln, ist mir das einzige Vergnügen, das mir die Praxis bereitet".[222] Er gibt Bernhard von Brentano kollegiale Ratschläge als Schriftsteller, ist befreundet mit dem Ehepaar Wasmuth, mit der Pianistin und Sängerin Else C. Krauss und Alice Schuster, sieht Carl Einstein und dessen Freundin.

Mit zwei Frauen hat Benn eine ständige Liebesbeziehung, mit der Schauspielerin Elinor Büller und mit Tilly Wedekind, der Witwe von Frank Wedekind. Er begegnete ihr im Frühjahr 1930. Denn Tillys älteste Tochter, Pamela, war im Begriff, den Dramatiker Carl Sternheim zu heiraten, den Benn ja bereits aus Brüssel kennt und schätzt. Sternheim war mit einem Nervenzusammenbruch in eine Berliner Klinik eingeliefert worden, Benn behandelte ihn nach der Entlassung. Tilly und Benn telefonierten täglich miteinander, Billets und Briefe gingen hin und her, wobei Benn sich gegen das stürmische Drängen Tillys wehrte: „Bitte, liebste Tilly, erwarten Sie mich die allernächsten Tage nicht. Bitten Sie mich nicht zu kommen oder daß wir uns sehn. Ich bin zu abgespannt, ich muß ein paar Tage ganz ruhig vor mich hinleben".[223] „Tillychen, Sie müssen das Telegrafieren u. all das Stürmische lassen. Ich habe viel zu tun z. Z. u. kann nicht mehr schreiben[,] als ich es tue".[224]

Die zweite Frau, mit der Benn ein Verhältnis hatte, war Elinor Büller, wie Benn 1886 geboren und von Beruf Schauspielerin. Beide begegneten einander zum ersten Mal bei dem Begräbnis Lili Bredas, an dem die Schauspielerin als Kollegin teilgenommen hatte. Elinor Büller hatte bereits drei Ehen hinter sich und wohnte mit ihrer Tochter Helga in der Klingsorstr. 66 in Berlin-Steglitz. Sie stammte aus einer Schauspielerfamilie und trat ab 1928 unter der Regie von Heinz Hilpert am Deutschen Theater in Berlin auf. Benn führte sie bei seinen engen Freunden ein, bei dem Verleger Erich Reiss, bei dem Zeitungsverleger Heinz Ullstein und dessen Frau Änne.

Tilly und Elinor kannten sich nicht. An Oelze schreibt Benn 1936 aus Hannover: „Eine irdische [Tilly] u. eine himmlische [Elinor] Liebe. Seit 5 resp. 6 Jahren u. beide wissen nichts voneinander. ‚Gute Regie ist besser als Treue'. Ernstlich gesagt".[225] Beide Frauen meint das Gedicht, das in Hannover entstand und von Manfred Gurlitt vertont wurde:[226]

> Auf deine Lider senk ich Schlummer,
> auf deine Lippen send' ich Kuss,
> indessen ich die Nacht, den Kummer
> den Traum alleine tragen muss.

Am 18. Dezember 1927 wurde der Sohn Else Lasker-Schülers, der nach jahrelangem Krankenlager gestorben war, auf dem jüdischen Friedhof in Berlin-Weißensee beerdigt. Benn war dabei, und das Begräbnis hat ihn tief erschüttert. Zum vierten Jahrestag schreibt er ihr: „Lieber Prinz, ich denke an diesen Tagen viel an Sie [...]. Grüßen Sie das Grab von Ihrem alten treuen Freund u. Genossen Benn".[227] Kurz vorher hatte er ihr das Textbuch von *Das Unaufhörliche* mit der Widmung geschickt: „Else Lasker-Schüler, dem großen lyrischen Genie in Freundschaft u. Verehrung".[228]

Ohne sein Zutun wird er im selben Jahr in einen Streit mit der politischen Linken hineingerissen, der seinem Lebensweg eine entscheidende Richtung geben sollte. Im Juli-Heft der *Neuen Bücherschau*, in der Benn im

Januar das Gedicht *Schöpfung* veröffentlicht hatte, steht eine hymnische Besprechung seiner gerade erschienenen *Gesammelten Prosa* von 1928. Ausführliche Rezensionen erschienen auch in der *Frankfurter Zeitung*, der *Deutschen Allgemeinen Zeitung*, im *Berliner Börsen-Courier*, in der *Neuen Rundschau* und in der *Literarischen Welt*. An einem Lob des vorliegenden Bandes war also nichts Besonderes. Der Rezensent Max Herrmann-Neiße gehört zum Redaktionskomitee der Zeitschrift. Er benutzt Benn jedoch zur Desavouierung seiner kommunistischen Redaktions- und Schriftstellerkollegen. Seine Eloge beginnt mit dem provokativ gemeinten Satz: „Es gibt auch in dieser Zeit des vielseitigen, wandlungsfähigen Machers, des literarischen Lieferanten politischer Propagandamaterialien, des schnellfertigen Gebrauchspoeten, in ein paar seltenen Exemplaren das Beispiel des unabhängigen und überlegenen Welt-Dichters, des Schöpfers eines nicht umfangreichen, aber desto schwerer wiegenden Werkes, das mit keinem anderen zu verwechseln ist. Es gibt Gottfried Benn".[229] Egon Erwin Kisch und Johannes R. Becher, den Döblin einen „Kommunistenhäuptling" nannte,[230] verlassen empört das Redaktionskomitee: Benn sei ein „in seine krankhaften (schizophrenen) Hemmungen eingesponnener Snob", gegen den man sich wenden müsse.[231]

Einen Angriff so grundsätzlicher Art läßt Benn nicht unerwidert, wie er überhaupt öffentliche Vorwürfe zum Anlaß eines Essays nimmt und dabei den gehässigen Ton findet, der einen guten Stil garantiert: „Becher und Kisch gehen davon aus, daß Jeder, der heute denkt und schreibt, es im Sinne der Arbeiterbewegung tun müsse, Kommunist sein müsse, dem Aufstieg des Proletariats seine Kräfte leihen. Warum eigentlich? Soziale Bewegungen gab es doch von je her. [...] Die Armen wollen hoch und die Reichen nicht herunter, schaurige Welt, aber nach drei Jahrtausenden Vorgang darf man sich wohl dem Gedanken nähern, dies sei Alles weder gut noch böse, sondern rein fänomenal".[232]

Die Sinnlosigkeit der Geschichte und ihre Gewalt sowie die irrationale Ursache historischer Wendepunkte sind von nun an zwei Motive, die das Denken und Schreiben Benns verstärkt bestimmen. Die Überzeugung von dem „jähen, schöpferischen Akt"[233] im Geschichtsverlauf wird in der Begründung für den „Neuen Staat" eine Rolle spielen. Schließlich zeige ja auch die russische Revolution nichts weiter als „den reinen Umschichtungskarakter[!] der neuen Machtlage bei gleichgebliebener imperialistischer und kapitalistischer Tendenz".[234]

Die Absage an Becher und Kisch ist auch die Absage an diejenigen Schriftsteller, die die Kunst funktionalisieren, und die damit nicht besser sind als die korrupten Politiker, die den Staat für ihre persönlichen Ziele nutzen und dabei auch finanziell ganz gut fahren. Benn verurteilt die gängigen Machenschaften im politischen Geschäft, von dem er als

Abonnent der *Vossischen Zeitung* ja tagtäglich las: „Die Herren Abgeordneten, jede Stimmsenkung eine Kontoregulierung, jede Atempause ein Kassenmotiv".[235] Dabei spielt das Gefühl der Entwertung seiner jahrelangen, von Depressionen und dürftigen Lebensverhältnissen bestimmten Anstrengungen für die Lyrik als Kunst eine Rolle. Benns Resümee: Er habe kein Auto, seine Wohnung in der Belle-Alliance-Straße sei so primitiv, „dass ich mich geniere, wenn nur meine Tochter hierherkommt u. hier wohnt". Ihm ginge es so, wie allen anderen: Man schlüge sich durch. Er sei als Künstler auf eine „innere Wirklichkeit" zurückgezogen, und nur dafür führe er diese äußerlich so schwierige Existenz. Zu glauben, er erwarte sich eine Besserung durch die Zugehörigkeit zur nationalsozialistischen Partei mit Kurfürstendammwohnung, Modearzt und Auto: „Mein Gott, welche mediokre Perspektive! Was für ein Gehirn kann sich das vorstellen für mich!"[236]

Die wirtschaftliche Misere, die Benn beklagt, spielt auch eine Rolle bei dem erschütterndsten Erlebnis des Jahres 1929: Seine Freundin Lili Breda stürzte sich im Februar aus dem Fenster der im 5. Stock gelegenen Wohnung in der Pariserstr. 20, nachdem sie sich unmittelbar vor ihrem verzweifelten Entschluß telefonisch von Benn verabschiedet hatte. Die Beziehung gab der geschiedenen Schauspielerin zu wenig Halt, sie fühlte sich von Benn nicht genügend geliebt. Auch geriet sie immer tiefer in finanzielle Schwierigkeiten. Seit drei Jahren fehlte ihr jedes Engagement, eine Hoffnung auf Beschäftigung in Wien zerschlug sich. Seit ihrer Rückkehr nach Berlin hatte sie keine ständige Bleibe mehr.

Eine Bekannte nahm sie vorübergehend auf. Aber Lili Breda sah keinen Ausweg mehr und setzte ihrem Leben ein Ende.[237] In einem Brief an Sophia Wasmuth spricht Benn über den gesellschaftlichen Einfluß, dem auch unsere Affekte ausgesetzt sind: „Auch Kummer ist etwas, das sich nur glückliche Leute leisten können, wir andern müssen einfach machen, daß wir leben u. zurechtkommen. Auch Kummer ist etwas, das nur in wohlhabenden Kreisen seine urbanen und vornehmen Formen wahren kann, wir andern müssen ihn zerdrücken".[238]

Wenn auch der Tod Lili Bredas für Benn einen schweren Schlag darstellte, so muß man doch festhalten, daß Selbstmorde aus purer wirtschaftlicher Not im Berlin der späten zwanziger Jahre an der Tagesordnung waren und nach dem Schwarzen Freitag an der New Yorker Börse im Oktober 1929 noch erheblich zunahmen.

Das Jahr der Weltwirtschaftskrise sah auch den Arzt in finanzieller Bedrängnis, wie überhaupt die Weimarer Republik keine glückliche Zeit für Ärzte war. Zu Beginn des Ersten Weltkrieges konnten sie noch ein auskömmliches Leben bestreiten, weil ausgebildete und in der Praxis erfahrene Mediziner fehlten. Jetzt allerdings reihte sich eine Praxis an die andere, und die jüngeren Kollegen drängten die älteren in den Ruhestand, um selbst als Kassenärzte eingetragen werden zu können. 1929 warteten noch immer viertausend Anwärter auf eine Kassenzulassung.[239] Trotz des Protestes der Ärztevereinigungen bestimmte eine Notverordnung im ganzen Reich für jede Praxis die Abgabe von Gewerbesteuern. Ab Juli 1930 mußte der Arzt zudem jedem Patienten fünfzig Pfennig in bar abnehmen, was einen Rückgang der Patientenzahlen zur Folge hatte. Die Zeitungen berichteten von Medizinern, die sich mit Nebenjobs als Barmusiker oder Wachmänner über Wasser zu halten versuchten. Am Schlimmsten traf es die Dermatologen.[240] Denn als nach dem Kriege die Geschlechtskrankheiten grassierten, spezialisierte sich mancher Medizinalassistent auf diese Fachrichtung. Aber die epidemische Verbreitung venerischer Krankheiten ließ bald nach, und schon in der Mitte der zwanziger Jahre gab es zu viele Fachärzte für Dermatologie. Auch Benns Praxis blieb, wie er sagte, „mikroskopisch klein, nahezu unsichtbar, uneinträglich, degoutant".[241]

Die Zeitumstände machen aus dem Lyriker einen scharfsichtigen Kulturkritiker: „Die menschliche Masse setzt sich in Bewegung in geradezu abenteuerlicher Art, in 100 Jahren hat sie sich verdoppelt, in Europa lebten 1914 446 Millionen, 1924 trotz Weltkrieg 470, die gleiche Erscheinung in Amerika, die gleiche in Japan, vor unseren Augen ein Ereignis so elementarer Art, wie in früheren Epochen die Eiszeit [...]. Eine neue Geschichte beginnt, die Geschichte der Zukunft, es wird die Geschichte des mendelisierten Landes sein und der synthetischen Natur".[242] Benn kritisiert, und das macht ihn heute wieder aktuell, die technische Zubereitung des Menschen, „immer formelhafter das Individuelle, immer genormter der Betrieb. [...] Je exakter die Normung, umso magischer die Dynamik, die sie bewegt".[243] Und er sieht in seinem Urteil über die Moderne eine grundlegende Veränderung in der wirtschaftlichen Entwicklung voraus: „Noch herrscht die weisse Rasse, aber sie hat die gelbe gelehrt, schon ist sie ihr über, schon Hochhäuser am Brahmaputra, schon blühn am Ganges die Reben, noch 50 Jahre weiter und das Unaufhörliche schwingt zurück [...] Import aus Asien: Fahrräder nach Ulster, Lutscher nach Halberstadt, Bierwärmer fürs Gewerkschaftshaus".[244]

Der Streit mit Becher und Kisch ist noch nicht ganz vorbei, da gibt der sechzigste Geburtstag von Heinrich Mann eine neue Möglichkeit für die politische Linke, Benn zu attackieren und dessen Aversion gegen das kommunistische Lager zu verstärken. Für die *Literarische Welt* vom 27. März 1931 schreibt Benn einen Essay über Heinrich Mann, aus dem er einzelne Passagen am nächsten Tag in einer Tischrede auf dem Festbankett des Schutzverbands deutscher Schriftsteller wiederholt. Die ganze Rede wird in der *Vossischen Zeitung* abgedruckt.

Benn verstand seinen Text als einen Beitrag zur Wirkungsgeschichte Heinrich Manns. Er betont die Wichtigkeit des Frühwerks für das kunstarme Deutschland, die Begründung von Delikatesse und Verfeinerung in der deutschen Literatur der Jahrhundertwende: „Da kamen um 1900 die Brüder Mann und phosphoreszierten. Lehrten einer literarischen Generation das Gefährliche, das Rauschnahe, den Verfall, der notorisch zu den Dingen der Kunst gehört".[245] Benn stellt die klare Latinität gegen das trübe Deutsche und sieht in Heinrich Mann den Pädagogen, der die Deutschen vielleicht sogar zur Klarheit erziehen könnte. Benns Huldigungen sahen bewußt ab von Heinrich Manns politischer Schriftstellerei in der Weimarer Republik.

Benn wußte natürlich, daß er mit seinen Ausführungen die Linke dadurch brüskierte, daß er Heinrich Manns frühe Dichtungen von seiner gegenwärtigen politischen Rolle und Position trennte. Aber Benn mußte sich auch Vorwürfe der rechten Seite anhören. Am 30. März verlängerte das Kampfblatt der Berliner Nationalsozialisten, der von Goebbels herausgegebene *Angriff*, die Aufmerksamkeit für Benn unter der Überschrift „... wie nicht mehr seit Homer! Bombastisches für einen Bombastischen" mit einer kurzen Kolumne: „Mit unglaublichem Bombast, dem Stil Heinrich Manns angepaßt, verherrlichte Herr Benn diesen ‚Großen' Neudeutschlands. Was man da zu hören bekam, ist mit nüchternen Worten nicht wiederzugeben ... Für die ‚gemischte Gesellschaft Berlins' mag allein schon der Hinweis des Redners auf die gemischte Rolle dieses Dichterfürsten – deutsch-südamerikanisch-portugiesisch – genügt haben, um die schwülstigen Lobeserhebungen kritiklos hinzunehmen. Wie glücklich müssen wir Deutsche doch sein, daß endlich, endlich nach Jahrhunderten Einer erschienen ist, der unserer Literatur einen Ruck nach oben gegeben hat! Denn darauf ging es doch heraus, was Herr Gottfried Benn sagte". Was den Nationalsozialisten recht war, war den Kommunisten billig. Im *Tagebuch* erscheint am 11. April ein kruder Artikel unter dem Titel „Heinrich Mann? Hitler? Gottfried Benn? oder Goethe?" aus der Feder des kommunistischen Schriftstellers und Architekten Werner Hegemann. Er unterstellte Benn, „die Bedeutung des viel größeren neuen Heinrich Mann, also des aktivistischen Politikers, sehr herabgemindert, ja gefälscht" zu haben. Ein Zitat aus *Mein Kampf* über das Verhältnis von Mensch und Natur muß dazu herhalten, um Hitler als „Geistesgenossen" auszuweisen, der wie Benn in „lyrisch mystifizierendem Ton" schriebe.[246] Die Entgegnung Hegemanns hat sich von jeder sachlichen Argumentation gelöst und dient ausschließlich der Diskreditierung des politisch in keinem Lager stehenden Schriftstellers. Hegemann versteigt sich zu denunziatorischen Geschmacksurteilen und schlägt damit einen Ton an, der dem des *Angriffs* in nichts nachsteht. Er gibt Benn im wahrsten Sinne des Wortes zum

Abschuß frei: Wer eine „ungesunde und widerrechtliche Ästhetik" predige, habe „jederzeit Anspruch darauf, mit seiner Ästhetik von einem hungrigen Kriegsopfer oder Arbeitslosen niedergeschlagen, oder von einem vollgefressenen Kriegsgewinnler ausgebeutet zu werden. Er stellt sich außerhalb des ‚Schutzverbandes' nicht nur der deutschen Schriftsteller, sondern der Menschen. Er macht sich vogelfrei".[247]

Selbst wenn man in Betracht zieht, daß die Kontroversen dieser Jahre oft in ziemlich drastischem Ton ausgetragen wurden, ist es verständlich, daß Benn sich durch diesen Angriff besonders verletzt fühlt. Im übrigen hatte er ja nicht als einziger Redner auf dem Bankett gesprochen. Auch Lion Feuchtwanger, der politische Freund Brechts, Döblins und Hegemanns, war zu Wort gekommen, auch seine Rede wurde gedruckt.[248]

Selbstverständlich ließ Benn die Beleidigung nicht auf sich sitzen. Fünf Tage später druckte die *Vossische Zeitung* seine Entgegnung. Er betonte noch einmal, daß er „die Kunst für viel radikaler halte als die Politik" und strich die politische Dimension der Verunglimpfung heraus: Hegemann habe den Schutzverband sowie Heinrich Mann veranlassen wollen, sich von ihm und seiner Rede zu distanzieren. Weit schlimmer aber sei es, ihn dadurch politisch denunzieren zu wollen, daß man seine Gedankengänge als „faschistisch" bezeichne und „Redensarten von Hitler als vom gleichen Geist neben die meinen stellt".[249] Als schlagendstes Argument warf Benn seinem Widersacher jedoch mangelnde Logik vor. Wie konnte er ein Faschist sein, wenn ihn gleichzeitig das „faschistische Organ ‚Der Angriff'" wegen seines Lobes für Heinrich Mann beschimpfte?

Heinrich Mann selbst nimmt Benn in Schutz. Er halte Hegemann, so schrieb er ihm, „für innerlich verschlagen" und Benn „auf keinen Fall für einen Faschisten. Ich glaube nicht, daß ein Fascist[!] große Kunstwerke schaffen könnte. [...] Von ihnen, lieber Herr Doctor Benn, weiss ich, dass sowohl Gefühl als geistige Einsicht Ihnen die Achtung für mich eingeben. Seien Sie überzeugt, dass ich sie herzlich erwidere".[250] Heinrich Mann bedankte sich zwar nochmals in einem Brief vom 15. Juni aus Bad Gastein mit weiteren Komplimenten, bei Benn konnten rein private Bekundungen die Kränkung jedoch nicht aufheben. Denn schließlich war der ehrabschneidende Angriff öffentlich erfolgt und hätte nur durch eine öffentliche Stellungnahme des Jubilars angemessen zurückgewiesen werden können.

Benn sah sich im Stich gelassen und mußte zu der Meinung kommen, daß sich das linke Lager geschlossen gegen ihn stellte. Er selbst konnte auf keine Verbündeten setzen. Das Bewusstsein, sich als Einzelkämpfer behaupten zu müssen, ist bei Benns Entscheidung für den „Neuen Staat" nicht zu unterschätzen. Heinrich Manns öffentliches Schweigen begründet die Indifferenz Benns, mit der er später dessen

Rücktritt aus der Preußischen Akademie der Künste zur Kenntnis nahm. Und als Klaus Mann ihm 1933 zudem einen Brief aus der Emigration schickte, der die Vorwürfe des Jahres 1930 wiederholte, tat Benn das, was er von Heinrich Mann erwartet hatte: Er wählte die Öffentlichkeit, um sich zu rechtfertigen und um sie gegen die Manns zu benutzen, die nicht zu ihm gehalten hatten.

Aber nicht nur die politischen Auseinandersetzungen und die essayistische Produktion machen Benn in der literarischen Szene Berlins bekannter, sondern auch die Zusammenarbeit mit Paul Hindemith. Der prominente Komponist hatte schon vorher Texte moderner Autoren, darunter auch von Benn und Else Lasker-Schüler, vertont. Für Bertolt Brecht komponierte er die Musik zum *Badener Lehrstück vom Einverständnis*. Hindemith nahm im März 1930 Kontakt mit Benn auf, nachdem er dessen szenischen Dialog *Können Dichter die Welt ändern?* im Radio gehört hatte,[251] der die Auffassung wiederholt, Kunstwerke seien phänomenal, historisch unwirksam, praktisch folgenlos.

Auf die Bitte Hindemiths, einen längeren Text zu senden, den er vertonen könne, schickt Benn im Juli 1930 Vorstufen zu einem Oratorium. „‚Das Unaufhörliche' ist kein Lehrstück", schreibt er unter Anspielung auf Brecht, „sondern mehr eine Dichtung. Der Name soll das unaufhörliche Sinnlose, das Auf und Ab der Geschichte, die Vergänglichkeit der Größe und des Ruhms, das unaufhörlich Zufällige und Wechselvolle der Existenz schildern, vielmehr lyrisch auferstehn lassen".[252] Zwischen Hindemith und Benn entwickelt sich eine fruchtbare Zusammenarbeit. Mit dem Ehepaar fährt er an Wochenenden im „schnittigen Mercedes"[253] aufs Land, Briefe gehen hin und her. Ein Jahr später ist das Werk abgeschlossen, Otto Klemperer übernimmt die Uraufführung am 21. November 1931 in der Berliner Philharmonie, das Publikum dankt mit Ovationen.

Für 1932 sagt Benn nichts Gutes voraus, „das neue Jahr bringt sicher das Ende in irgendeiner Form".[254] Seine wirtschaftliche Situation ist aussichtslos geworden: „Bin heute wieder von der Steuer mit Pfändung bedroht, wenn ich nicht sofort 500 M. zahle. Die Leute sind irre, der Staat muß zertrümmert werden. Die freien Berufe, die kein festes Einkommen, keine Ferien und keine Bürostunden nach der Uhr kennen, die müssen wieder ran, den verkrachten u. zerlumpten Staat zu finanzieren".[255]

Benns Lage könnte 1932 nicht widersprüchlicher sein. Privat muß er schnorren und sich einladen lassen, öffentlich vertieft sich seine Anerkennung. Denn am 29. Januar wird er in die Berliner Akademie der Künste, Sektion Dichtkunst, gewählt. In einer durch die Satzung festgelegten, zehnminütigen Rede spricht er „über die Produktivität als Ganzes im Rahmen der heutigen Affekt- und Erkenntnislage".[256] Er erweist Thomas Mann, Heinrich Mann und Alfred Döblin durch Verweise und

Zitate seine Reverenz, betont aber seine Ablehnung eines politischen Aktivismus: „Die heutige radikale Gesellschaftstheorie verliert ihre innere Wahrheit: Arbeit ist ein Zwang der Schöpfung und Ausbeutung eine Funktion des Lebendigen, das lehrte, an der sie sich großzog, die moderne Biologie".[257] Mit dieser Auffassung steht er nicht allein. Auch Döblin verurteilt das russische Modell als „despotischen Staatskapitalismus" und wird dafür von der Zeitschrift *Internationale Literatur*, dem Zentralorgan der Internationalen Vereinigung Revolutionärer Schriftsteller, mit Werfel und Benn als Ideologen des Kleinbürgertums in eine Reihe gestellt.[258] Die bestürzende Modernität der Bennschen Kulturkritik wird jedoch erst heute, wo Kategorien wie „Virtualität" und „Globalisierung" das Geschehen beherrschen, ganz deutlich: „Funktionalismus heißt die Stunde, trägerlose Bewegung, unexistentes Sein. Um eine verschleierte und irre Utopie der Prozeß an sich, die Wirtschaft als solche [...]; überall imaginäre Größen, überall dynamische Phantome, selbst die konkretesten Mächte wie Staat und Gesellschaft substantiell gar nicht mehr zu fassen, immer nur der Prozeß an sich, immer nur die Dynamik als solche –; frappante Sentenz von Ford, gleich glänzend als Philosophie wie als Geschäftsmaxime: erst die Autos ins Land, dann entstehen auch Straßen; das heißt: erst die Bedürfnisse wecken, dann befriedigen sie sich von selber; erst den Prozeß in Gang setzen, dann läuft er von alleine".[259]

Die Wirtschaftskrise erreicht im Frühjahr 1929 ihren Höhepunkt, Banken und Börsen werden vorübergehend geschlossen. In dem autobiographisch gefärbten Exposé, das er Hindemith vorträgt, der immer noch Stoff für eine Oper sucht, geht es um „die Umschichtung aller wirtschaftlichen Werte". Der Figur des Gerichtsvollziehers legt Benn das Couplet in den Mund:[260]

> Das ist die Zeit,
> und keiner weiss ihr Rat:
> den eigenen Bürger
> untergräbt der Staat.
> Abgaben, Mieten, – Steuern, Steuern –!
> und kein Geschäft, die Schätze zu erneuern.
> (vorsichtig, leise)
> was ist das: Staat??
> was ist so gross??
> (laut)
> meine Sorge! Geld für Gehälter soll er haben.

Im Sommer 1932 fordert ein anonym bleibender Fabrikleiter im *Berliner Tageblatt* den Zusammenschluß aller republikanischen Kräfte, denn die nationalsozialistische Bewegung habe sich auf die Übernahme der Macht planmäßig vorbereitet: „Alle Ministerien sind fix und fertig ausgearbeitet, jeder erprobte Anhänger hat sozusagen seinen Mobilmachungsbefehl zu Hause liegen und weiß genau, was er im Falle der Übernahme der Macht, legal oder illegal, zu tun hat. Von jedem höheren Beamten in den Ämtern und in den Ministerien steht fest, ob er gefährlich ist oder nicht, und wer zu verschwinden hat".[261] Diese richtige Einschätzung der Situation gilt auch für den Rundfunk. Dem neuen Rundfunkkommissar Erich Scholz, der im Juli 1932 von der DNVP in die NSDAP wechselt, schienen in den Programmen zu viele Sozialdemokraten und Juden beschäftigt: Am 12. August wurde Hans Flesch entlassen. Gleichzeitig kündigt die Funkstunde auch den Vertrag des Leiters ihrer „Aktuellen Abteilung", die Stellung übernimmt Arnolt Bronnen: Das Radio kommt in die Hände der Nationalsozialisten.

Zu diesem Zeitpunkt war noch unklar, welche autoritäre Staatsform auf die Liquidierung der Weimarer Republik folgen würde. Die deutschen Machteliten zeigten sich in dieser Frage ebenso uneins wie die Masse der Bevölkerung. Bei dem Ausmaß an Unterstützung für die Nationalsozialisten konnte eine Regierungskrise von rechts nur mit ihnen gelöst werden.[262] Kein Wunder, daß sich Freunde und Bekannte Benns 1932 zur Emigration entschließen. Bekannte Stars machen es vor, Marlene Dietrich geht nach Hollywood, George Grosz bekommt eine Anstellung in New York City, Vicki Baum beginnt neu in Los Angeles, Thea Sternheim zieht sich nach Paris zurück, Kunsthändler Zatzenstein eröffnet eine Galerie in London. Erich Maria Remarque zog nach Italien und Fritz von Unruh, der noch im März 1932 vor zwanzigtausend Zuhörern im Berliner Sportpalast gesprochen hatte, folgte seinem Beispiel. Benn zählt sich zu denjenigen, „die es sich nicht leisten können u. zurückbleiben müssen und auch aus Charakter zurückbleiben würden".[263] Damit formuliert er schon vor der Ernennung Hitlers zum Reichskanzler eine Position, die er später gegenüber den Emigranten wiederholen wird. Emigration sah Benn als Flucht an, als Mangel an Haltung, Opferwillen und Leidensbereitschaft.

Zu dem Erfolg der Aufnahme in die Akademie kommt das Erscheinen seines Aufsatzes über Goethe im Jubiläumsheft der *Neuen Rundschau* 1932. Die öffentliche Wertschätzung, die Benn inzwischen genießt, ist an den weiteren Mitarbeitern des Heftes ablesbar: Gerhart Hauptmann, Thomas Mann, Friedrich Gundolf, Emil Ludwig, André Gide, Hermann Hesse, Jakob Wassermann, Ortega y Gasset.

Dieser Aufsatz trägt ihm eine lebenslange Freundschaft ein. Dr. jur. Friedrich Wilhelm Oelze aus Bremen drückt ihm seine Bewunderung aus, „bei der Lektüre dieser knappen, kaum sechzig Seiten umfassenden Darstellung erfuhr ich das spontane Betroffensein, wie es nur die Kunst zu bewirken vermag".[264] Benn bleibt kühl: „Mir eine grosse Freude, wenn

Ihnen meine Aufsätze gefallen haben. Eine mündliche Unterhaltung würde Sie enttäuschen. Ich sage nicht mehr, als was in meinen Büchern steht".[265] Mit dieser Absage begann ein Gespräch, das sich in über 700 Briefen bis zu Benns Tode fortsetzen sollte. Oelze (1891–1978) war Benn geistig gewachsen. Seine Mutter war eine geborene Ebbeke, aufgewachsen in der britischen Kronkolonie Jamaika, wo die Familie eigene Zuckerplantagen unterhielt. Sie heiratete den Bremer Kaufmann Wilhelm Oelze, der in der Rumimportfirma seines Schwiegervaters F.A. Ebbeke Fortune machte, und gebar ihm fünf Kinder, „Fritz" war der Älteste. Er hatte in Freiburg, München, Bonn, Kiel und in England studiert, war ab 1913 als Referendar am Amtsgericht Bremen in Zivil- und Strafsachen tätig, ab 1919 auch am Landgericht. Im selben Jahr heiratete er Charlotte Stefanie Michaelsen, Tochter aus einer sehr vermögenden Kaufmannsfamilie; 1922 wurde das einzige Kind Stephan geboren. Oelze promovierte 1920 an der Universität Rostock zum Dr. jur., ließ sich Ende des Jahres beurlauben und arbeitete in der Firma Ebbeke. Wenn man nach der Jahrhundertwende noch von bürgerlicher Bildung sprechen kann: Oelze verkörperte sie. Goethes *Faust* mußte er streckenweise schon als Kind auswendig lernen, Geschichte, Politik und Theologie interessierten ihn zeitlebens, Literatur und Kunst waren seine zweite Natur. Zudem war er hoch musikalisch, spielte ausgezeichnet Klavier. Viele Jahre gehörte er dem Vorstand des Bremer Kunstvereins an, dem er eine Reihe kostbarer Bilder stiftete.[266] In Amsterdam lebte sein Bruder Hugo als Kunsthändler, mit dem er als Sammler in enger Verbindung stand. Nach 1945 wurde der gewohnte Lebensstil wesentlich aus dem Vermögen von Frau Charlotte finanziert. Denn die Importfirmen warfen in der Nachkriegszeit nicht viel ab, zudem führte Oelze sie, wie es in der Bremer Kaufmannssprache heißt, „mit loser Hand". Oelze selbst behielt immer ein Büro in bester Bremer Innenstadtlage, Am Domshof 10, wo er das eheliche Vermögen verwaltete, mehr Privatier denn rühriger Kaufmann.

Es ist die gleiche Weltsicht, ein grundlegender Nihilismus, der die beiden Männer verbindet, Ablehnung der Masse, das Bewußtsein, mit den philosophischen Gedanken über Herkunft und geschichtliches Schicksal der menschlichen Rasse allein zu sein. Das oft ironisch gebrochene Einverständnis der beiden wird ergänzt durch ein grundsätzliches Vertrauen, das sie verbindet. Benn ist Oelze für seine Treue, seine Fürsorge, seine Anteilnahme lebenslang sehr dankbar gewesen: „Sie werden der Einzige sein, mit dem ich noch in Verbindung bleibe", schrieb er ihm im Oktober 1946, „u. das ist natürlich für mich sehr viel, ja alles. Sie sind so freundlich zu mir, so nachsichtig u. wohlwollend, jeder Ihrer Briefe tröstet u. bereichert mich".[267] Oelze kümmert sich während des Krieges um die Sicherung der Manuskripte, nach dem Kriege hilft er bei deren Veröffentlichung, er beteiligt sich durch produktive Kritik und liest Korrektur. Der Briefwechsel mit Oelze ist oft die Werkstatt, in der ein Stück Prosa zusammengesetzt wird, und es wäre sicherlich nicht mehr als recht und billig, wenn er für manche Prosaarbeiten als Verfasser mitgenannt worden wäre. Benn hat oft betont, wie wichtig ihm die Zusammenarbeit war, aus der er allein den literarischen Vorteil zog.

Von allen, die Benn nahestanden, hat Oelze die unerbittliche Radikalität und Skepsis des Bennschen Denkens am besten gekannt. Das private Leben der beiden Briefpartner spielte eine Nebenrolle, die Freundschaft bestand im abgeschlossenen Raum eines Briefwechsels, der zwar auch die Teilnahme am persönlichen Glück oder Unglück äußerte, bei Lichte besehen jedoch vor allem die „letzten Fragen" formulierte, mit denen die beiden Intellektuellen lebenslang beschäftigt waren.[268] „Unsere Korrespondenz war mir immer und wurde mir immer mehr eine grosse Bereicherung und Anregung, auch ein Massstab [sic] für Gedanken und Formulierungen, die entstanden und sich aus unserer Unterhaltung ergaben. Sie haben diese Korrespondenz in genau dem gleichen Masse mitgeschaffen und zu der Intensität geführt, die sie fast immer in sich trug".[269]

Im Vorwort zu dem Essayband *Nach dem Nihilismus*, das Benn im Juli 1932 in *Der Vorstoß* veröffentlicht hat, sind alle Argumente für den „Neuen Staat" vereint, der sich am 30. Januar 1933 mit der Berufung Hitlers als Reichskanzler etablierte. Endlich schien sich ein Ausweg aus der Krise der letzten Jahre anzubieten. Staat und Volk sollten zu einer Einheit verschmelzen, damit staatliche und gesellschaftliche Interessen keinen Gegensatz mehr bilden konnten. Edgar Julius Jung, der den Parlamentarismus als „Herrschaft der Minderwertigen" bekämpft hatte, faßte diese Auffassung in die Maxime: „Der korrupte Staat, der Parteienstaat, das ist das System, welches gebrochen werden muß".[270] Die Suche nach neuen Werten, tiefen Gefühlen, großen Perspektiven war allgemein. Man wußte nicht, wohin der Weg in Zukunft gehen sollte, war aber sicher, daß eine Wende herbeigeführt werden mußte. Es entwickelte sich eine totalitäre Erwartungshaltung, die sich in der Sehnsucht nach personaler Führerschaft, in der Suche nach der Wiederherstellung der mittelständischen Privilegien, im Bestreben nach einer Entegalisierung der Sozialpolitik äußerte: „Dem entsprach die Absage an das technizistische Glücksideal einer im Wirtschaftswachstum des 19. Jahrhunderts zur Glücksideologie verballhornten Aufklärung".[271]

Dieser Satz hätte von Benn stammen können. Er ist der Meinung, daß ein Zeitalter zu Ende geht und die weiße Rasse auch. Seit Goethes Tod setzte sich mit der modernen Physik die Vorstellung von der völligen Begreiflichkeit der Welt durch. Zugleich mit der Darwinschen Theorie vom Lohn des Starken für Kampf und Sieg bekam Europa neuen

Schwung, es entstand „der neue menschliche Typ, der materialistisch orientierte Gebrauchstyp, optimistisch und flachschichtig, jeder Vorstellung einer menschlichen Schicksalhaftigkeit cynisch entwachsen, möglichst wenig Leid für den einzelnen und möglichst viel Behaglichkeit für alle".[272] Gegen das Gefühl der Erlösungsbedürftigkeit und der eigenen Beschränktheit setzte sich die Auffassung durch, der Mensch sei gut, sein Wesen rational, seine Leiden sozial bekämpfbar, die Schöpfung sei der Wissenschaft zugänglich, alle Menschen seien gleich, „nur keine Entfernung vom Durchschnittstyp".[273]

Dieser geschichtsphilosophische Materialismus, sagt Benn, der aus der Mitte des 19. Jahrhunderts stamme, sei jedoch reaktionär. Das Ziel der Moderne müsse sein, eine neue Anthropologie zu begründen und den Nihilismus „in die formalen und konstruktiven Kräfte des Geistes zu legen, bildend zu züchten eine für Deutschland ganz neue Moral und Metaphysik der Form".[274] Manches deute auf eine entscheidende anthropologische Wendung hin, Benn verweist auf die moderne Technik und die moderne Architektur, dazu auf den „Drang zu direkter Beziehung, zum Schnitt, zum Gliedern, zum reinen Verhalten". Die Form sei der letzte Ausweg aus den Wertverlusten, der Kampf um die Form bekäme für den Deutschen „den Charakter einer volkhaften Verpflichtung, kämpfend, den Kampf des Lebens kämpfend, sich an die eigentlich unerkämpfbaren Dinge heranzuarbeiten".[275]

Benn spricht sich für die „Steigerung des Konstruktiven" aus, das neue „Raumgefühl" wird sich in der ästhetischen Monumentalität der Entwürfe des Architekten Albert Speer darstellen, in Massenveranstaltungen und Lichträuschen zeigt sich „die Überführung von Kräften in Struktur".[276] Speer nannte den von ihm erfundenen Lichtdom, der durch 130 Flakscheinwerfer entstand, die im Abstand von nur 12 Metern um das ganze Zeppelinfeld gestellt wurden und deren Strahlen eine Höhe von sechs bis acht Kilometern erreichten, die einzige Raumschöpfung, die auf ihre Weise die Zeit überdauere. Selbst die New York Times fand den Kulissenzauber „unbeschreiblich schön".[277]

Also ästhetische Werte in Deutschland? fragt Benn rhetorisch und antwortet: „Ja, die gezüchtete Absolutheit der Form, deren Grade an linearer Reinheit und stilistischer Makellosigkeit allerdings nicht geringer sein dürften als die inhaltlichen früherer Kulturepochen".[278] Das sind ästhetische Größenphantasien, deren Verwirklichung durch die moderne Technik und die moderne Architektur möglich waren und die dann ja auch – in Form der Autoproduktion, des Autobahnbaus, der Flugtechnik, der neuen Medien Radio und Fernsehen – möglich gemacht werden. Der technische Konstruktivismus wird im Begriff der „Artistik" von Benn in die Realität der Politik projiziert und als Absolutheit der Form dem korrupten und von den verschiedensten Interessen zerrissenen Staat der Weimarer Republik gegenüberstellt. Der totale Staat soll der Träger dieses ästhetischen Anspruchs werden, weil nur er diesen Anspruch auch durchsetzen kann. Diese Auffassung wird von den Jungkonservativen vertreten, und Walther Schotte drückt es in seinem Buch *Der neue Staat* so aus: „Wir rufen nach dem neuen Staat, der ein starker Staat sein muß, frei von Interessen, gerecht in sich, unabhängig von den Parteien".[279]

Und in dem Essay *Züchtung* vom Juni 1933 heißt es: „Die unabsehbare geschichtliche Verwandlung formiert sich politisch zunächst unter dem zentralen Begriff der totale Staat. Der totale Staat im Gegensatz zum pluralistischen der vergangenen Epoche, dem Durchkreuzungsstaat, tritt auf mit der Behauptung völliger Identität von Macht und Geist, Individualität und Kollektivität, Freiheit und Notwendigkeit, er ist monistisch, antidialektisch, überdauernd und autoritär. [...] Das Neue, Aufrührerische, aber gleichzeitig auch Synthetische der Verwandlung zeigt sich in dem spezifischen Führerbegriff. Führer ist nicht der Inbegriff der Macht, ist überhaupt nicht als Terrorprinzip gedacht, sondern als höchstes geistiges Prinzip gesehen".[280]

Das wachsende Krisenbewußtsein hatte nicht nur bei der äußersten Rechten, sondern in weiten Kreisen der bürgerlichen Gesellschaft die Kritik an der auf Liberalismus und Rationalität beruhenden Kultur verstärkt. Zugleich erhoffte man sich eine nationale und soziale Erneuerung durch charismatisches Führertum:[281] Der Philosoph Max Scheler fand „eine beispiellose Sehnsucht nach Führung allüberall lebendig".[282]

Wenn Benn vom „Neuen Staat" spricht, dann denkt er den Staat nicht als Einheitsherrschaft von Staat und Partei, zu der sich das NS-Regime entwickelte und die von der Konservativen Revolution kritisiert wurde, so von Franz von Papen in seiner aufsehenerregenden Rede am 17. Juni 1934, deren Text von Edgar J. Jung stammte, der im Zuge der Röhm-Krise ermordet wurde. Benns Interesse galt nicht dem Nationalsozialismus als politischer Bewegung, sondern der Funktion, die diese für den Staat haben konnte: „Ein zusätzliches Disziplinierungsinstrument, das in die Lücken springt, die von Armee, Justiz und Bürokratie gelassen werden".[283] Benns Zustimmung zum Neuen Staat ist daher, wie auch bei Carl Schmitt, ein Etatismus, eine Einstellung, die eine Parteienherrschaft nur insoweit akzeptiert, wie sie der Erneuerung des Staates dient. Der Staat soll wieder Staat sein wollen, und nicht, wie unter dem Liberalismus, nur Fassade für unsichtbare und unverantwortliche Machthaber und Geldgeber.[284] Der „echte" Staat war für Carl Schmitt „totaler Staat". Er brachte damit „auf den staats- und politiktheoretischen Begriff, was sich im Übergang von der Weimarer Republik zum NS-Staat faktisch vollzog".[285] Benns Eintreten für den Neuen Staat im Jahre 1933 dürfte überdies zu einem nicht geringen Teil von der Fehleinschätzung bestimmt gewesen sein, wie in Italien, so könne auch in Deutschland eine Zähmung des Faschismus gelingen, oder die NSDAP könne gespalten und mit ihrem brauchbaren Teil in den Staat eingegliedert werden.[286] Leitbild für einen deutschen „dritten" Weg zwischen amerikanischem Individualismus und sowjetischem Kollektivismus war die „unter Führung eines starken Staates und einer von Kapitalinteressen unabhängigen Technologie erneuerte deutsche Kulturnation".[287]

Besonders der Anti-Bolschewismus spielte bei Benn eine wichtige Rolle. Ein Sozialismus russischer Provenienz war für ihn nur eine andere Form des Kapitalismus, der die Weimarer Republik ins Elend geführt hatte und die Herrschaft eines Despotismus, der die abendländische Welt in ihren Fundamenten bedrohte: „Ihn zu übernehmen konnte auf nichts anderes hinauslaufen als auf die geistige, wahrscheinlich auch wirtschaftliche oder politische Selbstvernichtung".[288] Wie furchterregend der Kommunismus mit der Kunst umgeht, demonstriert Benn an Sergej Tretjakow, der im Januar 1931 in Berlin sprach. Er sei nach der Art seiner Schilderung [zu urteilen] „ein literarischer Tschekatyp, der alle Andersgläubigen in Rußland verhört, vernimmt, verurteilt und bestraft".[289]

Nehmen wir noch die politische Auffassung hinzu, die sich Weihnachten 1932 in Benns Antwort auf die Rundfrage der *Literarischen Welt* nach der sittlichen Bedeutung des biblischen Wortes vom „Friede auf Erden" ausdrückt. Benn hält die Idee eines ewigen Friedens für unrealistisch. Gegen die Idee vom Pazifismus tritt er für ein starkes Militärbündnis mit Frankreich ein und weist auf den radikalen Charakter der Geschichte hin: „Nein, auch nicht unter dem Weihnachtsbaum kann ich mir einreden, daß sich die Geschichte demokratisch gibt, daß sie ein anderes Sein hat als die Wirklichkeit, andere Methoden als die der Macht und der Gewalt".[290] Unter dieser Voraussetzung nimmt Benn in Kauf, daß die nationalsozialistische Regierung ihre Politik mit Gewalt durchsetzt.

Benn stand mit diesen Gedanken und Wünschen ja keineswegs allein. Was zunehmend mehr Menschen an der NS-Bewegung faszinierte, „war ihr Lebensstil, ihre jugendliche Dynamik, diese Mischung aus Terrorismus und Zukunftsgläubigkeit, aus Gemeinschaftsgefühl und Erneuerungswillen".[291] Mit dem wachsenden NS-Engagement bürgerlicher Wählerinnen öffnete sich Hitlers Partei auch der obere Mittelstand, der bis dahin Stütze der liberalen Parteien gewesen war. Beamte, Akademiker und junge Kaufleute brachten Fachwissen mit und dazu einen Hauch von intellektueller Brillanz und ernsthafter Konzepte für die Überwindung der deutschen Krise. Die Pionieratmosphäre lockte innovationsfreudige Unternehmer an, die hemmende Laufbahnrichtlinien und bürokratische Zuständigkeiten hinter sich lassen wollten: „Es waren oft die aktivsten und reformfreudigsten Elemente der Gesellschaft, die das Aufbaupathos des Regimes mitriß".[292]

Es ist zum Verständnis der Bennschen Position wichtig zu verstehen, daß die Zeit vom 30. Januar 1933 bis zur Ermordung Röhms am 30. Juni 1934 eine Übergangszeit bildet, an deren Ende die terroristische Diktatur steht, die jedoch vom Anfang her nicht gesehen werden konnte. Wir dürfen nicht übersehen, daß die erste Zeit nach der Ernennung Hitlers zum Reichskanzler Millionen Deutsche von der NS-Propaganda, wie Martin Broszat formuliert, „in einen Taumel blinder Glaubensseligkeit" versetzt wurden,[293] ein Gefühl, das Benn später, indem er sich auf Thomas Mann beruft, rechtfertigend seinen „Schicksalsrausch" nennt. Schon im November 1933 war die Zahl der Arbeitslosen um 3,7 Millionen gesunken, und ausgerechnet der nationalsozialistische Staat konnte diese Realität als Erfolg verbuchen. Die Verwirrung, die sich deswegen in den Reihen deutscher Oppositioneller breitmachte, zeigt so mancher prominente Sozialdemokrat auf beklemmende Weise. Paul Löbe, der letzte Vorsitzende der SPD im Reich, nannte es „eine Heldentat, die mir Achtung abnötigen würde", gelänge den Nazis die Beseitigung der Arbeitslosigkeit,[294] und auch der spätere Widerstandskämpfer Julius Leber beobachtete fasziniert das große Experiment, „Millionen Deutscher aus ihrer Lebensangst herauszuführen", wobei er sogar der Abschaffung der Demokratie eine innere Berechtigung nicht absprechen mochte.[295] Denn es sei doch unwesentlich, „ob einige Juden oder Sozialdemokraten oder Pfarrer mißhandelt würden".[296]

Am Tage des Reichstagsbrands, am 27. Februar 1933, schreibt Benn, noch in Unkenntnis des Ereignisses, an seinen alten Freund Egmont Seyerlen: „Hier herrscht Angst und Schrecken in der Literatur. Die Verlage senden ihre anrüchigen Bücher nach Wien ins Depot und wissen von Nichts; die Autoren sitzen in Prag oder im Ottakringer Bezirk und erwarten das Vorbeigehn der Episode. Was für Kinder! Was für Taube! Die Revolution ist da und die Geschichte spricht. Wer das nicht sieht, ist schwachsinnig. Nie wird der Individualismus in der alten Form, nie der alte ehrliche Sozialismus wiederkehren. Dies ist die neue Epoche des geschichtlichen Seins, über ihren Wert oder Unwert zu reden ist läppisch, sie ist da. Und wenn sie nach zwei Jahrzehnten vorüber ist, hinterläßt sie eine andre Menschheit, ein anderes Volk. Hierüber rede ich mir den Mund fusselig, die Linksleute wollen es nicht wahrhaben. Siehe oben: Kinder und Taube".[297]

Benns Einsicht in die Realität der Verhältnisse erlaubte keine Selbsttäuschung, der doch so viele Zeitgenossen unterlagen. Döblin verließ Berlin am Abend des 28. Februar, um im Kreuzlinger Sanatorium seines

Freundes Binswanger Unterkunft zu finden: „Es war ja nur ein Ausflug; man läßt den Sturm vorübergehen",[298] eine Überzeugung, die gewiß die Mehrzahl der Fliehenden mit ihm teilte. Und Theodor Wiesengrund-Adorno fordert sogar nach den antijüdischen Ausschreitungen vom 1. April 1933 den Freund Siegfried Kracauer auf, zurückzukehren: „Es herrscht völlige Ruhe und Ordnung; ich glaube, die Verhältnisse werden sich konsolidieren; deine Verleger sind hier; hier kannst du mit ihnen einig werden und zugleich noch hinzuverdienen".[299] Die Ruhe und Ordnung, in der der Regierungswechsel vor sich gegangen sei, betont auch der Verleger Ernst Rowohlt: „Es ist kein Zweifel, dass bei dem Umsturz – eigentlich kann ja kaum von Umsturz die Rede sein – nicht jeder mit Samthändchen angefaßt worden ist, aber im allgemeinen kann ich nur immer wieder sagen, daß ich den Eindruck gehabt habe, daß dieser Umsturz sozusagen in Ruhe und Ordnung vor sich gegangen ist. Es ist vom Ausland wahnsinnig schwer zu beurteilen, wieweit die jüdische Greuelpropaganda aus rein jüdischem Instinkt und Motiven heraus in Scene gesetzt wurde. Daran ist aber nicht der geringste Zweifel, daß eine gewisse antisemitische Bewegung der Nationalsozialisten durchaus berechtigt war. Wenn du die genauen Zahlen wüßtest, die darstellen, wie sehr sich der jüdische Teil der deutschen Bevölkerung in Regierungsstellen, Verwaltungsstellen, in leitende Arztstellen, in leitende Juristenstellen usw. vorgedrängt haben [sic], so muß auch der auf dem rassentheoretischen Gebiet ganz simpel und normal empfindende Mensch zugeben, daß hier einmal unbedingt ein Riegel vorgeschoben werden mußte. Daß dabei ungeheure Härten vorkommen, ist einfach nicht zu vermeiden".[300] Wäre Benn nach der Rolle der Gewalt befragt worden, dann hätte er auf den Gang der Geschichte verwiesen, „die keine anderen Methoden habe als die der Macht und der Gewalt".[301]

Die Ereignisse Anfang 1933 veranlaßten Benn zu einer positiven Stellungnahme für den Neuen Staat, auch um die Unabhängigkeit der Akademie gegen die rivalisierenden Behörden, die sich Einfluß auf die Kulturinstitutionen verschaffen wollten, zu wahren. Schließlich lebte man nach seiner Meinung zwar unter einer neuen Regierung, aber auch unter dem Schutz der Verfassung der Weimarer Republik, und daran würde auch das Kabinett Hitler nichts ändern. Der jetzige Justizminister diente schon unter Brüning, Papen und Schleicher. Überdachte man die Lage, so hatte der Regierungswechsel für die Akademie keine negativen Konsequenzen.

Doch das war ein Irrtum. Seit dem 4. Februar war der Gauleiter von Südhannover-Braunschweig, Bernhard Rust (NSDAP-Mitglied seit 1925), der kommissarische Leiter des preußischen Kultusministeriums und damit Kurator der Akademie der Künste. Er nahm eine Unterschrift von Heinrich Mann und Käthe Kollwitz unter ein Plakat, das am 14. Februar 1933 zu einer Einheitsfront von SPD und KPD aufrief, zum Anlaß, um den Ausschluß des Vorsitzenden der Abteilung Dichtkunst zu verlangen. Rust drohte, „daß er für die Haltung des Vorsitzenden der Abteilung für Dichtung die Körperschaft als solche verantwortlich machen müsse und zunächst an die Aufhebung der Dichterabteilung gedacht habe".[302] Heinrich Mann hatte den Aufruf noch unter der Kanzlerschaft von Schleicher unterschrieben, der Vorwurf gegen ihn war ein reiner Vorwand. Der Präsident der Gesamt-Akademie, Max von Schillings, wollte die Angelegenheit im Sinne von Rust und möglichst ohne größeres Aufsehen bereinigen und drohte ebenfalls. In einer eilig zusammengerufenen Plenartagung am Abend des 15. Februar, die nach § 23 der Akademiesatzung als vertraulich erklärt wurde, stellte er alle Mitglieder vor die Alternative, entweder scheide Heinrich Mann aus der Akademie aus oder er, Schillings, lege sein Amt nieder. Leonhard Frank, Alfred Döblin, Oskar Loerke und Ludwig Fulda baten Heinrich Mann dringend, nicht freiwillig zurückzutreten, denn dann müsse nämlich „die Akademie in toto ihn durch Abstimmung ausstoßen",[303] was eher unwahrscheinlich sei. Und obwohl es in dieser Situation darauf angekommen wäre, die Solidarität seiner Kollegen herauszufordern und dem Ansinnen Rusts Widerstand entgegenzusetzen, gab Heinrich Mann ohne Widerstand auf.

Fünf Tage später beriet die Abteilung über einen Protest gegen den Rücktritt ihres Vorsitzenden. Die liberalen Berliner Blätter wie die *Vossische Zeitung* oder die *Frankfurter Zeitung* protestierten gegen diese Vorgänge, und das *Berliner Tageblatt* war am 16. Februar, also einen Tag nach der Plenarsitzung, noch der Meinung: „Es ist kaum ein Zweifel, daß Mitglieder gegen das Vorgehen Rusts und wohl auch gegen das Verhalten Max von Schillings protestieren werden". Ein Irrtum. Denn während der Sitzung am 20. Februar kommt es zu einem längeren Gerangel. Benn betont zwar seine Verehrung für Heinrich Mann, wirft ihm jedoch vor, er habe den Kampf gegen die legal und verfassungsmäßig gebildete Regierung eröffnet und sage, „bei dieser Regierung sei die Barbarei".[304] Man versucht ein Kommuniqué, in dem die Abteilung den künstlerischen Verlust bedauert, den der Austritt Heinrich Manns bedeutet. Benn protestiert gegen eine derartig floskelhafte Danksagung und gegen die Verwässerung der Vorgänge, und das Protokoll hält fest: „Er wendet sich gegen die Einstellung aller derjenigen Mitglieder, die immer und ohne weiteres geneigt sind, alles, was die Akademie und ihr eigenes Wesen betrifft, zu bagatellisieren. Alles sei nach deren Meinung weit wichtiger: die Weimarer Verfassung, der Zusammenschluß der Arbeiterparteien, hemmungslose politische Agitation, als gerade die Akademie. Die Akademie sei nach ihrer jahrhundertelangen Tradition und nach ihrer

Funktion eine glanzvolle Angelegenheit, sie könne es jedenfalls sein als die einzige Stätte zur literarischen Traditionsbildung und zur künstlerischen Repräsentation, die Deutschland hat".[305]

Benn stand mit seiner Auffassung keineswegs allein. Walter von Molo erinnerte an die Pflicht der Akademie, „nunmehr auszuharren", Wilhelm von Scholz hielt es für das Richtigste, „von Austritt oder Protesten abzusehen", Ina Seidel hielt einen öffentlichen Protest oder sogar einen Gesamtrücktritt der Abteilung nicht für ratsam. Und so kam es schließlich zu einer kurzen Presseerklärung, in der die Abteilung für Dichtung das Bedauern über den Austritt Heinrich Manns formulierte und ihren Entschluß bekundete, „auch in erregter Zeit sich keinen Schritt von ihrer Pflicht abdrängen zu lassen, die Freiheit des künstlerischen Schaffens zu schützen".[306]

Wollte man Benn verteidigen, so hätte ihm bis zu diesem Zeitpunkt nichts vorgeworfen werden können, was nicht mit den anderen Mitgliedern abgestimmt war: Die Abteilung wollte – was die völkische Presse mit unverhohlener Häme bedachte – ihre Sitze behalten und weiterbestehen. Heinrich Mann hatte durch seinen freiwilligen Rücktritt diesem Begehren in die Hände gespielt. Döblin wird später enttäuscht schreiben: „Er hatte uns im Stich gelassen. Wir konnten es nicht verschleiern. Wie war das möglich? Heinrich, mir grauts vor dir".[307]

Am 13. März 1933, also noch vor dem Inkrafttreten des Ermächtigungsgesetzes, trifft sich die Abteilung nochmals zu einer Sitzung. Rudolf Binding wird durch Zuruf zum Verhandlungsleiter gewählt. Seine Meinung geht dahin, daß die Anwesenden durch ihr Erscheinen zeigten, „daß sie eine zwangsweise oder Selbstauflösung der Abteilung verhindern wollen".[308] Benn plädiert dafür, „die Regelung der Verhältnisse" in der Abteilung selbst in die Hand zu nehmen, um Zwangsmaßnahmen zu vermeiden.[309] Das Zweckmäßigste sei, allen Mitgliedern eine Erklärung vorzulegen, die gegenüber dem Ministerium als Schutzschild dienen könne: „Sind sie bereit, unter Anerkennung der veränderten geschichtlichen Lage weiter ihre Person der Preussischen Akademie der Künste zur Verfügung zu stellen? Eine Bejahung dieser Frage schließt die öffentliche politische Betätigung gegen die Regierung aus und verpflichtet sie zu einer loyalen Mitarbeit an den satzungsgemäß der Akademie zufallenden Aufgaben der Nation".[310]

Schillings, der mit zwei Verwaltungsbeamten an der Sitzung teilnimmt, ist die Erklärung allerdings nicht positiv genug. Er verändert den letzten Satz, der jetzt heißt: „verpflichtet sie zu einer loyalen Mitarbeit an den satzungsgemäß der Akademie zufallenden nationalen kulturellen Aufgaben im Sinne der veränderten geschichtlichen Lage".[311] Dieser kleine Eingriff entsprach ganz und gar nicht der Intention Benns. Er hatte sich als Staatsbürger zur loyalen Mitarbeit bereit erklärt, nicht aber als Künstler.

Benn war der Meinung, daß mit Hilfe dieser Erklärung das Weiterbestehen der Abteilung sichergestellt sein würde. Ihm ist immer vorgehalten worden, daß er mit seiner Aufforderung an die Mitglieder der Abteilung, sich zu entscheiden, zu rigoros gewesen sei. Benn verachtete jedoch das Taktieren und Finessieren der Politiker und wollte eine solche Haltung aus der Abteilung heraushalten. Er verstand die Eindeutigkeit der Erklärung als einen formalen Schutz gegenüber dem Kultusministerium. Und wenn Rust etwa den jüdischen Dichter Döblin hätte entlassen wollen, wie hätte er nach dieser Erklärung den Rausschmiß begründen können? Die Regierung legte in der Öffentlichkeit großen Wert darauf, „gesetzmäßig" zu handeln. Gegen die Mitgliedschaft jüdischer Schriftsteller lag zu diesem Zeitpunkt kein Gesetz vor. Da die Abteilung zu diesem Zeitpunkt keinen Vorsitzenden mehr hat, wird „Benn von den Mitgliedern gebeten, bis zur Wahl eines neuen Vorsitzenden die Sitzungen der Abteilung zu leiten. Benn ist dazu bereit".[312]

Von den siebenundzwanzig Mitgliedern der Abteilung antworteten achtzehn, also 66%, mit einem einfachen Ja. Die Bennsche Frage mit Nein beantworteten Ricarda Huch, Rudolf Pannwitz, Alfons Paquet, René Schickele und Jacob Wassermann. Die Antworten von Ricarda Huch und Alfons Paquet drückten entschiedenen Protest aus. Das war weder bei Alfred Döblin noch Thomas Mann der Fall. Döblin war, obwohl er bereits in Zürich lebte, unentschieden. Er machte in einem ersten Brief an den Präsidenten den Vorschlag, die Abteilung solle ihre Gesamtdemission anbieten, was darauf hinauslief, daß die Abteilung ihre Liquidation selbst übernommen hätte. Doch einen Tag später, am 18. März, besann er sich: „Ich bejahe die geforderte Loyalitätserklärung, sehe aber ein, daß ich als Mann jüdischer Abstammung unter den heutigen Verhältnissen eine zu schwere Belastung für die Akademie wäre. Ich stelle daher meinen Sitz in der Akademie zur Verfügung".[313] Und auch Thomas Mann hatte nicht vor, „gegen die Regierung zu wirken". Es sei jedoch sein Entschluß, von seinem Leben „alles Amtliche abzustreifen und fortan in vollkommener Zurückgezogenheit meinen persönlichen Aufgaben zu leben".[314] Und obwohl auch er sich zu diesem Zeitpunkt bereits in der Schweiz aufhielt und einem geharnischten Widerspruch des Nobelpreisträgers nichts im Wege gestanden hätte, gab er wie sein Bruder kampflos auf.

Benns Revers war jedoch ein Schlag ins Wasser. Seine Absicht, die Abteilung durch eine eindeutige Stellungnahme aus dem Machtkampf der politischen Interessen herauszuhalten, erwies sich als Trugschluß. Am 7. April 1933 trat das „Gesetz zur Wiederherstellung des Berufsbe-

amtentums" in Kraft: Es verlangte Entlassung oder Zwangspensionierung von Beamten „nichtarischer" Herkunft. Das Gesetz wurde „sinngemäß" auf die jüdischen Mitglieder der Abteilung angewendet.[315]
Nun fehlten nur noch die neuen Herren. Anstatt gemäß dem früheren Wahlmodus über die Vorschläge aus den eigenen Reihen abzustimmen und eine Liste zu verabschieden, wie es noch bei Wahl Benns und Ina Seidels vor einem Jahr geschehen war, wurde der Akademie-Präsident diesmal gebeten, diejenigen Namen zu nennen, die im Ministerium kursierten. Man stimmte über eine Liste ab, die zusammen mit der soeben verabschiedeten Erklärung ans Ministerium gehen sollte. Benn war zum Schluß der Sitzung am 13. März gebeten worden, als Berliner bis zur Wahl eines neuen Vorsitzenden die Sitzungen der Abteilung kommissarisch zu leiten, da ein auswärtiges Mitglied extra anreisen und die Kosten der Reise hätte tragen müssen. Am 5. Mai werden die neuen Mitglieder gewählt. Der Minister hatte Benn eine Aktennotiz mit den Namen, die von der Abteilung nur zu bestätigen waren, zugehen lassen und entband die Abteilung gleichzeitig von der Einhaltung des alten Wahlmodus. Die Riege der völkischen Schriftsteller, mit Erwin Guido Kolbenheyer, Werner Beumelburg und Hanns Johst an der Spitze, hielt ihren Einzug. In der konstituierenden Sitzung vom 7. Juni nahm sie die freigewordenen Plätze ein und wählte Hanns Johst zum Präsidenten. Der Kultusminister deutete Börries Freiherr von Münchhausen gegenüber an, er hätte bei der Neuordnung so schnell handeln müssen, „um nicht dem Propaganda-Minister Goebbels die Akademie als politisches Instrument anheim fallen zu lassen",[316] und die *Vossische Zeitung* vom 16. Februar sprach davon, daß die Akademie der Künste zum „Kampfobjekt" würde. Benns Ausflug in die „glanzvolle Angelegenheit" Akademie war damit zu Ende. Die neuen Mitglieder verhielten sich ihm gegenüber kühl, schon auf einem Empfang am 20. April, anläßlich der Uraufführung von Hanns Johsts *Schlageter* im Staatlichen Schauspielhaus, nahm Benn „Anmaßung und Feindlichkeit" wahr. Loerke gegenüber äußert er die Meinung, „wir würden nicht nur ausgeschaltet, sondern auch körperlich vernichtet werden".[317]
Am 22. April 1933 sprach Benn im Berliner Rundfunk zu dem Thema *Der neue Staat und die Intellektuellen*. Die Rede wurde am nächsten Tag in der *Berliner Börsenzeitung* abgedruckt, sie erschien im Juli zusammen mit älteren Aufsätzen im Sammelband *Der neue Staat und die Intellektuellen*. Benn gestand später, die Rede habe ihm viel Zustimmung, aber auch eine Menge Bedrohung und Beleidigungen eingebracht: „Die Angriffe haben vielfach den gleichen Inhalt: ich sei früher links gewesen, jetzt riefe ich Heil Hitler".[318] Er kündigt dem Freund Carl Werckshagen die abendliche Funkrede an: „Die Sache ist schwierig. Auf Finessen lasse ich

mich nicht ein. Mir liegt daran, zunächst mal öffentlich zu zeigen, daß
ein Intellektueller, der Zeit seines Lebens auf Klasse gehalten hat, trotzdem zum neuen Staat positiv stehen kann, stehen m u ß ! Schmerzlich ist
natürlich die Absage u. Trennung in Bezug auf alte ‚liberale' Werte u.
Personen. Aber das Gesetz der Geschichte ist so völlig klar, m. E., daß
kein Zögern möglich ist. Alle müssen den Staat stützen, unser aller Leben u. Existenz hängt davon ab. Man kann es gar nicht ernst genug ansehen. Die Geschichte u. ihre Folgen sind viel ernster u. abgründiger als
wir lange dachten".[319]

In diesem Brief ist auf das Deutlichste ausgesprochen, warum Benn
zu Beginn des Dritten Reiches eine klare, zustimmende Haltung einnimmt. Sie wird verständlich, wenn man das Leben am Existenzminimum, das Benn wie Millionen anderer führen mußte, und die Angst vor
einem Bürgerkrieg in Rechnung stellt. Benn denkt in einem etatistisch-konservativen Staatsbegriff, der einem Regime zuwiderlief, das sich von
allen rechtlichen Bindungen freimachen wollte, „um unumschränkte
Macht für die ‚Bewegung' und deren personelle Exponenten zu legitimieren".[320] Er denkt nicht „an die völlige Instrumentalisierung des Staates durch die Partei".[321]

Was Loerke und von Molo im Radio hören, ist ein Angriff auf die
kommunistischen und linksliberalen Intellektuellen, die die russische Revolution zwar begrüßt hätten, die „Revolution vom Nationalen her" jedoch als „unmoralisch, wüst gegen den Sinn der Geschichte gerichtet"
ansähen. Benn orientierte sich bei seiner Überlegung über den Gang der
Geschichte an dem Phänomen, daß sich „vor unseren Augen überall autoritäre Staaten bilden".[322] Er dachte an die Türkei, an Italien, Spanien, Portugal, Polen oder Ungarn und deutete diese geschichtliche Bewegung als
die „vorwärtsgerichtete, ordnende, positive, die moderne Staatstendenz".[323] Der Weimarer Republik erteilt er zudem eine scharfe Absage:
„Eine feine Demokratie aber, sagte sich diese Jugend, die den meisten
nichts zu fressen gibt, um sie dann auch noch gedanklich im Stich zu lassen
[...] Und so erhob sich diese Jugend von den gepflegten Abgründen und
den Fetischen einer defaitistisch gewordenen Intelligenz und trieb in einem
ungeheuren, den Sechzigjährigen nicht mehr verständlichen neuen Generationsglück vorwärts in das Wirkende, den Trieb, in das formal noch nicht
Zerdachte, das Irrationale".[324] Benns Rede zeigt, daß er Gewalt und den
Verzicht auf die alten „liberalen" gesellschaftlichen Werte billigend in die
Bildung eines totalitären Staates einschließt. Insofern hat sich seine Haltung seit 1914 nicht geändert, wenn wir daran denken, daß er die Erschießung von Edith Cavell für angemessen und richtig hielt.

Der Rezensent der *Berliner Börsenzeitung* faßt seinen Eindruck in dem
Satz zusammen: „Gottfried Benn ist derjenige, der am weitesten in die

Bezirke des Intellektualismus vorgedrungen ist und die gegnerischen Waffen ergriffen hat, um sie stumpf zu machen".³²⁵ Der erste Satz der Rede ist aus Mangel an Kenntnissen über die historische Lage immer als ein besonderer Opportunismus Benns empfunden worden: „Das Maß an Interesse, das die Führung des neuen Deutschlands den Fragen der Kunst entgegenbringt, ist außerordentlich. Ihre ersten Geister sind es, die sich darüber unterhalten, ob in der Malerei Barlach und Nolde als deutsche Meister gelten dürfen".³²⁶ Dabei faßt dieser Satz nur die Realität des öffentlichen Kulturkampfes präzise zusammen, der zwischen Rosenberg und Goebbels im Frühjahr 1933 ausgebrochen war und der in den offiziösen und offiziellen Stellungnahmen zur Kunst Barlachs oder Noldes seinen Ausdruck fand.³²⁷

Dieser Rundfunkvortrag erregte die Gemüter nicht deswegen, weil sich hier jemand auf die Seite der neuen Regierung gestellt hatte. Das taten zu jener Zeit viele mit opportunistischen Absichten. An der Botschaft erschreckte die Abrechnung mit dem Intellektuellentypus der Weimarer Republik, denn Benn meinte die marxistischen oder linksliberalen Kollegen. Die Linke habe durch ihre Propaganda für die sozialistische Internationale den Begriff des Staates nicht verdrängen können, der ein Nationalstaat und ein Machtstaat sein müsse: „Wer geschichtlich denkt, wer politisch arbeitet, denkt und arbeitet mit dem Begriff des Staates. Alle Utopien, die über ihn hinauslangten, alle Theorien, die seine Auflösung voraussahen, haben politische Formen von Dauer nicht gefunden".³²⁸ Benn meint die Vorstellung von der klassenlosen Gesellschaft und die russische Revolution, die schließlich in einem „Imperialismus schärfster nationaler Prägung" endete.³²⁹ Deshalb Benns Entschiedenheit: Schluß mit der humanitären Emphase, mit dem utopischen Denken. Im übrigen glaubt er, „eine echte neue geschichtliche Bewegung" sei vorhanden, „ihr Ausdruck, ihre Sprache, ihr Recht" zeige sich, sie sei „typologisch weder gut noch böse, sie beginnt ihr Sein".³³⁰

Einige waren der Meinung, Benns Stellungnahme für den Neuen Staat aus einer nationalen Neurose, aus einem opportunistischen Wechsel von links nach rechts oder, wie Binding meinte, aus dem Gegensatz von Verstand und Gefühl erklären zu können. Benns Haltung entsprach den Ideen, mit denen er ja nicht hinter dem Berge gehalten hatte. Das Ende für die Illusionsdenker von Links, die der Menschheit nur Versprechungen machten und dabei die Landhäuser und „das Erraffte" behalten wollten,³³¹ war gekommen. Nach den Wirren des letzten Jahres hatte der Reichspräsident den Reichskanzler und das neue Kabinett berufen, und die Deutschen hatten sich durch Wahlen entschieden. Hier sprach die Geschichte, und entweder die Sache ging gut aus oder sie führte in die Katastrophe. Sie führte, wie wir heute wissen, in die Katastrophe. Benn schloß das 1933 keineswegs aus, sah aber keine Alternative.

Vor allem weist er in diesem Zusammenhang der Jugend die Revolution gegen den „bürgerlich-kapitalistischen Behang"[332] zu. Das ist ein wichtiger Hinweis – der heute leicht übersehen wird – auf die Alterszusammensetzung der NSDAP als der „ersten klassenübergreifenden deutschen Integrationspartei, als totalitäre Volkspartei",[333] die „die Bewegung" als ständigen Beweis vorwärtsdrängender Dynamik vor sich her trug. Mehr als 40% ihrer Mitglieder waren jünger als dreißig Jahre, nur 27% gehörten zur Frontgeneration des Ersten Weltkrieges. „Im Vergleich zu allen anderen zeitgenössischen Parteien außer der KPD schnitt die NSDAP eindeutig als Bewegung der ‚Jungen' ab. Nicht zuletzt dieser Alterszusammensetzung ist der Eindruck von Dynamik, Mobilität und Zukunftsorientierung zu verdanken, der den Nazis in den Krisenjahren seit 1929/30 ihren Massenanhang zutrieb".[334] Und wer sah eine Alternative zur Beseitigung der herrschenden Anarchie? Wo blieb die KPD, die SPD, die Reichswehr? Benn rechtfertigt sich: Wo sind denn die Linken geblieben, haben sie Hitler verhindert? Ein Versagen der Linken stellt auch Döblin fest: „Mit fliegenden Fahnen ging man zu Hitler, nämlich zum Machtrausch und anderen Räuschen, – und was hat also unsere Literatur geleistet? Ich finde (ich nehme mich nicht aus): wir haben unsere Pflicht versäumt".[335] Man darf vor allem nicht vergessen, daß für Benn als Kassenarzt ein Zusammenbruch der staatlichen Ordnung oder gar ein Bürgerkrieg katastrophale Folgen gehabt hätte. Er ist also für einen Staat, der ihm Besserung garantiert.

Der aggressive Gestus des Vortrags wurde durch den Vorbehalt gegenüber zwei großen gesellschaftlichen Tendenzen der Zeit ausgelöst: Gegenüber dem Ideal einer durch das internationale Proletariat bestimmten Weltsicht und einer sozial gerechten Welt. Benn gehörte zu denjenigen Intellektuellen, die kein Gespür für die soziale Frage aufbringen konnten. Obwohl er als Arzt das Leben der gesellschaftlichen Wirklichkeit deutlicher wahrnahm als mancher andere, führte diese Wahrnehmung nicht dazu, die Welt anders einrichten zu wollen. Je härter die sozialen Kämpfe wurden, desto schärfer wurde Benns Spott. Er verhöhnte das Bebel-Pathos der Arbeiterklasse und lobte Ernst Jüngers Schrift „Der Arbeiter", weil Jünger es sich zur Aufgabe gemacht habe, den unfruchtbar gewordenen marxistischen Gegensatz von Arbeitgeber und Arbeitnehmer aufzulösen in eine höhere Gemeinsamkeit. „So klingt doch", meinte Benn, „die noch kürzlich so aktuell gewesene Maxime: ‚Alle Macht dem internationalen Proletariat' uns heute schon wie: ‚Stell auf den Tisch die duftenden Reseden', nämlich märchenhaft fern, schwärmerisch und vom europäischen Gesellschaftstandpunkt aus neurotisch. Die internationale Idee hat die politische Form ihres Wollens nicht gefunden".³³⁶ Benn argumentierte hier aus Verdruß über Ideologien, die alles versprachen, aber nichts bewirkten.

In keiner Phase seines Lebens war Benn publizistisch so aktiv wie im ersten Halbjahr 1933. Hatte die *Berliner Börsenzeitung* am 25. April 1933 seinen Vortrag über *Der Neue Staat und die Intellektuellen* abgedruckt, so äußerte er sich bereits eine Woche später im *Berliner Tageblatt* mit einem Artikel *Deutscher Arbeit zur Ehre* und wiederholte nur, was er bereits vorgetragen hatte. Es war Benns Beitrag zum 1. Mai, den umzufunktionieren die Nationalsozialisten keine Anstrengung scheuten. Einen Tag später wurden die „Freien Gewerkschaften" (ADGB) und Angestelltenverbände (Afa) zerschlagen. Ein Massenaufmarsch auf dem Tempelhofer Feld mußte die früheren Kundgebungen ersetzen. Benn hatte in seiner Rundfunkrede darauf hingewiesen, daß der „unfruchtbar gewordene marxistische Gegensatz von Arbeitnehmer und Arbeitgeber" aufgelöst werden müsse in eine höhere Gemeinsamkeit: Diese Forderung setzte die NS-Partei auf dem Tempelhofer Feld optisch um. Die höhere Gemeinsamkeit präsentierte sich als ein in geschlossener Formation feierndes Publikum, und der französische Botschafter André François-Ponçet war beeindruckt: „Es ist wirklich ein schönes, ein wundervolles Fest, die Deutschen und die Ausländer, die ihm beiwohnen, nehmen den Eindruck mit, daß ein Hauch der Versöhnung und der Einigkeit über dem Dritten Reich wehe".³³⁷ In diesem 1. Mai-Artikel bemühte sich Benn wieder, Kunst und Politik auseinanderzuhalten, indem er fragte: „Der Feiertag der nationalen Arbeit und die Kunst, haben sie etwas miteinander zu tun?", und er antwortete ambivalent: Einerseits sei der Künstler von der „vertieften grossartigen Proklamation der Arbeit" berührt, andererseits behalte die Kunst „eine Eigengesetzlichkeit des Geistig-Konstruktiven": „Das bedeutet, dass nicht alles Artismus ist, was sich nicht programmatisch zum Volksliedhaften bekennt, dass nicht alles Intellektualismus ist, was sich nicht an Feiertagen der Nation plastisch verwerten lässt, dass nicht alles destruktiv ist, was sich nicht für die aktuelle Politik als konstruktiv erweist".³³⁸ Der Artikel war auf Einladung des *Berliner Tageblatts* entstanden, und er erschien zusammen mit den Beiträgen des stellvertretenden Gaubetriebszellenleiters der NS-Betriebszellen-Organisation für Großberlin, des Vorsitzenden des Gesamtverbandes der Christlichen Gewerkschaften Deutschlands, der Jugendführerin des Verbandes der weiblichen Handels- und Büro-Angestellten e.V., des Reichskommissars für Beamtenorganisationen und anderer Funktionäre. Die politische Uneindeutigkeit, die in diesen Zeilen zum Ausdruck kommt, wird auch von Karl Pagel, der als Lektor der Deutschen Verlagsanstalt für Benn zuständig war, als Zeichen dafür gewertet, „daß

Benn die Positionen des Frühjahrs bereits geräumt hatte und nur noch schwache Rückzugsgefechte führte".[339]
Einer, der allerdings auf Klarheit und Eindeutigkeit drängte, war Klaus Mann. Als Benn seine Rundfunkreden über den Neuen Staat hielt, befand er sich, wie die ganze Familie, bereits in Frankreich. Aus Le Lavandou schrieb er am 9. Mai 1933 dem verehrten Doktor Benn einen Brief. Er maß Benn an seinen Haltungen, er wurde prinzipiell, seine Diktion bekam Schärfe. Ihm ging es um die Frage, wie Benn nach dem Rücktritt von Heinrich Mann noch in der Akademie bleiben konnte. Aber warum sollte er nicht in der Akademie bleiben, besonders da der Onkel sich nicht gerade kämpferisch verhalten hatte, als Max von Schillings ihn aufforderte, der Akademie den Rücken zu kehren. Da war Ricarda Huch von ganz anderem Kaliber, als sie dem Präsidenten schrieb: „Was die jetzige Regierung als nationale Gesinnung vorschreibt, ist nicht mein Deutschtum. Die Zentralisierung, den Zwang, die brutalen Methoden, die Diffamierung Andersdenkender, das prahlerische Selbstlob halte ich für undeutsch und unheilvoll".[340]

Benn mißfiel der inquisitorische Ton des Siebenundzwanzigjährigen, dessen materielle Situation durch den Weggang nicht zu Schaden gekommen war, der sich niemals hatte nach der Decke strecken müssen, der seine Eltern und deren Wohlstand immer im Rücken hatte. Benns eigene wirtschaftliche Lage war auch einer der Gründe, warum er Klaus Mann so höhnisch abfahren ließ. Wir sind heute gewohnt, das Elend der Emigration zu kennen, die lebensbedrohliche Flucht, die Schwierigkeiten mit den Behörden, die kärgliche Existenz in einem fremden Land. Benn betrachtete gerade diejenigen Schriftsteller als literarische Emigranten, die in der Weimarer Republik zu den Großverdienern gehörten, und die durch die riesigen Auflagen ihrer Werke zu Wohlstand und gesellschaftlichem Ansehen gekommen waren, Döblin etwa oder Erich Maria Remarque, Heinrich Mann, Lion Feuchtwanger, Emil Ludwig, Georg Kaiser, Bertolt Brecht oder Ernst Glaeser, die es sich leisten konnten, den nächsten Zug zu besteigen und außer Landes zu gehn, nachdem sie ihr Vermögen auf Schweizer Konten hatten transferieren lassen. Noch im Jahr 1934 hatte Thomas Mann von seinem Verleger Gottfried Bermann Fischer eine Überweisung von 20.000 Schweizer Franken in Empfang nehmen können und im Frühjahr 1935 folgten weitere 15.000 – beträchtliche Summen nach der Rechnung jener Zeit.[341]

Besonders die Mann-Familie gehörte zur gesellschaftlichen Elite der Weimarer Republik, und es ist objektiv nicht falsch, wenn Benn sie in den Villenorten am Mittelmeer vermutet. Daß er gerade für die Mann-Familie mit seiner Charakteristik des Lebensstils der Emigranten, ihren anspruchsvollen Lebensbedürfnissen und dem Luxus, den sie gewohnt waren, Recht hatte, wissen wir heute aus Klaus und Thomas Manns Tagebüchern.

Klaus Mann war in Paris genauso zu Hause wie in New York City, er reiste durch die USA und berichtete darüber in den Berliner Zeitungen, er nahm an Autorennen quer durch Europa teil und wurde mit Preisen ausgezeichnet. Er und seine Schwester Erika verursachten Theaterskandale, sie verkörperten den Kulturbetrieb der Republik und lebten auf großem Fuß.

Es wird Benn oft zum Vorwurf gemacht, daß er einen Privatbrief zum Anlaß der Entgegnung in einer Tageszeitung nahm.[342] Benn erwähnt jedoch Klaus Mann in seinem Zeitungsartikel gar nicht und benutzt den Brief zu einer grundsätzlichen Stellungnahme. Klaus Mann war eine repräsentative Figur der Emigration und damals mit den Vorarbeiten zu der Zeitschrift *Die Sammlung* beschäftigt, die am 1. September 1933 bei Querido in Amsterdam erscheinen sollte. Sein Brief war einerseits ein moralischer Appell, aber auch eine wohldurchdachte, eindrucksvoll formulierte Kampfansage, die Klaus Mann, weil er seinen Text als Essay betrachtete, sogar in die Liste seiner literarischen Arbeiten der ersten Hälfte des Jahres 1933 aufnahm. Am Abend des 9. Mai hält er seine provozierende Absicht in einer Tagebuchnotiz fest: „Langen polemischen Brief an Gottfried Benn". Für Benn war das Schreiben eine durch die Briefform getarnte Polemik eines enttäuschten Verehrers, der die Liste derjenigen Anwürfe verlängerte, die gegen ihn im Laufe der letzten vier Jahre in Umlauf gekommen waren und die sich mit den Namen Becher, Kisch, Hegemann und Arnheim verbanden.[343] Benn behandelte den Brief daher auch nicht als vertrauliche, private Äußerung. Im Gegenteil: Er rechnete damit, dieses Schreiben demnächst in einem der Emigrantenblätter wiederlesen zu können. Dabei konnte er natürlich nicht wissen, daß der Brief gerade zu dem Zeitpunkt geschrieben worden war, zu dem Klaus Mann mit der Freundin Annemarie Schwarzenbach am 3. Mai die Finanzierungsmöglichkeiten der *Sammlung* besprach. Er warb zu dieser Zeit die ersten Beiträge ein. Benn schickt ihm seinen Zeitungsartikel mit einer kurzen, handgeschriebenen Antwort: „Sehr verehrter Herr Mann, Ihren Brief vom 9. V. beantworte ich in der anliegenden Form. Ich werde mich Ihrer freundschaftlichen Gesinnung gegen mich immer dankbar erinnern. Ihr sehr ergebener Dr. Gottfried Benn".

Benn hat die Angriffe gegen ihn in den Emigrantenzeitschriften verfolgt und auch die Erwiderung von Klaus Mann im ersten Heft der *Sammlung* zur Kenntnis genommen. Die Antwort auf das Schreiben Klaus Manns wurde für Benn entscheidend, denn damit hatte er das Tischtuch zwischen sich und den Emigranten zerschnitten, eine Handlung, die nach Kriegsende besondere Folgen für ihn zeitigen sollte.

Benn erhoffte vom „Neuen Staat" eine Auflösung des politischen und wirtschaftlichen Chaos, ein Ende der Straßenschlachten, der ständigen Regierungswechsel und des Massenelends, von dem er ein Teil geworden war.

Als am 10. Mai die Bücherverbrennungen in den Universitätsstädten durch die Studenten begannen, führte das keineswegs dazu, daß die neuen Machthaber von den Intellektuellen kritischer gesehen wurden. Im Gegenteil. Die Polarisierung zwischen der nationalgesinnten, von der neuen Gemeinsamkeit berauschten Intelligenz und jenen Schichten, die sich für Demokratie, Liberalität und Sozialismus einsetzten, nahm zu. Die Befreiung von der Weimarer Republik wurde als innere Befreiung empfunden, eine „chiliastische Führersehnsucht" beherrschte die desorientierten Volksmassen.[344]

Benn war weder ein frühes noch ein spätes Mitglied der NSDAP, er hatte keine Beziehungen zu einflußreichen Mitgliedern der Partei außer zu Johst, den er noch aus der expressionistischen Zeit kannte. Wer Nazi war, mußte Antisemit sein, denn der Antisemitismus war ein unverbrüchlicher Teil der NS-Ideologie. Der Psychoanalytiker Carl Gustav Jung verteidigt im Januar-Heft 1934 des in Berlin erscheinenden, gleichgeschalteten *Zentralblatts für Psychotherapie* sogar „das arische Unbewußte" gegen „den Juden Freud", der „die germanische Seele nicht kannte, so wenig wie alle seine germanischen Nachbeter sie kannten", und behauptet: „Das arische Unbewußte hat ein höheres Potential als das jüdische".[345] Könnte man sich einen solchen Satz in Benns Werk vorstellen? Es ist zu einem Gemeinplatz geworden, Gottfried Benn, Carl Schmitt, Ernst Jünger und Martin Heidegger in einem Atemzug zu nennen. Schmitt und Heidegger traten am 1. Mai 1933 in die Partei ein. Schmitt rechtfertigte die Ermordung Röhms juristisch und erging sich auf dem Kongreß „Das Judentum in der deutschen Rechtswissenschaft" 1936 in antisemitischen Exzessen. Und Seine Magnifizenz Martin Heidegger wies in einem Brief an seine Dekane darauf hin, „daß Nichtarier auf dem Unterschriftenblatt nicht erscheinen sollen",[346] und telegraphierte Anfang November 1933 an den Führer nach Berlin: „Dem Retter unseres Volkes aus seiner Not, Spaltung und Verlorenheit zur Einheit, Entschlossenheit und Ehre, dem Lehrmeister und Vorkämpfer eines neuen Geistes".[347]

Benn war kein Antisemit, und man kann durchaus ernst nehmen, was er zu seiner Rechtfertigung im *Doppelleben* sagt: „Ein ‚Judenproblem' hatte ich nie gekannt. Es wäre völlig ausgeschlossen gewesen, daß in meinem Vaterhaus ein antisemitischer Gedanke gefaßt oder ausgesprochen worden wäre. [...] Auf der Schule, während des Studiums war es nicht anders. Auf der militärärztlichen Akademie, der ich meine Ausbildung verdanke, gab es nicht wenige ‚Mischlinge', aber man erfuhr das erst nach 1933, als sie aus den Listen der Sanitätsoffiziere gestrichen werden mußten, vorher hatte sich niemand um diese Herkunftsfragen gekümmert [...]. Die überströmende Fülle von Anregungen, von artistischen, wissenschaftlichen, geschäftlichen Improvisationen, die von 1918–1933 Berlin neben Paris rückten, entstammte zum großen Teil der Begabung dieses Bevölkerungsteils, seinen internationalen Beziehungen, seiner sensitiven Unruhe und vor allem seinem todsicheren Instinkt für Qualität. Alles dies durch politische Regelungen oder gar Gewaltmaßnahmen auslöschen oder gar ausrotten zu wollen oder zu können, erschien 1933 wohl nicht nur mir ausgeschlossen".[348]

Die Antwort an Klaus Mann war kaum verhallt, da drohte neues Unheil. Im Herbst 1933 erschien der jährliche *Deutsche Almanach* des Leipziger Verlages Philipp Reclam. Er enthielt einen Aufsatz über *Die neue Dichtung* von Börries Freiherr von Münchhausen, der den literarischen Expressionismus in Bausch und Bogen verurteilte. Es handele sich um „Bücher von Deserteuren, Verbrechern, Zuchthäuslern", der Anteil der Juden sei „etwa hundert- bis zweihundertmal so stark wie ihr Anteil an der Bevölkerungszahl", die Form habe sich „in demselben Maße aufgelöst wie die Sittlichkeit der Inhalte". Und dann folgt eine alphabetisch geordnete Namensliste mit Benn an erster Stelle.

Münchhausen ließ sein Pamphlet dem Kultusminister zugehen. Bereits im Mai 1933 hatte er Benn denunziert und Rust geraten, sich dessen Rede auf Heinrich Mann und den Band der *Gesammelten Schriften* vorlegen zu lassen: „Lesen Sie 10 Minuten darin. Ich habe das Gefühl, als ob Sie ihn nicht genügend kennen".[349] Benns Akademiemitgliedschaft hielt Münchhausen für einen schlimmen Mißgriff. Er versuchte Benns Ausscheiden dadurch zu erreichen, daß er ihn als einen jüdischen Dichter stempelte, deren zügellose Produktion für den Expressionismus charakteristisch und für die neue deutsche Akademie untragbar war. Sollte sich behördlich durch Ariernachweis herausstellen, daß Benn kein Jude war, so wurde er doch als Expressionist inkriminiert und konnte damit als „intellektueller oder weißer Jude" verleumdet werden.[350] Schon deswegen durfte Benn diesen Angriff nicht schweigend übergehen: Am 5. November 1933 antwortet er auf die Invektive mit seinem Artikel *Bekenntnis zum Expressionismus*, der in der *Deutschen Zukunft* erscheint.

Es wäre jedoch falsch, Benn für die Verteidigung des Expressionismus besonderen Mut zuzusprechen. Denn zu diesem Zeitpunkt war die Auseinandersetzung über die Rolle der Kultur innerhalb der NS-Führung zwischen Goebbels und Rosenberg noch keineswegs entschieden. An den Rivalitätskämpfen der hohen Parteiführer, die der Öffentlichkeit nicht verborgen blieben, entzündeten sich die Hoffnungen der kunstinteressierten Bevölkerungskreise. Sie hofften zu einer Zeit, als im ersten Jahr des

Regimes noch eine öffentliche Diskussion stattfand, die kunstpolitische
Linie der Zukunft beeinflussen zu können. Führende Kreise des National-
sozialistischen Deutschen Studentenbundes mit Schwerpunkt der Aktivi-
täten in Berlin opponierten gegen „die Gartenlaubenkünstler und Litera-
turmaler" und wandten sich gegen die planmäßige Diffamierung von
Nolde, Barlach, Heckel, Kirchner und Schmidt-Rotluff.[351] Der NSD-
Studentenbund lud zu einer Versammlung am 29. Juni 1933 im Auditorium maximum der Universität ein. Tagelang hatten rote Plakate an den
Berliner Litfaßsäulen zu der Kundgebung „Jugend kämpft für deutsche
Kunst" aufgerufen. Die bürgerlich-liberale Presse reagierte vorsichtig
optimistisch und in Kunstkreisen wurde die Frage bereits erörtert, ob
dieser Schritt in die Öffentlichkeit eine Liberalisierung der bisherigen
kunstpolitischen Praxis nach sich ziehen würde. Gerüchte liefen um, daß
Hitler selbst das Zerwürfnis mit Barlach bedauere, daß Kultusminister
Rust Emil Nolde für den größten lebenden deutschen Maler halte und
Goebbels sogar mehrere Originale von Nolde aus dem Besitz der Natio-
nalgalerie in seine Wohnung habe hängen lassen. Dieser Kampf um die
künstlerische Moderne wurde erst auf dem Reichsparteitag 1934 beendet,
auf dem Hitler den Rahmen für die nationalsozialistische Kunstpolitik
absteckte und sich auf Rosenbergs Seite stellte.

Benn hatte den Expressionismus als einen „europäischen Stil", „ein
Sein sowohl nach der formalen wie nach der menschlichen Seite hin von
erklärt revolutionärem Charakter"[352] gekennzeichnet und damit nichts
anderes behauptet als der NSD-Studentenbund auch. Und er läßt sich
nicht lumpen, sucht dem Vorwurf Münchhausens gar nicht auszuweichen, sondern dreht den Spieß um: „Sie [die Expressionisten] waren also
politisch ohne Instinkt, es mögen sich auch auffällig viel biologische
Minusvarianten unter ihnen befunden haben, auch moralisch defekte, ja,
kriminelle Vorfälle, das ist erwiesen, spielten sich bei einigen ab, ich will
das nicht beschönigen". Aber dann setzt er dagegen die These von der
grundsätzlichen Bionegativität von Kunst: „Sah nicht vielleicht Kunst
von nahem immer so aus? Es gab doch wohl nie eine zivil und gepflegt
entstandene Kunst, seit Florenz keine mehr".[353]

Benn läßt sich nichts abhandeln, macht keine Zugeständnisse, verweist für die Vorläuferschaft des Expressionismus – unter Hinweis auf
die Literaturgeschichte von Paul Fechter – auf Joyce, Proust, Jahnn und
Freud. Der Aufsatz schließt in dem heute schwer zu ertragenden Pathos,
das von der ghibellinischen Synthese, den Adlern Odins schwärmt: „My-
thologisch heißt das: Heimkehr der Asen, weiße Erde von Thule bis
Avalon, imperiale Symbole darauf: Fackeln und Äxte, und die Züchtung
der Überrassen, der solaren Eliten, für eine halb magische und eine halb
dorische Welt".[354]

Der Sommer 1933 war ausgefüllt mit der Arbeit an Zeitungsartikeln zu Themen der Vererbung, der Züchtung und Eugenik, der Familienforschung, dem Genieproblem und der gesellschaftlichen Rolle des protestantischen Pfarrhauses. Die Aktualität der Themenstellung aufgrund des „Gesetzes zur Verhütung erbkranken Nachwuchses" sowie die Diskussion um Fragen der Rasse gaben die Anregung. „Hier geht's so so la la. Habe ein paar Aufsätze verfertigt für Zeitschriften, die gut zahlen, läppisches Zeug. Was man jetzt so will", schreibt er an die Journalistin Käthe von Porada.[355] Er gibt mit diesem Satz zu erkennen, daß er selbst diese Arbeiten für kaum mehr als Feuilleton hält, wobei die rhapsodische Form die Distanz überdeckte, die er zu den offiziell-politischen Überlegungen eugenischer Maßnahmen, wie sie etwa im *Völkischen Beobachter* diskutiert wurden, hatte.

Anfang des Sommers bekam Benn Besuch. Käthe von Porada arbeitete als Mode-Journalistin für die *Frankfurter Zeitung* in Paris. Sie verkehrte im Freundeskreis von Eugène Jolas, dem Herausgeber der Zeitschrift *Transition*, die früher Beiträge von Benn gebracht hatte. Es lag daher für die Redaktion nahe, sie zu bitten, Erkundigungen über Benns politischen Standort einzuholen. Vor allem war Klaus Mann daran interessiert, Nachrichten aus erster Hand über Benn zu bekommen. Käthe von Porada war an den Vorbereitungen für *Die Sammlung* beteiligt, Klaus Mann hatte mit ihr Mitte Juni eine Adressenliste für mögliche Bezieher der Zeitschrift zusammengestellt.

Allerdings konnte sie die in sie gesetzte Hoffnung nicht erfüllen. Denn statt sich mit ihr in politische Debatten zu verstricken, zog Benn ein erotisches Abenteuer mit der geschiedenen Mutter zweier Töchter vor: Man verbrachte die Tage Anfang Juli angenehm in Cafés und ging zusammen ins Kino. Benn war hingerissen, und es entspann sich ein Briefwechsel, der uns einen guten Einblick in Benns innere Lage während dieses Sommers gibt. Ganz deutlich und oft sprach Benn von der gesellschaftlichen Leere, in der er lebte, und er ermahnte die Freundin, niemanden über ihn „aufzuklären". Die schönen Sommertage seien ohne sie „so trostlos, [er sei] unvorstellbar isoliert nach allen Seiten. Kunststück, wie könnte es auch anders sein. Mit meiner ganzen brutalen Energie, die ich im Geistigen zur Verfügung habe, versuche ich durchzustoßen zu einem neuen Gedicht, einer neuen lyrischen Strophe, aber vorläufig vergeblich", hieß es am 21. Juli 1933, „so viel ‚inneres Raffinement', innere Melodie, inneres Grundgefühl ist zugrundegegangen durch die Zeitlage, das Leben, das Alter, die Reife oder was es auch immer ist".[356] Benn betonte seinen antibürgerlich-antikapitalistischen Affekt, seine Ablehnung von „gemütlich und harmonisch" und forderte sie auf, doch den „larmoyanten bürgerlichen Pazifismus" aufzugeben. Auch verschwieg er die wirtschaftliche Misere nicht, in der er sich mit seiner Praxis befand.

Die Frage nach Benns politischer Überzeugung ist in allen Briefen präsent, aber er biegt die Diskussion immer wieder auf einen Punkt zurück: Was ist heute, wo die weiße Rasse zu Ende geht, überhaupt geistig noch übrig, um das Leben zu tragen? Ich „sehe u. erlebe nichts, als diesen halb tragischen, halb dionysischen Untergrund des Wissens um das Ende u. des Trotzdem des Weitermachens. *Amor fati.* Griechenland lebte davon. Die Parzen sangen *dies* Lied".[357] Insofern waren für Benn die autoritären Staaten ein Zeichen für den Kampf der weißen Rasse gegen die Bedrohung durch „Slawen und Mongolen". Er war sich offenbar dieser Überzeugungen in der konkreten politischen Situation jedoch so wenig sicher, daß seine Selbstzweifel in psychosomatischen Beschwerden zum Ausdruck kamen, deren Ursache er durchaus durchschaute: „War mehr als erkältet: tief erkrankt, schwerer Stoß ins Zentrum, Absinken, Altern".[358]

Am 4. Dezember 1933 war Stefan George in Locarno gestorben und auf dem Friedhof zu Minusio am Nordufer des Lago Maggiore beigesetzt worden. Die Akademie dachte an eine Gedenkfeier, und Jost bat Benn, die Gedenkrede zu halten. Rust war als Kultusminister sehr daran interessiert gewesen, mit George in Kontakt zu kommen, um ihn als Aushängeschild für die Akademie zu benutzen. George leugnete „die ahnherrschaft der neuen bewegung", wie er schrieb, durchaus nicht und wollte auch seine „geistige mitwirkung" nicht beiseite schieben. Zudem betonte er die Affinität zwischen seinem Denken und der Ideologie des „Neuen Staates". Nach einer Bedenkzeit wünschte er zwar nicht Akademiemitglied zu werden, wollte sich jedoch die Türen offenhalten, genau wie das Ministerium auch.

Benn erwähnte in seiner Rede das Maximin-Erlebnis und scheute sich nicht, „die neue Feier des Jünglings zu beschwören: Nie seien junge Leute „wieder so behutsam, so liebevoll, so durchaus mit Hinsicht auf ihr Bestes behandelt worden" wie im Griechenland des 5. und 6. Jahrhunderts. Benn nimmt keine Rücksicht auf Homosexualität oder Blut- und Boden-Ästhetik und charakterisiert den Dichter als „Artisten": Er betreibe l'art pour l'art, also eine Kunst, die keiner Ergänzung von der moralischen oder soziologischen Seite bedürfe. Und nachdem er schon eine verpönte Begrifflichkeit gebraucht hat, wird er noch deutlicher: „Es gibt kein Zurück in eine vielleicht sehr schön gewesene deutsche Innerlichkeit, zu blauen Blumen und Idyll, aber auch kein Zurück zu einem geschwächten, einfältigen, begrifflosen, indistinkten Denken".[359] Die waghalsigen Behauptungen fängt Benn jedoch, nachdem er über das Formgefühl und den konstruktiven Geist des jetzigen

Zeitalters gesprochen hat, durch den Satz auf: „Dieser Geist ist ungeheuer allgemein, produktiv und pädagogisch, nur so ist es zu erklären, daß sein Axiom in der Kunst Georges wie im Kolonnenschritt der braunen Bataillone als ein Kommando lebt".[360] Was immer auch der Hinweis auf die SA bedeuten sollte, er diente in diesem Fall der Rechtfertigung, denn schließlich mußte Benn die öffentlichen Warnungen bedenken, die der *Völkische Beobachter* mehrfach ausgesprochen hatte, daß es nämlich mit dem „Formzerfall der Expressionisten" und dem „hohlen Konstruktivismus" nun vorbei sei: „Der Kanzler gibt allen kubistischen, expressionistischen und dadaistischen Scharlatanen und Gauklern zu wissen, daß sie im Kunstleben des neuen Deutschland endgültig ausgespielt haben".[361] Oelze gegenüber betonte Benn im Februar 1934, daß die letzten eineinhalb Jahre gewissermaßen die Pausenzeichen in der Geschichte gewesen seien, nun aber sei deutlich: „Die Kunst erregt sie immer wieder so sehr, weil hier etwas ist, wo sie absolut mit ihren Methoden nicht rankönnen, hier genügt nicht, mit dem Hacken ins Gesicht zu treten u. das Maul cäsarisch aufzureissen, hier muß man geistig berufen sein – das ist natürlich bitter!".[362]

Vom Rundfunk wird die Rede nicht, wie ursprünglich vorgesehen, gesendet: Wahrscheinlich schien das der Intendanz oder dem Propagandaministerium zu diesem Zeitpunkt nicht opportun. Benn veröffentlicht den Text deswegen im April 1934 in *Die Literatur*.

Mit Johst traf Benn Anfang 1934 öfters zusammen, es ging um die „Union nationaler Schriftsteller"(UNS). Von den Zusammenkünften war er nicht erbaut, aber beide Männer kamen über die Besprechungen in näheren persönlichen Kontakt und waren sich offenbar sympathisch: Johst hatte sich zum Ende des Kulturkampfes noch für Kurt Pinthus, den Herausgeber der Menschheitsdämmerung, eingesetzt.[363]

Hanns Johst (1890–1978) war vier Jahre jünger als Benn. Er studierte Medizin, brach das Studium ab und wechselte zu Kunstwissenschaft und Philosophie. Von 1914–1935 schrieb er fast jedes Jahr ein Drama, einen Roman, Erzählungen und Essays. Seit 1928 förderte er den „Kampfbund für deutsche Kultur", trat 1932 in die Partei ein und machte sich als deren Kulturprogrammatiker einen Namen.[364] Als politischer Dichter wurde er nach der Machtübergabe mit einflußreichen Positionen bedacht. Goebbels ernannte ihn zum Mitglied des Präsidialrats der Reichsschrifttumskammer, im Juni 1933 wurde er zum Vorsitzenden der Abteilung für Dichtkunst der Akademie der Künste gewählt. Mit Heinrich Himmler verband Johst eine enge Freundschaft, und an Lob für die SS ließ er es in den kommenden Jahren nicht fehlen. Zudem bekleidete er seit März 1933 die Stellung des Chefdramaturgen am Staatlichen Schauspielhaus am Gendarmenmarkt und ließ eigene Stücke spielen sowie Schauspiele von

Verfassern, die der Gedankenwelt des Nationalsozialismus nahestanden. Damit setzte er sich jedoch in die Nesseln, denn Göring wünschte ein Theater von Weltgeltung, ein neuer Intendant mußte her. Gustaf Gründgens kam ins Gespräch und übernahm am 26. Februar 1934 die kommissarische Leitung des Theaters. Um Reibereien in der Öffentlichkeit zu vermeiden und die Neubesetzung ohne Fährnisse vornehmen zu können, wurde Johst von Göring und Rust auf eine längere Auslandsreise geschickt. Deswegen mußte Benn als Vertreter Johsts bei der UNS in die Bresche springen und deswegen auch Marinetti empfangen, der am 29. März 1934 auf einem Empfang begrüßt wurde.

Benn griff in seiner Begrüßungsrede auf Thesen und Formulierungen des Expressionismus-Aufsatzes zurück und lobte Marinetti dafür, daß er „die stupide Psychologie" des Naturalismus und des bürgerlichen Romans durchstoßen und die Kunst auf ihr Grundgesetz „Schöpfung und Stil" zurückgeführt habe.[365] Er machte darauf aufmerksam, daß der Futurismus den Faschismus in Italien unterstützte und wies auf das Problem der Form hin: „Form –: in ihrem Namen wurde alles erkämpft, was Sie im neuen Deutschland um sich sehen; Form und Zucht: die beiden Symbole der neuen Reiche; Zucht und Stil im Staat und in der Kunst: die Grundlage des imperativen Weltbildes, das ich kommen sehe. Die ganze Zukunft, die wir haben, ist dies: der Staat und die Kunst".[366] Benn entledigte sich der Aufgabe mit dem Pathos und der Rhetorik, die einer Festrede vor nationalsozialistischen Würdenträgern angemessen waren und sparte nicht mit entsprechenden Floskeln: „Wir freuen uns, daß Sie nach Deutschland gekommen sind in einer Zeit, in der das neue Reich entsteht, an dem mitzuarbeiten der Führer, den wir alle ausnahmslos bewundern, auch die Schriftsteller berufen hat".[367]

Die Ausstellung „Italienische Futuristische Flugmalerei (Aeropittura)" kam allerdings zu einem Zeitpunkt nach Berlin, zu dem der Kampf um die künstlerische Moderne keine neutrale Position mehr zuließ. Goebbels, Göring und Rust gehörten dem Ehrenkomitee an, der Kampfgefährte Mussolinis, Exzellenz Marinetti, nahm von italienischer Seite an der Ausstellung teil. Die Vertreter der Reichsregierung blieben der Eröffnung jedoch fern, weil am Morgen des 28. März im *Völkischen Beobachter* ein Artikel von Rosenbergs Seite erschien, der dem Futurismus „Kunstbolschewismus" vorwarf.[368] Zur Feier in den Ausstellungsräumen der ehemaligen Galerie Flechtheim am Lützowufer verteidigte Rudolf Blümner, der aus den expressionistischen „Sturm-Kreisen" stammte, den Futurismus gegen den Vorwurf „zersetzender Tendenzen". Marinetti stellte die futuristische Malerei als nationalheroische und mit der Rasse unumgänglich verbundene Lebens- und Kunstform dar, Benn beschwor sein imperatives Weltreich.

Es war der Radikalismus, mit dem der neue Staat das Bestehende vernichtete, die „aggressive Utopie",³⁶⁹ die Benn hoffen ließ, daß sich dieser Staat der Kunst annehmen und sie befördern werde: Er ist, selbst nach dem Kriege, keinen Deut von der Überzeugung abgewichen, daß es richtig war, sich für die Reichsregierung des Jahres 1933 auszusprechen. Ende des Jahres 1934 fing Benn an, sich aus den institutionellen Verpflichtungen zu lösen. Im September fuhr er zu Hanns Johst nach Oberallmannsdorf und schlug ihm vor, die ganze UNS aufzulösen. Er machte einen Abstecher nach Oberstdorf, nutzte die Tage, um mit sich ins Reine zu kommen und mußte einsehen, daß er sich mit seinen Hoffnungen auf einen neuen Menschen einer Täuschung hingegeben hatte. An Ina Seidel schrieb er: „Der Geist und die Kunst kommt nicht aus sieghaften, sondern aus zerstörten Naturen, dieser Satz steht für mich fest, u. auch, daß es eine Verwirklichung nicht gibt. Es gibt nur die Form u. den Gedanken. Das ist eine Erkenntnis, die Sie bei Nietzsche noch nicht finden, oder er verbarg sie. Seine blonde Bestie, seine Züchtungskapitel sind immer noch Träume von der Vereinigung von Geist u. Macht. Das ist vorbei. Es sind zwei Reiche. Solange man sich darüber täuschen kann, mag man es tun. Wenn man es aber nicht mehr kann, ist es zu Ende".³⁷⁰

Für seinen Band *Kunst und Macht*, der im Oktober erschien, erwartete er nichts Gutes, denn er würde die *Verteidigung des Expressionismus*, die *Rede auf Marinetti* und den *Lebensweg eines Intellektualisten* enthalten, Essays, mit denen er sich keine Freunde machen würde: Die Zeiten für Meinungen, wenn sie von der Parteilinie abwichen, waren vorbei. Die Besprechungen warteten jedoch mit positiven Urteilen auf, über die unorthodoxen Ansichten schwiegen sich die Rezensenten aus. Wirklich verstanden hat Theodor Heuss die Ambivalenz der Bennschen Situation. In der Zeitschrift *Die Hilfe* sprach er ganz unumwunden von Benns „leidenschaftlichem Bemühen, die politischen Erscheinungen der Zeit mit dem Sinn und Auftrag der Kunst zusammenzudenken", stellte jedoch im gleichen Atemzuge fest, daß dieses Bemühen „zerbricht".³⁷¹ Das Buch sei der „Monolog eines Einsamen und Erschütterten, der von der Gewalt der Zeit erfaßt ist, ihr zugehören möchte, in ihr irgendwie Erfüllungen erspürt und zugleich seine denkerische Position verteidigt". Und dann faßt Heuss nachsichtig und jenseits von Lob oder Tadel sein Urteil über Benn in der denkwürdigen Formulierung zusammen: „Benn baut sich seinen privaten Nationalsozialismus auf". Einfühlsamer hat kein Kritiker Benns innere Konfliktlage für das Jahr 1934 formuliert.

Nachdem für Benn die Entscheidung gefallen war, aus der Union Nationaler Schriftsteller auszutreten, in die er nicht freiwillig eingetreten war,[372] mußte er auch seine wirtschaftliche Situation in Ordnung bringen. Im Winter 1933 entzieht der NS-Ärztebund ihm die Berechtigung, bestimmte Atteste auszustellen und damit die Möglichkeit, durch Gutachtertätigkeit sein Einkommen zu verbessern.[373] Benn sieht sich gezwungen, an Schulungen des NS-Ärztebundes teilzunehmen, da er im Geruch steht, Jude zu sein: „Ich muß wegen meines ärztlichen Berufs natürlich jeden derartigen Zweifel im Keime ersticken, ich würde meine Praxis u. damit meine ganze wirtschaftliche Existenz verlieren, wenn ich nicht mein Ariertum 100% zur Geltung brächte".[374] Da aber im August 1934 in seinem Bezirk nicht genug arische Ärzte praktizieren, wird er verpflichtet, an der Berliner Städtischen Beratungsstelle für Geschlechtskrankheiten eine Vertretung zu übernehmen. Das kommt ihm gelegen, „um das Leben zu fristen, so lächerlich es ist, daß man es immer noch tut".[375] Bei der Stadt Berlin bewirbt er sich um eine Stelle als Angestellter, sein Gesuch wird abgelehnt. Benn war enttäuscht, aber es hätte ja guter Beziehungen zu den Funktionären der NS-Ärzteschaft bedurft, um ohne Parteibuch in den medizinischen Verwaltungsapparat Berlins einrücken zu können.

Als Alternative blieb nur eine Verwendung in der Reichswehr. Hier hoffte Benn seine Tage gewissermaßen als Angestellter zu verbringen: feste Arbeitszeiten, geregelter Urlaub, freie Wochenenden. Auch brauchte er kein Parteibuch, um die Beziehungen zu den alten Pépinière-Kameraden wieder zu beleben, die aktiv geblieben waren und nun in der Militärverwaltung an den Hebeln saßen. Der Chef des Stabes der Heeressanitätsinspektion in Berlin, Generaloberarzt Dr. Walther Kittel, sorgte dafür, daß Benn als Oberstabsarzt reaktiviert werden konnte. Das Weihnachtsfest 1934 verbrachte er bei seiner Tochter in Kopenhagen, bei Tilly Wedekind entschuldigte er sich dafür, ihr wegen Geldmangel keine kostbaren Geschenke machen zu können. Kaum war er nach Berlin zurückgekehrt, mußte er seinen Verlag bitten, ihm einhundert Mark zu leihen.[376]

Benn betonte Oelze gegenüber, daß seine kümmerliche Existenz ihn zu dem „Milieuwechsel" veranlaßte: „Hier ist es zu Ende. Nicht allein wirtschaftlich, vor allem geistig, was die Technik der Produktion angeht, die innere. Ausgeschöpft, leer".[377] Benn konnte sich als Journalist nicht mehr zu den in der Öffentlichkeit diskutierten Fragen äußern, denn der Affekt, der seine Schreiblust bestimmt hatte, hatte sich erschöpft. In den Abschiedsbriefen, die er Ende März 1935 schrieb, spricht er oft von seiner Verlorenheit, er war sich über die Schwere der Krise klar: „In Berlin ist meine Lage unhaltbar geworden, wirtschaftlich, beruflich und vollends, Sie wissen, literarisch".[378] Benn sucht die Abgeschiedenheit des Militärdienstes und ist froh, „fort zu sein aus dem ganzen Geistes- und Kulturrummel. Auswege gibt es ja nicht mehr, wir sitzen in der Falle drin und benagen nur noch das Stück Speck, bis er alle ist".[379] Es dauerte noch zehn Jahre, bis sich die Falle wieder öffnete und den Weg frei gab für eine neue Rolle Benns im kulturellen Leben, das sich nach dem Zweiten Weltkrieg in Berlin und den alliierten Zonen entfaltete. An Ina Seidel schickt er zu Weihnachten 1934 das neue Paßphoto für den Truppenausweis und zum Abschied ein Gedicht, das seine Ambivalenzen und inneren Schwierigkeiten zum Ausdruck bringt:[380]

Das Ganze
Im Taumel war ein Teil, ein Teil in Tränen,
in manchen Stunden war ein Schein und mehr,
in diesen Jahren war das Herz, – in jenen
waren die Stürme – wessen Stürme – ? – wer –?
Der sah dich hart, der andre sah dich milder,
der, wie es ordnet; der, wie es zerstört,
doch was sie sahn, das waren halbe Bilder,
weil dir das Ganze nur allein gehört.

10 Hannover, Berlin, Landsberg (1935–1945)

Man muß die schlechte wirtschaftliche Lage als Voraussetzung für den Entschluß, Berlin zu verlassen, ernstnehmen: Benn weist noch im Brief vom 18. November 1934 an Oelze darauf hin: „Möglich, dass ich hier alles hinter mir lasse: Wohnung, Praxis, Berlin u. in die Reichswehr zurückkehre, man hat mir von da eine ganz günstige Offerte gemacht. Dann hätte ich wirtschaftlich etwas Ruhe u. müsste alle Verbindungen lösen, die ich hier habe". An dieser Stelle steht auch der später so berühmt gewordene Satz: „*Raus* aus allem; u. die R.[eichs] W.[wehr] ist die aristokratische Form der Emigrierung!".[381]

Diese Formulierung hat ihm so gut gefallen, daß er sie kurz darauf auch Ina Seidel mitteilt.[382] Sie ist oft mißverstanden worden, so als hätte er den Rückzug in die Armee als die „bessere" Form der Emigration gegen die „plebejische" Flucht der literarischen Emigranten ausgespielt. Aber Benn hatte einen anderen Zusammenhang im Sinn: Die aristokratische, das heißt die in der Armee isolierte, die schweigende, die mönchische Form. Das geht aus einem Brief an Paul Hindemith deutlich hervor, in dem er über die gesellschaftlichen Ansprüche einer durch die nationalsozialistische Partei bestimmten Gesellschaft spricht und die Schwierigkeit, damit umzugehen. Hindemith hatte für das Winterhilfswerk mit der Büchse gesammelt, was Benn ironisch kommentiert und zum Anlaß nimmt, seine eigene Lösung im Umgang mit dem gesellschaftlichen Druck mitzuteilen. Der Rückzug sei – verglichen mit der Anpassung – nicht weniger bitter: „Offizier –: das ist eine Art von Mönchtum", schreibt er ihm nach einem Dreivierteljahr hannoverscher Erfahrung, „eine vielleicht aristokratische und unauffällige, am nächsten den *Trappisten* stehend wegen des absoluten Schweigens, zu dem man verpflichtet ist u. zu dem man sich erzieht".[383]

Am 1. April 1935 ist es soweit: „Skeptischer, kälter, erwartungsloser kann man ein neues Leben nicht beginnen, als ich es hier tue".[384] Geographischer Ort für das Experiment der radikalen Lebenswende wird die norddeutsche Provinzstadt Hannover, über die er sich zu Beginn noch günstig äußert, die er aber mit zunehmender Dauer des Aufenthalts abschätzig beurteilt: „Diese trostlose Stadt",[385] „solche Dörfer wie Hannover".[386] Den fast fünfzigjährigen Dichter, der vorerst in möblierten Zimmern zur Untermiete wohnen muß, bringt der Weggang von Berlin in eine äußerst labile Stimmung. Aber Benn kann zumindest an eine ihm vertraute und nicht unangenehme Erfahrung, nämlich den militärischen Dienst, anknüpfen: Diese „keineswegs unmenschliche, aber kalte Atmosphäre des Unpersönlichen, des Sachlichen an sich" scheint ihm nach den Jahren der Selbständigkeit geradezu bequem.[387] Als selbständiger Leiter der Abteilung IV b hatte Benn der Aufbau des Heeressanitätswesens der Wehrersatzkommandos Hannover, Braunschweig, Celle, Göttingen, Goslar, Hameln und Hildesheim unter sich: Mit dem „Gesetz zur Wiedererlangung der Wehrhoheit und der Wehrfreiheit" war am 16. März die allgemeine Wehrpflicht wieder eingeführt worden. Benn mußte für die Organisation der Lazarette sorgen, Lehrgänge für die untergebenen Dienststellen planen und Kommandeursbesprechungen anberaumen.[388] Er bezog ein eigenes Büro mit Personal und wurde nach einer Probezeit von sechs Monaten, in der er in Zivil Dienst tat, am 1. Oktober 1935 als Oberstabsarzt in die Wehrmacht übernommen. Benn war jetzt Sanitätsoffizier, sein militärischer Status trat mit der Uniform sichtbar in Erscheinung: „Seit heute Nacht 12 h bin ich nun also im bürgerlichen Sinne geborgen, Knochenbrüche u. Kopfschüsse kosten mich nichts mehr, ich kann meinen Kadaver auf Staatskosten in ein Lazarett packen [sic]. Nicht zu unterschätzen, alles; noch dazu von einem Mann, der manchmal durchaus nicht in der Lage war, auch nur 1 Woche zu erkranken, sich in eine Klinik zu legen, ja auch nur die Fahrkosten für ein Krankenauto ohne Schwierigkeiten aufzubringen".[389]

Der militärische Dienst, so sehr er zu seinem Leben gehörte, war doch nach fast zwanzig Jahren Unterbrechung eine existentielle Wasserscheide: „Ich lebe wie ein Mönch: esse wenig, lebe von Früchten, kein Alcohol, gehe um 9 schlafen. Teils, um es körperlich überhaupt auszuhalten, dem enormen inneren Verzehr, den diese Umschaltung anrichtet, nicht zu erliegen".[390] Die Dialektik zwischen der Uniform und ihrem Träger beschäftigt ihn eindringlich. Er fühlt sich in diesem Kleidungsstück zwar unglücklich, läßt aber dessen Wirkung nicht aus den Augen: „Doch eine dolle Sache, wie einen sowas beherrscht, gefangen nimmt, umarbeitet".[391]

Von nun an wird „das bewußte Aufspalten der Persönlichkeit",[392] das „Doppelleben", das er als Arzt und Dichter schon immer geführt hatte, zur Notwendigkeit und zur theoretisch fundierten Maxime seines künftigen Lebens. Der Begriff deckt nicht nur „die besondere Form der Tarnung"[393] als Strategie des Überlebens ab, er spiegelt auch den existentiellen Gegensatz von Geist und Macht. Auf dem Glauben von der Unversöhnlichkeit dieser beiden Reiche ruht Benns Überzeugung, daß die „Doppelexistenz"[394] eine ihm gemäße Form des Lebens sei, die er ironisch so faßt: „Hier [in Hannover] bietet sich eine köstliche Gelegenheit zu Doppelleben u. Dämonenzauber, am Tage jawohl u. zu Befehl u. den Hintern rausgestreckt u. abends Destruktion u. Rassenschande".[395]

Genießerisch malt er in Briefen an Oelze die Diskrepanz zwischen dem inferioren Amtsgeschäft und seinem internationalen Ruhm aus. Leider gehören auch die gesellschaftlichen Zwänge zum militärischen Leben, die entnervenden Einladungen „intra Kamerados", denen Benn sehr zurückhaltend gegenübersteht und denen er doch ausgiebig nachkommt. Niemand soll hinter der Maske des korrekt gekleideten Offiziers, der Herrenabende mit kaltem Buffet ausrichtet, den Vorgesetzten die Hand schüttelt, Reden hält und Gegenreden anhört, den Dichter suchen, der diesen militärischen Koloß aus Halbbildung und Ehrauffassung sehr zwiespältig erlebt: „Gute Tarnung ist Handelsfreiheit nach Innen [sic], sage ich mir, nur darauf kann es mir ankommen. Vollendete Höflichkeit – das hält doch alle ab zunahzukommen, nur daran liegt mir. Es ist doch ein ewiger Kampf, die Leute nicht mein Gesicht sehn zu lassen, bei jeder Unterhaltung auf Treppen, Strasse u. Büros".[396]

Die Beobachtung der täglichen Vorgänge nimmt ihn gefangen, der gesellschaftliche Umgang beschäftigt ihn, er hat den Karrieredrang des Offizierskorps und das Strebertum der Kameraden im Visier. Einerseits bleibt das Milieu ihm fremd, wie schon damals in Brüssel. Andererseits versöhnen ihn formale Qualitäten, er schätzt das Knappe, Funktionale in den Beziehungen: „*Kommandeur*besprechung hier, grosse Sache. Dienstanzug, 10 Minuten Dauer. Keine Weitschweifigkeiten, nur das Aktuelle".[397] Die von jeder Zufälligkeit entblößte Planung eines Mobilmachungskalenders fasziniert ihn, Benn sieht Zusammenhänge zwischen Dienst und Kunst im Einhalten von Sekunde, Komma und Millimeter, hier wittert er Form und Artistik, dem Wort „exact" spendet er großes Lob,[398] das Militärische als Gegenbild zum verhaßten Dilettantismus.

Seine Stellung zwingt Benn zu gesellschaftlichen Kontakten mit dem Großgrundbesitz, dem Garde- und Kavallerieadel, an dem er die „in jedem Wort, in jeder Nuance der Lebensäußerung durchschlagende Einheitlichkeit" bewundert:[399] „Nächst dem jüdischen ist mir ja das adlige das liebste Milieu. Auch hier etwas Überlegenes u. man könnte sagen: Unnordisches, eben: Verfeinerung".[400] Zwar werden auf solchen Soiréen Benns alte Außenseiterängste wieder spürbar, er fühlt sich gehemmt. Aber er geht auch aus sich heraus und präsentiert sich in der vollendeten Manier eines Globetrotters: „Ich bin nun also ein gepflegter Bonvivant u. Causeur geworden – eine meiner neuen Masken".[401] In der Ablehnung des NS-Regimes weiß Benn sich mit den Adligen einig: „Innerlich sind sie ja vollkommen – Du weißt, was ich meine – *meiner* Ansicht".[402]

Zunehmend jedoch öden ihn die gesellschaftlichen Materialschlachten an. Er versucht, aus der Lage das Beste zu machen und bezieht nach langem Untermieterdasein am 1. Januar 1936 endlich eine eigene Wohnung, drei Zimmer, alle nach hinten liegend und auf einen Hof gehend, sehr ruhig, 1. Etage, Arnswaldtstraße 3.[403] Während des Sommers macht Benn Wochenendausflüge mit dem Autobus in die norddeutsche Landschaft, Lüneburger Heide, Deister, Solling. Er fährt zu den Externsteinen und zum Hermannsdenkmal, auch nach Pyrmont, wo er im Kurpark das Wasser trinkende „Chimpansenvolk"[404] beobachtet. Er besichtigt Bodenwerder, Hannoversch-Münden, Hameln und Celle, Wolfenbüttel und Minden, läßt sich auf dem Steinhuder Meer segeln und verbringt in der Holsteinischen Schweiz einige „gedichtgebärende Wochen".[405]

Auf diesen Stromerfahrten empfindet Benn die Ferne zur Großstadt Berlin besonders bitter. Überall entdeckt er „das Plumpe, Unbewegbare, Sture, Versackte": „Dies Versagen am Ausdruck, das das norddeutsche Land so kennzeichnet. [...] Wie unsäglich dünn ist die Elite über ein Land verteilt, was für eine winzige schwache Oberschicht, in der der Gedanke, das eigentliche Sein, der Ausdruck, das Verfeinerte da ist – wie gigantisch ihr gegenüber das durchschnittliche Massiv, das Plumpe, Unbewegbare, Sture, Versackte".[406] Dabei haben diese Reisen in die Umgebung durchaus produktive Funktion, denn Landschaft empfand Benn „immer als notwendige Voraussetzung für Lyrikproduktion", wobei zur Landschaft auch Gärten und Parks gehören.[407]

Die stumpfsinnige Verwaltungsarbeit mit ihren Ressortvorträgen und Reserveoffiziers-Schulungen setzt Benn stark zu. Gleichwohl sorgt er für seine Unterhaltung, besucht Oper und Schauspielhaus, gelegentlich den Zoo. Am meisten fesselt ihn das Kino, er läßt kaum eine interessante Filmaufführung aus.

Trotz aller Mißstimmungen und trotz des ermüdenden Dienstes ist Benn literarisch sehr produktiv, die Topographie Hannovers wird ihm vertraut; bei „Kröpcke", einem repräsentativen Café der Stadtmitte, wo auch die Dirnen verkehren, müht er sich mit neuen Gedichten, fast jeden Abend verbringt er zudem in der Stadthalle, „meiner neuesten Schwärmerei: Links Wein, r[echts] Bier Terrasse, in der Mitte eine Kapelle, wenig Menschen, vor einem ein bisher völlig unveränderliches Gemälde: ein Bassin mit 2 Schwänen, eingefaßt von Alleen u. Blumenbeeten, ‚in die Ferne sich verlierend', weiträumige Perspective, jeden Abend atme ich auf, wenn ich mich niederlasse".[408]

Hier notiert Benn auf Rückseiten von Speisekarten später berühmt gewordene Strophen, etwa die von ihm ironisch so genannte *Stadthallenelegie*, die er am 6. August 1935 an Oelze schickt:

> Tag, der den Sommer endet
> Herz, dem das Zeichen fiel:
> Die Flammen sind versendet,
> die Fluten und das Spiel!

> Die Bilder werden blasser,
> entrücken sich der Zeit,
> wohl spiegelt sie noch ein Wasser,
> doch auch dies Wasser ist weit.
>
> Du hast eine Schlacht erfahren,
> Trägst noch ihr Stürmen, ihr Fliehn,
> indessen die Schwärme, die Schaaren,
> die Heere weiterziehn.
>
> Rosen- u. Waffen-Spanner,
> Pfeile u. Flammen weit –:
> die Zeichen sinken, die Banner –:
> Unwiederbringlichkeit!

Hier entsteht das Gedicht *Astern*, und unter die Strophen *Am Saum des nordischen Meers* schreibt er am 3. September 1935: „Eine Erinnerung. In der ‚Stadthalle' nochmals überdacht".[409]

Außer den dienstlichen Beziehungen hatte Benn während der Hannoverschen Jahre nur wenige persönliche Kontakte. Ab und zu besuchen ihn Freunde, Erich Reiss etwa oder der Gefährte der Jugend, Egmont Seyerlen, mit dem sich Benn im „Weinhaus Wolf" trifft: „Es war nett, mal wieder mit einem Menschen seiner Epoche u. seiner Gedankengänge zu reden. S.[eyerlen] ist ja recht begabt immer gewesen u. hat Organ für Probleme u. Kunst".[410] Frank Maraun, Redakteur an der *Berliner Börsenzeitung*, der mehrfach über Benn geschrieben hatte, kam nach Hannover, die Freundin Gertrud Zenzes, seine Tochter Nele, seine Schwester Edith schauen vorbei. Öfters traf er sich mit Oelze im vornehmen „Hotel Kasten", um über die Lage zu sprechen.

Benn dichtet in Hannover keineswegs für die Schublade. Das *Berliner Tageblatt*, das Berliner *8-Uhr-Abendblatt* und *Die Literatur* drucken seine Strophen. In der Reihe *Das Gedicht* bei Ellermann in Hamburg erscheint im Januar 1936 ein schmales Heft, das er Freund Oelze widmet, bei dem er sich auch dafür entschuldigt, „dass die kleine Veröffentlichung nicht auffälliger u. prunkvoller erfolgte, aber es geht für mich im Augenblick nicht. Ich muss, wenn ich überhaupt publiziere, das etwas Unbemerkte bevorzugen, ich möchte nicht, daß meine Dienststellen viel davon bemerken":[411] Die dichterische soll der soldatischen Existenz nicht ins Gehege kommen.

Benns Vorsicht ist doppelt begründet. Zum einen wäre sein Dichten der Armee suspekt, zum anderen scheint es ratsam, sich möglichst aus den bestehenden Cliquen und Parteiungen herauszuhalten: „Es ist wohl der dauernde Spannungszustand, in dem man sich befindet, denn es ist doch eine schwer funkenschwangere Atmosphäre, jeden Augenblick *kann* es einschlagen, *jedes* Wort mußt Du Dir überlegen, auch privat, zu wem Du sprichst, vor welchen Ohren, worüber".[412]

Aber das Doppelleben läßt sich nicht durchhalten. Die umsichtige Mimikry wird durch ein öffentliches Ereignis enttarnt, Benns fünfzigsten Geburtstag am 2. Mai 1936. Oelze hatte im Januar 1935 eine Auswahl aus der Lyrik für eine Sammlung angeregt. Deswegen beschäftigt sich Benn noch einmal mit seinen *Gesammelten Gedichten* von 1927 und ist verblüfft über die Originalität seiner frühen Produktion, die auf neue Zusammenhänge und Umschichtungen des Gefühls hindeutete. In der Lektüre begegnet sich Benn historisch, er spricht vom Dichter der frühen Gedichte (*Fleisch,* 1917) wie von einem Toten: „Wie bin ich blos [sic] auf so unglaubliche Vergleiche, Worte, Zusammenstellungen, Erlebnisse gekommen, wie beweglich muss noch alles in mir gewesen sein, jung, unbeschwert, leichtsinnig, schwärmerisch".[413] Und während Benn tagsüber sanitärtaktische Kriegsspiele vorbereitet, begrübelt er spätabends, zwischen Migränen und Gallenschmerzen, die Auswahl des Gedichtbandes, der bei der Deutschen Verlagsanstalt (DVA) erscheinen soll.

Der Wunsch der DVA, einen historischen Querschnitt der Lyrik Benns auf den Markt zu bringen, in dem die expressionistischen Gedichte natürlich nicht fehlen durften, war 1936, zwei Jahre nach Ende des Kulturkampfes, ein riskantes Unterfangen. Aber konnte Benn eine solche Gelegenheit ungenutzt vorbeigehen lassen? Schließlich bot der angesehene Name des Verlags, dessen Generaldirektor Dr. Gustav Kilpper sich im Umgang mit der Reichsschrifttumskammer auskannte, eine Garantie für die Unbedenklichkeit der Unternehmung – ein Irrtum, der Benn teuer zu stehen kam.

Seinen Geburtstag verbringt er mit seiner Tochter Nele in Hamburg, und wenn er die Zeitungen aufschlägt, findet er sich in langen Artikeln gewürdigt. Schon am 30. April hatte er abends im Café Kröpcke zufällig den Artikel von Erich Pfeiffer-Belli mit der Überschrift „Der Fünfzigjährige" im *Berliner Tageblatt,* das ein Herr am Nebentisch las, gesehen: „Eine Erschütterung ohnegleichen. Das andere, das abgedeckte Leben bricht plötzlich wieder herein, alle seine Dämonen, Kämpfe, Qualen, Widernatürlichkeiten, seine Neurosen, Beengungen, sein tierisches Müssen in die einzigen Ausgänge: die Worte".[414]

Die Freunde und bekannten Kritiker erweisen dem Dichter ihre Reverenz. Glückwunschartikel von Egon Vietta und Carl Werkshagen erscheinen. Frank Maraun versucht, Benn als einen Kämpfer für den Nationalsozialismus hinzustellen und den Verdacht auf einen jüdischen Intellektualismus abzulenken.

Diese Apologie kam wie gerufen. Denn während der Dichter noch mit seiner Tochter am Jungfernstieg die Möwen füttert, wird bereits der Text geschrieben, der sein Doppelleben in das Licht der Öffentlichkeit zerrt und ihn in eine bedrohliche Lage bringt. Am 7. Mai 1936 erscheint in der Wochenzeitung *Das Schwarze Korps*, dem offiziellen Organ der Reichsführung SS, unter dem Titel *Der Selbsterreger*, ein bösartiger Angriff. Stein des Anstoßes sind die expressionistischen Gedichte *(Krebsbaracke, D-Zug, Synthese)*, die der anonyme Verfasser im Stil völkischer Hetze anprangert: „Aber Herr Benn wühlt seinen Stift nicht nur in stinkende Wunden, er macht auch in Erotik, und wie er das macht, das befähigt ihn glatt zum Nachfolger jener, die man wegen ihrer widernatürlichen Schweinereien aus dem Hause jagte. Gib es auf, Dichter Benn, die Zeiten für derartige Ferkeleien sind endgültig vorbei, daran ändert auch nichts die Tatsache, daß der Verleger vorsichtshalber unter den Titel setzte: 1911–1936".[415]

Wenn Benn sich Oelze gegenüber noch im Januar erstaunt über die Qualität seiner expressionistischen Produktion äußerte, hatte er eine Vorahnung von der Einschätzung, die seine frühen Gedichte im NS-Staat finden würden. Denn deren Unvereinbarkeit mit einer kleinbürgerlichen, spießigen Kunstauffassung, die nun zum staatlichen Credo gehörte, war ihm ja bekannt. Mitte April bittet er Frank Maraun vorsorglich um eine Besprechung der *Ausgewählten Gedichte,* weist aber darauf hin, daß die Veröffentlichung auf Schwierigkeiten stoßen wird: „Der Band beginnt mit einem *Prolog,* gereimte Weltanschauung à la Benn, der gänzlich im Gegensatz steht zum Reichskultursenat und zu allem, was heute als Kunst und Aufbau gilt. Er beginnt: ‚Verfeinerung, Abstieg, Trauer' – er führt dies als schöpferisches Prinzip vor. Wissen Sie, ich mache diese subalterne Kunstpolitik nicht mehr mit. Ich bin 50 Jahre, – soll man mich erschießen".[416]

Der Angriff des SS-Blattes war ihm anonym und mit einem Zettel „geiler Mistfink"[417] übersandt worden, womit der Rächer aus dem Dunkel, ohne es zu wissen, genau die Klippe benennt, an der Benn zu scheitern droht, nämlich die Spießermoral. Benns militärische Ehre stand auf dem Spiel. Für die Wehrmacht wäre er untragbar geworden, wenn ein Ehrengerichtsverfahren bestätigt hätte, daß seine Gedichte „Ferkeleien" ausbreiteten.

Benn ist zunächst unentschieden. Soll er das Ganze auf sich beruhen lassen in der Hoffnung, es würde nicht ruchbar? Die Chancen dafür sind gering, und da der *Völkische Beobachter (Norddeutsche Ausgabe)* den Artikel am 8. Mai gekürzt übernimmt, entschließt er sich zu einer dienstlichen Meldung, nicht ohne eine Verteidigungslinie aufzubauen. Er bittet Staatsrat und SS-Oberführer Johst, der als Vorsitzender der Dichterakademie und Präsident der Reichsschrifttumskammer einflußreich ist, um eine Ehrenerklärung. Per Eilbrief wendet er sich zudem an seinen alten Studienkameraden Professor Walther Kittel, der eine maßgebliche Stellung als Sanitätsoffizier im Reichskriegsministerium bekleidet und der ihm bereits bei seiner Reaktivierung geholfen hatte. Gleichzeitig legt er positive Rezensionen des Bandes vor. Dabei fürchtet Benn nicht – was immer übersehen wird – die Verfolgung durch die Geheime Staatspolizei, den Parteiapparat oder die NS-Zensur, die ihm nichts anhaben können: Die Veröffentlichung der Gedichtsammlung erfolgte nicht illegal, der Autor war seit dem 28. Dezember 1933 Mitglied der Reichsschrifttumskammer und hatte das Recht zu veröffentlichen. Das *Schwarze Korps* war eine Wochenzeitung, die ab Februar 1935 erschien. Sie stützte sich unter der Ägide von zwei Schriftleitern hauptsächlich auf freie Mitarbeiter, deren anonyme Artikel von der Denunziation lebten, so daß die Zeitung von Parteigenossen auch „Reichsbeschwerdestelle" genannt wurde.[418] Eine Gefahr für Benn stellte ausschließlich die Nachstellung durch die Militärbehörden dar. Sie könnten moralische Bedenken gegen seine Dichtungen vorbringen, das Ansehen der Wehrmacht dadurch befleckt sehen und durch ein Ehrengerichtsverfahren seine Entlassung betreiben: „Das bedeutet natürlich für einen Offizier den Abschied, wenn er sich nicht rehabilitieren kann. Wer soll mich in dem Fall rehabilitieren? Wer Offizieren klarmachen und beweisen, daß meine Gedichte keine Ferkeleien sind sondern wertvoll?".[419]

Ein Ausscheiden aus der Armee aber wäre existenzbedrohend geworden, denn schließlich hatte Benn seine Praxis zwei Jahre vorher wegen der finanziellen Misere aufgegeben. Auch ist er kein Parteimitglied, was eine Zustimmung der ärztlichen NS-Behörden zur Praxiseröffnung bei unehrenhafter Entlassung aus der Armee unwahrscheinlich gemacht hätte.

Benn kommt die Spannung zwischen Wehrmacht und Partei zu Hilfe. Sein Vorgesetzter in Hannover, Generalmajor Ferdinand von Zepelin, stellt sich schützend vor ihn. Der Artikel im *Schwarzen Korps* sei „so niedrig und schmutzig, daß ich mich nicht darum zu kümmern brauchte. Meine Offiziersehre würde beleidigt, wenn ich auf sie reagierte, aber nicht dadurch, daß diese Lumpen mich angriffen", schreibt Benn an Tilly Wedekind am 11. Mai 1936.[420] Allerdings hatte er eine ehrenwörtliche Erklärung abzugeben, daß er nicht homosexuell sei, da das *Schwarze Korps* von „warmer Luft" gesprochen hatte. Die Entscheidung des Vorgesetzten wird gestützt durch eine telegraphische Ehrenerklärung Johsts, der auch verhindert, daß die „Parteiamtliche Prüfungskommission zum Schutze des nationalsozialistischen Schrifttums", die „Reichsrundfunkgesellschaft" und das „Geheime Staatspolizeiamt", das unberechtigterweise von der Parteiamtlichen Prüfungskommission eingeschaltet worden war, gegen den Verlag Schritte unternehmen. Da verschiedene Behörden des Dritten Reiches, das Propagandaministerium, das Amt Rosenberg oder die Parteiamtliche Prüfungskommission sogenannte „Schrifttumsabteilungen" hatten, kam es zu Kompetenzstreitigkeiten und Intrigen.

Obwohl Benn mit heiler Haut davonkommt, behält er ein zwiespältiges Gefühl zurück. Denn seine Sicherheit in der Wehrmacht muß er mit der Einschränkung seiner Freiheit als Schriftsteller erkaufen. Auf Oelzes Mahnung, sein Werk dürfe nicht „in Manuskriptschränken schweigen", antwortet er: „Schreiben kann und darf ich nichts mehr, wenigstens nichts mehr veröffentlichen, solange ich Soldat bin".[421] Es handelt sich also um eine Rücksichtnahme gegenüber seiner Stellung in der Wehrmacht, wenn Benn sich von jetzt an zurückhält. Oft wird behauptet, er habe sich der NS-Partei erst angedient, diese habe ihn angegriffen und dann „fallengelassen".[422] Das ist eine Vorstellung, die über die komplizierte Wirklichkeit der ersten Jahre des Nationalsozialismus nichts weiß. Weder die staatliche Bürokratie noch die Parteibehörden waren an Benn interessiert. Als Mitglied der Reichsschrifttumskammer wäre es ihm durchaus möglich gewesen, weiterhin Gedichte und Texte in die Feuilletons der Zeitungen zu bringen. Die Veröffentlichung der frühen Gedichte war nach der Debatte über den Expressionismus nicht opportun: Auf der Leipziger Frühjahrsmesse muß sich die Deutsche Verlagsanstalt deswegen von Verleger-Kollegen „Unvorsichtigkeit" vorhalten lassen. Und auch Ina Seidel kritisiert in einem Brief an Benn die Verlagspolitik: „Ich konnte nicht umhin, Herrn Dr. Kilpper einen Vorwurf daraus zu machen, dass er Ihnen nicht davon abgeraten hat, die Gedichte aus früheren Perioden, von denen vorauszusehen war, wie sie von den heute tonangebenden Leuten beurteilt werden müßten, neu zu veröffentlichen. Ich bin der Meinung, dass man das nur tun kann, wenn man willens und in der Lage ist, sich über alle Folgen hinwegzusetzen, und das sind Sie, der dem heutigen Staat doch dient, eigentlich nicht, und Kilppers Verlegerinstinkt hätte ihm sagen müssen, welches Echo gerade diese Gedichte finden würden".[423]

Aber die Affäre hat noch ein politisches Nachspiel. Am 4. August 1936 wandte sich die „Parteiamtliche Prüfungskommission zum Schutze des NS-Schrifttums", die eine Vermarktung von NS-Ideengut durch unberufene „Konjunkturritter" und notorische „Systemverlage" verhindern sollte, an die DVA und verbietet bei der Werbung für das Buch eine Bezugnahme auf den Nationalsozialismus. Wahrscheinlich ist der Satz „Benn ist ein warnender Seher und Führer in die neue Zeit" aus einer Besprechung der *Magdeburger Zeitung* gemeint, der vom Verlag in Prospekten und Anzeigen angeführt wird,[424] denn der Begriff „Führer" war ausschließlich für die Person Hitlers reserviert. In diesem Sinne ist der Vorwurf der Parteiamtlichen Prüfungskommission zu verstehen, die Schrift könne „nicht für sich in Anspruch nehmen, den Geist der Bewegung zu vertreten".[425] Die Parteiamtliche Prüfungskommission besteht auf der

Entfernung von vier Gedichten: *D-Zug, Untergrundbahn, O Nacht* und *Synthese*. Der Verlag entfernt überdies das Gedicht *Mann und Frau gehen durch die Krebsbaracke*, das das *Schwarze Korps* ebenfalls angeprangert hatte. Das Ende vom Lied: Der Band *Gesammelte Gedichte 1911–1936* erscheint Ende des Jahres in einer veränderten Auflage, die inkriminierten expressionistischen Gedichte werden durch sieben Hannoversche Gedichte des Jahres 1936 ersetzt. Dann kann das Buch „stillschweigend u. ohne Propaganda" weiter vertrieben werden. „Ich bin nicht sicher, daß ich darauf eingehe. Mir wäre es lieber, sie verböten es ganz".[426]

Benn läßt sich jedoch nicht einschüchtern und bietet entgegen seinen Vorsätzen im Dezember 1936 der Zeitschrift *Literatur* drei Gedichte an: Sie erscheinen im Januar 1937.[427] Ende August faßt er die Erfahrungen der letzten vier Monate in einem Gedicht zusammen, das er Oelze auf einer Briefkarte mit der Bemerkung übersendet: „Bedarf keiner besonderen Antwort!":[428]

Einsamer nie als im August:
Erfüllungsstunde; im Gelände
Die roten u. die goldenen Brände,
doch wo ist deiner Gärten Lust?

Die Seen hell, die Himmel weich,
Die Äcker rein u. glänzen leise,
doch wo sind Sieg u. Siegbeweise
aus dem von Dir vertretenen Reich?

Wo alles sich durch Glück beweist
u. tauscht den Blick u. tauscht die Ringe
im Weingeruch, im Rausch der Dinge –,
dienst Du dem Gegen-Glück, dem Geist.

Die tägliche Belastung durch die Zuständigkeit für den Ausbau des gesamten Lazarettwesens seines Wehrbezirkskommandos erschöpft Benn mehr und mehr, er sehnt sich nach Berlin zurück, und er betreibt seine Versetzung in die Reichshauptstadt. Die Schwierigkeit besteht jedoch darin, daß er ein Verwaltungsspezialist für bestimmte Fragen der Mobilmachung ist.

Seit dem Frühjahr 1936 arbeitet er an dem einzigen dichterischen Prosastück, in dem er die Quintessenz der Hannoverschen Zeit zieht. Der Titel *Weinhaus Wolf* nimmt Bezug auf „Friedrich Wolfs Weingroßhandlung und Weinstuben", ein Lokal, das sich unweit seiner Wohnung befindet. Der Text trägt, wie meistens, autobiographische Züge. Auf regelmäßige Lokalbesuche bezieht sich die Erinnerung Ernst Wolfs, des Sohnes der Wirtin: „Benn besuchte uns in feldgrauer Wehrmachtsuniform, aber auch in Zivil. Er setzte sich immer abseits an einen ruhigen Tisch, den Abendschoppengästen den Rücken zugekehrt. Er trank immer seine 2 Schoppen deutschen Wein, den meine Mutter oder ich ihm brachte. Er war immer sehr deprimiert, hatte das Bedürfnis[,] sich meiner Mutter mitzuteilen (mit sehr leiser Stimme) und bat sie oft an seinem Tisch platzzunehmen [sic]".[429]

Ein paar Stufen führen in die große Gaststube, hier zieht er sich zurück, um die Gedanken, die vorher in Briefen den Weg zu Oelze nach Bremen gefunden haben, zu ordnen und in die Form eines Essays zu bringen: „Eigentlich ist es nur eine Zusammenfassung alles dessen, was in unseren Briefen, den Hannoverschen Briefen, der letzten zwei Jahre stand".[430] Bis in die wortwörtliche Formulierung hinein hat Benn Einfälle aus der Korrespondenz mit Oelze in die Prosa eingeschmolzen. Im Januar 1936 liest er Goethes *Novelle*; auf ihn wirkt sie wie eine Karikatur: „Betrachten Sie das Ganze: wilde Tiere brechen aus einer Menagerie aus *u. alles verläuft harmonisch!* Das Säuseln eines Knaben besänftigt die Natur".[431]

Im *Weinhaus Wolf* benutzt Benn diese Formulierung dann, um die Vorstellung von Harmonie zu diskreditieren, die er bei Goethe für eine Sache der Geheimratsbehaglichkeit hält: „Eine Menagerie fängt Feuer, die Buden brennen ab, die Tiger brechen aus, die Löwen sind los – und alles verläuft harmonisch. Nein, diese Epoche war vorbei, diese Erde abgebrannt, von Blitzen enthäutet, wund, heute bissen die Tiger".[432] Die große Klammer aller Gedankengänge dieser Jahre bildet die Frage nach der Geschichte, ihrem Sinn, ihrem Verlauf. Anläßlich der Lektüre von Tolstois *Krieg und Frieden* schreibt Benn am 5. März 1937 an Oelze: „Ich komme endlich dahinter, daß *alle* großen Geister der weißen Rasse seit 500 Jahren die eigentliche innere Aufgabe darin erblickten, ihren Nihilismus zu bekämpfen u. zu verschleiern. Dürer, Goethe, Beethoven, Balzac, alle!" Und so liest sich diese Reflexion im *Weinhaus Wolf*: „Alle großen Geister der weißen Völker haben, das ist ganz offenbar, nur die eine innere Aufgabe empfunden, ihren Nihilismus schöpferisch zu überdecken. Dieses Grundgefühl, das sich mit den verschiedensten zeitgebundenen Strömungen durchflocht – mit dem religiösen bei Dürer, dem moralischen bei Tolstoi, dem erkenntnismäßigen bei Kant, dem anthropologischen bei Goethe, dem kapitalistischen bei Balzac – war das Grundelement aller ihrer Arbeiten".[433]

Angesichts der politischen Situation prüft Benn die geistige Lage der weißen Völker und ihre Berechtigung, die übrigen Völker zu leiten. Wodurch können sie ihren Herrschaftsanspruch legitimieren? Wer macht Geschichte? Eben jene Vertreter der weißen Rasse, die im *Weinhaus Wolf* am Nebentisch sitzen, die sich durch nichts auszeichnen als durch „Genuß, wippiges Lachen, Niederkämpfen der Konkurrenz, wirtschaftliche Triumphe und wiederum vor den Witwen von Geschäftsfreunden Beileid. Individualitäten! Orgasmus zu seiner Stunde, später Weihwasser, auch Teilnahme an Festen".[434]

Benn putzt die spießige Lebensphilosophie und ihre Begründung im positiven Fortgang der Geschichte sarkastisch herunter, und zum ersten Mal wird in seiner Prosa die Unversöhnlichkeit der Spaltung zwischen Macht und Geist aufgezeigt: „Wer auf dem Tiger reitet, kann nicht herab. Chinesisches Wort. Auf Handeln angewendet: es führt zu Geschichte. Handeln ist Kapitalismus, Rüstungsindustrie. Malplaquet – Borodino – Port Arthur –: 150 000 Tote, 200 000 Tote, 250 000 Tote, – niemand kann die Geschichte mehr anders sehen denn als die Begründung von Massenmorden: Raub und Verklärung –: der Mechanismus der Macht".[435]

Auf der Gegenseite der Geist mit seiner antinaturalistischen Funktion, der Kunstproduktion. War der Geist von Anfang an das Gegenprinzip des Lebens, dessen Zerstörung? Benn ist sich nicht sicher, hat jedoch keinen Zweifel daran, daß die Gegenwart nur den Kampf der niederen Lebenswelt gegen das geistige Prinzip spiegelt. Um sich zu entspannen, macht er einsame Spaziergänge, über die Menschen nachsinnend, „die mit so armseliger Ausstattung an Mitteln u. so hohem Besitz an Mängeln trotzdem dem Leben gegenübertreten u. standhalten müssen", dann kehrt er heim: „Ich kann mich nicht erinnern, seit gestern mittag ein Wort gesprochen zu haben, nicht als ob ich's bedauerte".[436]

Aber das Schweigen wird doch unterbrochen durch Anrufe und Besuche der Berliner Freundinnen Elinor und Tilly, zu denen er in den beiden Jahren engen Kontakt hielt. Man besuchte sich gegenseitig und stand in ausführlichem Briefwechsel. Im Januar 1937 jedoch bittet er Tilly, von einem Besuch in Hannover abzusehen: „Diese Art Beziehung, wo man sich alle Viertel- oder Halbjahr einige Tage sieht, sind für Dein u. sind für mein Leben zu schwierig u. unnatürlich".[437] Zur gleichen Zeit spricht er Elinor gegenüber von der Einzigartigkeit des beiderseitigen Verhältnisses, allerdings habe sich in ihren Beziehungen das erotische Moment abgebogen und sei trotz guten Willens von beiden Seiten nicht wieder zurückzuholen.[438]

Benn hat sich nämlich „eine kleine Vertraute herangezogen",[439] Herta von Wedemeyer, knapp dreißig Jahre jünger als er, ein Mädchen aus armem Hannoverschen Adel. Benn lernt sie durch ihren Onkel kennen, Hans von Eisenhart-Rothe, der Major beim Wehrbezirkskommando Hannover ist. Sie hilft Benn im Haushalt und schreibt für ihn. Zu einer Heirat sieht er sich vorerst nicht gedrängt. Er könnte für sie aufkommen, aber seine Stellung in der Armee, die hinsichtlich Ehre und Ehe einem strengen Kodex folgt, was Benn zu Beginn seines Hannoverschen Aufenthaltes mit Erstaunen registriert, läßt eine solche Lösung nicht zu.

Über die gesellschaftliche Rücksicht hinaus gibt es Konflikte, die seine Person betreffen. Er befürchtet, daß die junge Frau sein Leben nicht versteht, „alles das bekannte Schwierige, Üble, Eiskalte an mir nicht begriffe u. voraussichtlich sich wund u. tot dran liefe, da sie ja vielleicht ihre einfachen Erfahrungen mit Männern haben mag, aber die Tücken u. Lücken gewisser Persönlichkeitslagen nicht erfassen könnte".[440] Dabei schildert Benn sie als klug, innerlich sicher, bescheiden. Gleichzeitig aber fürchtet er seine eigene Verständnislosigkeit gegenüber ihrer Jugend, „alle diese Kinder dieser 2 Jahrzehnte haben doch ein völlig anderes Leben als wir; [...] Geistige Interessen haben sie wohl, sogar wohl Hunger danach, aber keine Zeit u. keine Kräfte, sie aufzunehmen u. zu verarbeiten".[441]

Benns Bemühungen um eine Versetzung haben sich gelohnt: Am 30. Juni 1937 verläßt er Hannover und kehrt nach Berlin zurück. Noch bleibt er unschlüssig über die weitere Verbindung mit Herta, die auf seine Nachricht vom Weggang hin krank wird: „Vielleicht ist sie froh, daß es vorbei ist, vielleicht war es ihr zu kompliziert u. gefährlich geworden. Sonderbar".[442]

Als Oberstabsarzt findet er Verwendung beim Generalkommando des III. Armeekorps in Berlin W 62, Kurfürstenstrasse 63–69, wo er in der Abteilung „Versorgung" Wehrdienstbeschädigungen und Rentenanträge zu begutachten hat. Zunächst wohnt er in Berlin-Wilmersdorf, Kaiserallee 28, 4. Stock bei Frau Zeschau als Untermieter, aber er ist glücklich, in der Großstadt zurück zu sein. Die Rückkehr nach Berlin und die Monate des Alleinseins lösen die Ambivalenz gegenüber Herta von Wedemeyer auf: Am 22. Januar 1938 gibt Benn seine Vermählung mit ihr bekannt, und an Oelze schreibt er diese desillusionierenden, so distanziert und geschäftig klingenden Zeilen: „Keine Passion, keine Illusion, eine Sache der Ordnung des Lebens, der Hilfe für die äußeren Dinge, der Kameradschaft. [...] Ich habe die letzten Jahre in zerrissener Bettwäsche geschlafen u. wenn ich krank war, mußte ich mir die Haferflocken allein durchs Sieb rühren –, ich mag nicht mehr! Soll ich nun hier ein Dienstmädchen nehmen, das nichts zu tun hat, oder eine Aufwartung, die stiehlt, u. daneben wieder die 2–3 Freundinnen, die doch auch alle geheiratet werden wollen, – da sagte ich mir, ich kombiniere das lieber alles u. nehme mir eine Frau, die gesellschaftlich sicher ist u. ausserdem arbeiten kann u. die – 21 Jahre jünger, – zu erziehen mir sogar Freude macht".[443]

Die Ruhe, die er sich von der Rückkehr nach Berlin erhoffte, tritt allerdings nicht ein. Denn im Zusammenhang mit den „Münchner Kunsttagen" und der Münchner Ausstellung „Entartete Kunst" im Juli 1937 erscheint im medizinisch-naturwissenschaftlichen Fachverlag des Hitler-Bewunderers und Parteigenossen Julius Friedrich Lehmann, in dem auch wichtige Werke der Heeresmedizin herauskamen, das Buch des Malers

Wolfgang Willrich *Säuberung des Kunsttempels. Eine kunstpolitische Kampfschrift zur Gesundung deutscher Kunst im Geiste nordischer Art.* Sie wird Benns Vorgesetztem, der selbst im Lehmann-Verlag veröffentlicht, bekannt.[444] Wolfgang Willrich (1897–1948) studierte ab 1922 vier Jahre Malerei an der Staatlichen Akademie Dresden und verkehrte im Kreis um die nationalvölkische „Deutsche Kunstgesellschaft", die sich rühmte, als „erste Gemeinschaft gegen den Spuk der Novemberkunst und den Kunstbolschewismus beharrlich Front gemacht zu haben".[445] Mit seinen Müttern und Mädchen „nordisch-fälischer Rasse" und mit Kopfstudien von Matrosengefreiten versuchte Willrich nach 1933 Anschluß an den Kunstmarkt zu finden, doch blieben Ruhm und Anerkennung aus, obwohl er sich dem Regime mit rasse-politischen Argumenten andiente. Das hatte er bereits in der ersten Nummer des *Schwarzen Korps* gemacht, als er im Artikel *Das deutsche Antlitz* die Charaktereigenschaften „Kühnheit und Stolz, Redlichkeit und Treue" als rassische Vorzüge nannte, „die sich beim nordischen Deutschen aus ihrem Antlitz erraten lassen". Der Artikel, dazu ein Photo und drei Zeichnungen des Autors füllten eine ganze Seite.[446] Eine von ihm gezeichnete halbnackte, nordische „Stillende Mutter" charakterisierte er im Begleittext als „hoheitsvoll" und drohte: „Wer nicht voller Achtung das Edle in der ganzen Gestalt verspürt, der muß jeder edlen Regung bar sein. Oder er ist von Trieben beseelt, die ihn in die Reihe derjenigen stellen, die am besten hinter Schloß und Riegel verwahrt werden. Nur ein verdorbener Lüstling kann über diese deutsche Mutter urteilen".[447] Das Konzept der Ausstellung „Entartete Kunst" ging auf die Abbildungsseiten aus Willrichs Buch *Säuberung des Kunsttempels* zurück, „das auch sonst das Musterbuch für die Einrichtung der Münchner Ausstellung war".[448]

Willrich wurde vom Propagandaministerium in diejenige Kommission berufen, die die Ausstellung in München organisieren sollte. Das Ministerium hatte mit ihm einen guten Griff getan, denn er zeichnete sich durch organisatorische Erfahrung in der Denunziation expressionistischer Kunst aus. Die Kunstakademie Dresden organisierte unter seiner Leitung bereits im September 1933 eine Ausstellung über „Entartete Kunst". Dresdner Kreise wußten, daß diese Schau als persönliche Abrechnung von nationalsozialistischen Malern mit ihren erfolgreicheren Kollegen gedacht war.[449] Die Ausstellung wurde im August 1935 wiederholt, Goebbels, Göring und Hitler gehörten zu den prominenten Besuchern. Diese Dresdner „Schreckensschau" wurde 1937 als Ganze in die Münchner Ausstellung integriert. Hitler traf sich während der Vorbesichtigung am 16. Juli mit der Kommission, man besprach gemeinsam die Hängung der Werke.

Was jedoch hatte Gottfried Benn mit der Ausstellung „Entartete Kunst" im München zu tun? Die Literaturwissenschaft hat bis heute nicht zur Kenntnis genommen, daß der Rundgang im Erdgeschoß mit einer Vitrine endete, in der „entartete Kunstbücher", darunter auch Benns *Kunst und Macht* (Inventar-Nummer 16485), auslagen.[450] In seinem Buch zog Willrich auch über die expressionistischen Dichter her: „Der uneingeweihte Laie bildet sich meist ein, Kunstbolschewismus sei lediglich ein Verbrechen der *bildenden* Künstler. *In Wahrheit ging die Hetze und Entartung von den Literaten aus* – zum Teil sogar von solchen, die heute sich schon wieder, national getauft oder getarnt, Geltung und Einfluß verschaffen konnten".[451] Er schloß seinen „roten Reigen" mit Hinweis auf Wilhelm Klemm und Gottfried Benn, „zwei Aktionslyriker, welche schon während des Krieges Herrn Franz Pfemferts Vorbereitungen der bolschewistischen Revolution unterstützt haben".

Zitate aus der *Morgue* und aus *Fleisch* dienten dazu, Benns „perverse Entladungen" anzuprangern. In einer Anmerkung zu dem Gedicht *Synthese*, das bereits im *Schwarzen Korps* ganz zitiert worden war, nahm Willrich Bezug auf den dortigen Artikel und beschimpfte Benn als Konjunkturritter: „Daß dieser noch eben rechtzeitig zur NSDAP. herübergewechselte Kulturbolschewist heute (1936!) eine wichtige Stelle als Schriftwart in der Literaturkammer innehat und sich nicht scheut, seine Machwerke von neuem auf die Öffentlichkeit loszulassen, veranlaßte ‚Das Schwarze Korps' zu einer Enthüllung, die leider nicht den Erfolg zeitigte, den die SS für ihre redliche und berechtigte Kritik hätte erwarten dürfen".[452] Es kann kaum ein Zweifel daran bestehen, daß Willrich der Autor des Artikels im *Schwarzen Korps* ist, denn schließlich war er SS-Mitglied, seit der ersten Nummer ständiger Mitarbeiter der Zeitschrift und verärgert darüber, daß sein Artikel nicht zur Entlassung Benns aus der Armee geführt hatte.

Benn hatte kaum seine neue Stelle in Berlin angetreten, als ihn sein oberster Disziplinar- und Fachvorgesetzer, Generaloberstabsarzt Dr. Anton Waldmann, zu einer Unterredung bestellte und ihn auf Willrichs Denunziation aufmerksam machte. Waldmann verlangte glücklicherweise keine Rechtfertigung, die sich auf den Inhalt der Gedichte bezog. Er befahl Benn lediglich, dafür zu sorgen, daß in der nächsten Auflage die sachlich falschen Sätze über Benns Parteizugehörigkeit und seine „Stelle als Schriftwart in der Literaturkammer" fehlten. Leichter gesagt als getan. Wie sollte Benn das erreichen? Zunächst wandte er sich wieder an Johst, um ihn nochmals um Unterstützung zu bitten. Johst kam Benns Bitte umgehend nach und wandte sich direkt an den Verlag mit der Aufforderung, die ungenauen Bezeichnungen zu berichtigen. Das sicherte der Verlag zu und der Schlagabausch mit dem Verleger endete, bei Lichte besehen, nicht ungünstig.

Allerdings gab sich Willrich damit nicht zufrieden und schrieb Benn einen langen Brief, in dem er seine Vernichtungsabsicht klar formulierte.

Er fragte Benn, wie es möglich gewesen sei, als Dichter der *Etappe*, „dieser grausigsten Verhöhnung des Sanitätswesens", heutzutage als Oberstabsarzt Dienst zu tun. Er kann sich das nur so erklären, „daß Ihr von Herrn Johst ausgefertigtes kunstpolitisches Ehrenzeugnis von der ahnungslosen Militärbehörde höher gewertet wurde, als es das verdiente. Denn die Militärbehörde wird bisher zweifellos nicht davon unterrichtet sein, daß Herr Johst für Sie nicht nur offiziell als Präsident der Reichskammer des deutschen Schrifttums bürgt, sondern *ideell* schon vordem ihr Genosse war, nämlich als gelegentlicher Mitarbeiter in jener Zeitschrift ‚Die Aktion', deren Herausgeber Pfemfert, als radikaler Spartakist mit Liebknecht und Rosa Luxemburg befreundet war. [...] Jedenfalls ist das Eine sicher: wenn jemand genannt werden muß als spiritus rector der bolschewistischen Wollust am Ekelhaften, die in der entarteten Kunst ihre Orgien feierte, dann haben *Sie* ein Anrecht darauf, an erster Stelle angeprangert zu werden, gleichviel, ob mit oder ohne Herrn Johsts Gutachten. Sollten Sie und Hanns Johst anderer Ansicht sein, so empfehle ich Ihnen, eine charakteristische Auswahl der Machwerke durch Herrn Johst dem Führer zu überreichen. Ich zweifle nicht, daß Sie es vorziehen würden, Ihren verehrten Heinrich Mann im Auslande zu besuchen, als die Antwort des Führers abzuwarten".[453]

Daß Willrichs Angriff auf Vernichtung zielte, wird auch aus seinem Briefwechsel mit dem Reichsbauernführer Richard Walter Darré deutlich, dem er schreibt: „Daß Benn überhaupt, gestützt auf ein Gutachten von Herrn Johst, seine Aufnahme ins Offizierskorps erreicht hat, ist zwar grotesk, läßt sich aber vielleicht auch ohne einen öffentlichen Skandal rückgängig machen".[454]

Das waren sehr deutliche Drohungen. Benn konnte nur hoffen, daß Willrichs Beziehungen nicht ausreichten, um sie wahr zu machen. In diesem Brief beging Willrich jedoch einen schweren taktischen Fehler: Er schloß auch Johst und dessen schriftstellerische Vergangenheit in seine Denunziation ein. Dieser Fehler war Benns Rettung. Johst konnte diese frechen Anwürfe gegen seine eigene Person auf keinen Fall zulassen und wußte von nun an, daß Willrich auch ihn mit Hinweisen auf seine expressionistische Vergangenheit würde erpressen können.

Willrich ließ nicht locker. Er stellte ein zwanzigseitiges Dossier zusammen, das seinen Artikel aus dem *Schwarzen Korps*, dazu Kopien der Zeitschrift *Die Aktion* mit Gedichten von Johst und dessen lobender Besprechung des Buchs *Negerplastik* von Carl Einstein enthielt und schickte die Akte an seinen Gönner. Darré hielt sich jedoch in richtiger Erkenntnis der von persönlicher Animosität gezeichneten Argumentation bedeckt. Die Brisanz dieser Unterlagen mahnte ihn wegen des Angriffs auf Johst zur Vorsicht im parteipolitischen Dickicht, und er leitete das Dossier „zuständigkeitshalber" an Heinrich Himmler weiter mit der Begründung, Johst sei zwar Mitglied im Deutschen Reichsbauernrat, viel länger bekleidete er jedoch das Amt als höherer SS-Führer. Der Name Benn fiel in diesem Brief nicht, für Darré war allein der Angriff auf Johst entscheidend. Himmler setzte sich mit Johst ins Benehmen. Als Chef der deutschen Polizei konnte er auch mit Druckschriftenverboten befaßt werden, da ab Sommer 1936 die Politische Polizei als Hilfs- und Vollzugsorgan der Reichsschrifttumskammer fungierte.[455]

Himmler ließ Willrich am 18. September 1937 einen geharnischten Brief zukommen: „Sehr geehrter Herr Willrich! Ich kenne den Fall Benn sehr gut und halte das Aufrollen dieses Falles von Ihrer Seite für unnötig. [...] Jetzt wie ein Amokläufer gegen diesen Mann vorzugehen, der sich gerade im internationalen Leben einwandfrei für Deutschland gehalten hat, halte ich für unnötig und unsinnig. Ich habe meinen gesamten Dienststellen verboten, sich in die Angelegenheit Benn irgendwie einzumischen".[456]

Dieser Brief geht, mit der Bitte um Kenntnisnahme, an das Sicherheitshauptamt Berlin, an die Schriftleitung des *Schwarzen Korps* und an Staatsrat Johst. Dieser setzt sich unter Berufung auf Himmler wieder beim Generaloberstabsarzt Dr. Waldmann für Benn mit dem Hinweis ein, dieser habe „dem nationalsozialistischen Staat bereits mehrfach durch seinen persönlichen und schriftstellerischen Einsatz viele Dienste geleistet".[457]

Trotz der Fürsprachen, die Benn zur Kenntnis kommen,[458] zögert seine vorgesetzte Dienststelle, die Heeressanitätsinspektion im Oberkommando des Heeres (OKH), zusammen mit dem Heerespersonalamt, ihre Entscheidung hinaus, so daß Benn bis Mitte Oktober 1937 in großer Unsicherheit leben mußte. Erst dann war klar, daß er im Amt bleiben konnte.

Im Januar 1938 versucht Benn über den Leiter der Berliner Zweigstelle der DVA, Karl Pagel, herauszufinden, ob mittlerweile eine zweite Auflage des Buches von Willrich erschienen ist. Aber weder der Verlag in München noch die Leipziger Auslieferung wissen davon. Gleichwohl hat der Verlag bereits 1937 in einer nicht besonders gekennzeichneten Titelauflage, die bei den Buchhandlungen gegen die erste Auflage eingetauscht worden ist, in aller Stille den Benn betreffenden Kommentar minimal so geändert, daß nur zwei sachliche Irrtümer richtig gestellt wurden, womit er, rein formaljuristisch, den Bennschen Forderungen nachgekommen war.[459] Der Vorwurf des „Kulturbolschewismus" und der gemeine Ton der Denunziation wird jedoch nicht zurückgenommen. Die RSK, auf deren Intervention die Änderung vorgenommen wurde, zeigt sich aber zufriedengestellt.[460] Nach der Zurechtweisung

Willrichs durch Himmler und Johsts Bekenntnis, er hoffe, daß mit seiner Erklärung „jeder Schatten für die Ehre des Herrn Dr. Benn genommen ist", scheint der Fall erledigt.[461]

Willrich verfolgte sein Ziel jedoch mit anderen Mitteln. Es war ihm gelungen, Goebbels als Präsidenten der Reichskulturkammer für den Fall Benn/Johst zu interessieren. Mitte Februar 1939 wurde vom Reichssicherheitshauptamt eine polizeiliche Beurteilung der Person Johsts verlangt: Himmler verbürgte sich persönlich für ihn. Offenbar konnte Willrich also doch Zweifel an Johsts Kompetenz in kulturellen und politischen Fragen säen. Willrich hatte in seinem Informationspaket die „alte Bekanntschaft" zwischen Benn und Johst als frühere Mitarbeiter der *Aktion* herausgestrichen: „Der Fall Benn von heute diskreditiert die Schrifttumskammer und Herrn Johst so, daß ohne Kenntnis der gemeinsamen ‚Aktionsbasis' niemand das begreifen kann".[462] Das Datum der Intervention von Goebbels ist bekannt: Ein Begleitvermerk hält fest, daß die Akte Benn am 8. März 1938 dem Reichspropagandaministerium überstellt wurde. Mit Einschreiben vom 18. März 1938 wird Benn aus der Reichsschrifttumskammer ausgeschlossen. Eine Woche nach Benns Ausschluß wurde die Akte der RSK zurückgegeben.

Benn ist jede Tätigkeit als Schriftsteller unter Androhung von Strafbestimmungen „im Übertretungsfalle" verboten. Deswegen kann eine Rezension des Buches von Georges Barbarin, die für die *Deutsche Zukunft* vorgesehen und bereits abgesetzt war, auch nicht mehr erscheinen. Johst erkundigt sich bei Staatssekretär Karl Hanke, dem Adjutanten von Goebbels, nach den Gründen der Maßregelung und erfährt zu seiner Überraschung, daß der Ausschluß durch Göring veranlaßt worden sei. Auch Johst wußte nicht, wer Göring angestachelt hatte, vermutete aber Willrich als Informanten, da von ihm der Satz stamme, „es gäbe auch andere Mittel und Wege".[463] Die Sekundärliteratur spricht immer von einem Schreibverbot.[464] Das ist natürlich nicht der Fall. Auch in der Diktatur konnte Benn schreiben, ohne sich durch die Polizei oder die Gestapo bedroht fühlen zu müssen. Möglichkeiten der Veröffentlichung, auch einzelner Gedichte in Zeitungen oder Zeitschriften, war ihm jedoch durch den Erlaß verwehrt.

Benn wußte, daß es Möglichkeiten gegeben hätte, um seinen Ausschluß aus der Reichsschrifttumskammer rückgängig zu machen oder eine Sondergenehmigung zur Fortführung der Berufstätigkeit zu erreichen. Das gelang sowohl Jochen Klepper wie auch Gerhart Pohl, die beide Autoren der DVA waren. Benns Reden und Essays der Jahre 1933 und 1934, die bei einem Revisionsantrag eine entscheidende Rolle gespielt hätten, sprachen für ihn, und schließlich bot das Reichskulturkammergesetz und dessen Durchführungsbestimmungen keine rechtliche Handhabe für die Anordnung eines Ausschlusses. Benn faßte jedoch zu keinem Zeitpunkt einen Einspruch ins Auge, denn er wollte keine weiteren Einlassungen, deren Ausgang unsicher war und die vielleicht das Militär kopfscheu gemacht hätten.

Der Fall Benn ist ein charakteristisches Beispiel für die Macht personaler Entscheidungen in einer Diktatur mit konkurrierenden Behörden, und er kam im Kompetenzgerangel der Parteifunktionäre wegen Johst zu Fall. Sein Einspruch hätte eine Auseinandersetzung zwischen verschiedenen Ministerien und vor allem unangenehme Fragen nach Johsts schriftstellerischer Vergangenheit ausgelöst. Denn die kulturzensierenden Parteistellen wurden, wie Benn selber richtig bemerkt, von Dilettanten geführt, sie „sind völlig chaotisch, unzuverlässig",[465] eine Ansicht, die die Forschung heute bestätigt.[466] Merkwürdig ist in diesem Zusammenhang, daß noch in der ersten Folge des 6. Jahrgangs der *Blätter für die Dichtung* vom Oktober 1939 neben Prosa und Versen von Ernst Bertram, Rudolf G. Binding, Hans Carossa, Stefan George, Ernst Jünger und Oskar Loerke drei kurze Bemerkungen in Prosa von Benn erschienen. Zudem veröffentlichten die *Vertraulichen Informationen des Reichsministeriums für Volksaufklärung und Propaganda für die Presse vom 1.9.–30.9.1940* eine Notiz, daß die Zeitungen „von dem literarischen Schaffen Gottfried Benns in keiner Form, weder positiv noch negativ, mehr Kenntnis nehmen sollten".[467] Bisher ist unbekannt, wodurch die Notiz ausgelöst wurde. Das Militär scheint auf diese Vorgänge keine Rücksicht genommen zu haben. Denn schließlich veröffentlichte Benn 1942 zwei Aufsätze zu Fragen der ärztlichen Begutachtung.[468]

Benn ist durch diese Vorgänge so verunsichert, daß er die Wohnungssuche hinausschiebt. Erst am 1. Dezember 1937 bezieht er die durch Erich Reiss vermittelte Wohnung in der Bozener Straße 20 (Erdgeschoß), die er bis zu seinem Tode behält. Weder er noch seine junge Frau pflegen gesellschaftlichen Umgang: „Von 9–16 h. prüfe ich Versorgungsgutachten, keine unangenehme Tätigkeit, vorwiegend ärztlicher Art u. beaufsichtigenden Charakters, reine Theorie, keine eigenen Untersuchungen. Um 16 h. gehe ich dann nach Hause. Spreche für den Rest des Tages nur mit meiner Frau. Vermeide jede Bekanntschaft, jedes Gespräch, jeden Besuch".[469]

Die Arbeitserleichterung, die Benn sich von der Versetzung nach Berlin erhofft hatte, erfüllte sich nicht. Im Gegenteil, ein acht- bis zehnstündiger Dienst ist die Regel. Seit Kriegsbeginn am 1. September 1939 hat er, nach einer Beförderung zum Oberfeldarzt, sein Büro im Oberkommando des Heeres (OKH) in Berlin W 35, Bendlerstraße 14, der „Centrale". Er erhält dadurch genaue Nachrichten über die militärische Lage und die geplanten Operationen, die er im Briefwechsel mit Oelze unverblümt erörtert. „Ich sprach allerhand Leute. Keiner übersieht mehr, dass die Katastrophe naht", so sein Kommentar im August 1941 zum Rußland-Feldzug bereits zwei Monate nach dem Beginn des Überfalls, „ob sie nicht allerdings uns alle mit verschlingt, das ist wohl möglich".[470] Noch vor der Kriegserklärung an Amerika ist er der Meinung, daß sich die dortige Aufrüstung nicht gegen Japan, sondern gegen Mitteleuropa richtet und gibt ein Bild zukünftiger Kriegstechnik: „Die Strato-Bomber mit 1000–1500 km Geschwindigkeit pro Stunde u. einem Radius von einem halben Dutzend von Äquatoren sausen durch die eiskalten, blauen, steinernen Räume in den lautlosen Explosionen der Atomzertrümmerung".[471] Eine Teilung Deutschlands steht für ihn schon im Januar 1942 fest, die Frage ist wohl nur die, „ob man Stalin Deutschland bis zur Oder oder bis zur Elbe versprochen hat".[472] Auch zweifelt er nicht daran, daß ein Angriff vom Westen kommen wird, und den Rückzug aus dem Osten schildert er Oelze so: „Verhungert, verlaust, die abgefrorenen Glieder mit Papier umwickelt, ohne Panzer, ohne Luftschutz schmelzen sie dahin. Also regelrecht eine neue Form der Beresina. Fallschirmjäger, Partisanen, Wölfe helfen nach. Es wird keiner zurückkommen, und man läßt auch keinen zurück – aus naheliegenden Gründen. Die D.Züge Petersburg-Moskau verkehren wieder wie im Frieden".[473] Die freimütigen Erörterungen der militärischen und politischen Lage hören ab April 1942 auf, nachdem Oelze eingezogen und in Brüssel stationiert wird, so daß Benn eine Kontrolle der Feldpost befürchtet.

Zwischenzeitlich ist er zum Oberstarzt befördert worden, die Sanitätsinspektion, das Wehrmachtfürsorge- und Versorgungsamt Berlin-Brandenburg verlegt Benns Dienststelle zum Hohenzollerndamm 144 in Berlin-Grunewald 1. Benn bearbeitet den Zusammenhang von Wehrdiensteinflüssen und Gesundheitsstörungen, wie er sich im Begriff der „Wehrdienstbeschädigung" des neuen *Wehrmachtfürsorge- und Versorgungsgesetzes* (WFVG) von 1942 niederschlägt. Über die Selbstmordfälle im Heer kommt er in einem brieflichen Gutachten zu der Auffassung: „Der Selbstmord ist kein naturwissenschaftliches, überhaupt kein materielles Problem, sondern ein metaphysisches. Nur wenn man dies annimmt, ist zu verstehen, dass der Selbstmord durch alle Zeiten und Völker, alle Kulturphasen, durch die ganze Geschichte geht. [...] Der Entschluß zum Selbstmord entsteht in den Bereichen der menschlichen Persönlichkeit, die irrational und elementar sind. Jeder Selbstmord entsteht aus einer Depression, eine tiefere Depression kann es gar nicht geben, diese Depression übersteigt alle Maßstäbe psychologischer Prüfmethoden und Vergleichbarkeiten".[474] Benn macht sich listiger Weise die Rassevorstellungen des Nationalsozialismus zunutze, um für eine Versorgung der Hinterbliebenen von Selbstmördern einzutreten:

„Es kann kein Zweifel sein, dass die meisten Selbstmörder zu den gefährdeten und labilen Typen gehören, deren Fortpflanzung nicht unbedingt wünschenswert nach dem Ideal der heutigen Staatsbiologie ist. Man könnte daher im Selbstmord sehr wohl einen rassischen Eliminationsprozeß erblicken, und insofern wird man den Selbstmord keineswegs von vornherein als unmoralisch, weder im individuellen noch im volkhaften Sinne, bezeichnen".[475]

Benns gesellschaftliche Isolation verändert sich nicht. Elinor Büller und Tilly Wedekind haben die Stadt verlassen, manchmal trifft er sich mit Else C. Kraus und Alice Schuster, Alexander Lernet-Holenia, Peter Suhrkamp, Hans Flesch oder Renée Sintenis. Das Ehepaar Benn besucht das Ehepaar Dr. Julius und Frau Leonarda (Muschelkalk) Gescher. Mit Pamela Wedekind, Professor Heinrich Zimmer und Egmont Seyerlen steht er in brieflicher Verbindung, Oelze besucht ihn gelegentlich.

Zwar bekommt Benn mehrfach Urlaub, bleibt aber in der Bozener Straße. Er übernimmt gelegentlich Vertretungen und nutzt die Zeit für Arbeiten in der Staatsbibliothek. Dienstreisen führen ihn nach Kiel, Salzburg, Graz und Wien, Dresden und Breslau. Im Juni 1941 wird ihm die Lage unerträglich, „2mal Weltkrieg ist zuviel. Ich habe rasend viel Dienst. Stehe um 6 h morgens auf, komme um 6 zurück, so müde, daß ich meistens sofort zu Bett gehe. Urlaub gibt es keinen".[476] Er klagt über eine „regelrechte klinische Depression",[477] meldet sich krank und geht für sechs Wochen nach Friedrichsroda in das militärische Kurlazarett „Thüringer Wald". Hier formuliert er eine radikale Abrechnung mit der Mentalität deutscher Militärs: „Ich gewinne erneut ein tiefes Verständnis für das Geheimnis unserer Siege, – Siege: die Vernichtung als Masstab u. die Zahl der Leichen als Erfolg. Hinter dem allen steht weniger Mordgier, als eine unendliche Bequemlichkeit u. Dummheit".[478]

Von den deutschen Erfolgen der ersten Kriegsjahre und der damit verbundenen politischen Entwicklung alarmiert, zudem angeregt durch die Lektüre des Buches von Erich Rudolf Jaensch: *Der Gegentypus. Psychologisch-anthropologische Grundlagen deutscher Kulturphilosophie, ausgehend von dem, was wir überwinden wollen,* Leipzig 1938, faßt Benn seine Gedanken über „das deutsche Problem" in dem Essay *Kunst und Drittes Reich* zusammen, den er Anfang Dezember 1941 an Oelze schickt. In den ersten beiden Teilen entwarf er ein Panorana eines romanischen, verfeinerten Europa, „Genuß und Stil des Fin de siècle", und skizzierte Hochfinanz und Kapitalismus als Voraussetzungen für die Kunst im 19. Jahrhundert. Dabei kannte er das kapitalistische Panorama von Prunk und Vergeudung nicht etwa durch ausgedehnte Studien historischer Quellen. Er nahm eine Biographie über den Hotel-Magnaten Cäsar Ritz[479] und ließ sich durch Beschreibungen des Luxus und der

Moden anregen, indem er einzelne Passagen wörtlich übernahm, andere zusammenstrich, komprimierte und damit einen Stil einleitete, der später von ihm als „Poetik der Phase Zwei" bezeichnet werden wird. Erst im dritten Teil ließ er dann dem Haß auf die politische und kulturelle Situation die Zügel schießen, der ihm bei der Analyse der Verhältnisse die Feder führte. Wie war die Lage? „Ein Volk in der Masse ohne bestimmte Form des Geschmacks, im ganzen unberührt von der moralischen und ästhetischen Verfeinerung benachbarter Kulturländer, philosophisch von konfuser idealistischer Begrifflichkeit, läßt eine antisemitische Bewegung hoch, die ihm seine niedrigsten Ideale phraseologisch vorzaubert, nämlich Kleinbausiedlungen, darin subventionierten, durch Steuergesetze vergünstigten Geschlechtsverkehr. [...] Ein Turnreck im Garten und auf den Höhen Johannisfeuer – das ist der Vollgermane".[480]

Benn legte in seinem Essay keinen Wert auf eine argumentativ begründete Analyse der NS-Politik, sondern gab in prägnanten Formulierungen eine Stellungnahme zu dem ab, was sich ihm in Deutschland im Augenblick darbot. Er unterrichtete Oelze von der Entstehung des Essays, wagte aber nicht, ihn nach Schleswig, wo Oelze stationiert war, zu schicken: Sein Leichtsinn fand glücklicherweise eine Grenze in der Angst vor der Postzensur. Und in den Wintermonaten 1939–1940 beginnt er mit der Arbeit an *Ausdruckswelt*, „eine Art Weissbuch der Zeit",[481] in dessen Vorwort er bereits sein Bleiben in Deutschland gegenüber den Emigranten mit dem klareren Blick für die NS-Diktatur begründet: „Wir vermochten das besondere Wesen des Dritten Reichs von nahem und schärfer zu erblicken, als es den im Ausland Lebenden möglich war".[482] Die ersten Teile (*Franzosen/Strömungen/Züchtung/Rilke*) schickt er Ende August 1940 an Oelze.

Weil der Ausschluß aus der Reichsschrifttumskammer Benn daran hinderte, seine Gedichte nach ihrer Entstehung wie früher in Zeitschriften drucken zu lassen, blieb ihm nichts anderes übrig, als sie vorerst zu sammeln und zu ordnen. Zu Weihnachten erreicht Oelze ein Typoskript mit sieben Gedichten (*Biographische Gedichte*) die, zusammen mit der Hannoverschen Lyrik von 1935/36, die Keimzelle der später so berühmt gewordenen *Statischen Gedichte* von 1948 bilden.[483] In dieser Sammlung zeigt sich eine Begrenzung in der Wahl der Ausdrucksformen. Denn fünfhebige jambische Verse, die Benn früher nur selten gebraucht hatte, dominieren. Zwei Gedichte, nämlich *Du trägst* und *Ein Wort*, bestehen aus vierhebigen Jamben. Aber auch die Thematik der Gedichte war eingeschränkt: Der einzige Gegenstand, den Benn in Variationen lyrisch darstellt, ist die Kunst und ihr Verhältnis zur Wirklichkeit. Mit dem Verhältnis von Kunst und Drittem Reich hatte er sich in einem Prosa-Essay auseinandergesetzt, nun wurde das gleiche Thema lyrisch auf die persönliche Erfahrung bezogen. Wie sehr er das Dichten als eine Rettung vor den kaum erträglichen Erfahrungen empfunden hat, geht aus einer winzigen Änderung hervor, die er in der Reinschrift von *Gedichte* vorgenommen hat. Die erste Strophe lautet:[484]

> Im Namen dessen, der die Stunden spendet,
> im Schicksal des Geschlechts, dem du gehört,
> hast du fraglosen Aug's den Blick gewendet
> in eine Stunde, die den Blick zerstört,
> die Dinge dringen kalt in die Gesichte
> und reißen sich der alten Bindung fort,
> es gibt nur ein Begegnen: im Gedichte
> die Dinge mystisch bannen durch das Wort.

Im Entwurf hieß die siebte Zeile „es gibt nur eine Abwehr: im Gedichte", was deutlich macht, daß er die künstlerische Arbeit als Mittel der Lebens-Bewältigung empfunden hat. Wegen der schweren Bombenangriffe auf Berlin wurde seine Dienststelle, das Wehrmachtfürsorge- und Versorgungsamt Berlin-Brandenburg in der Fredericiastraße 14–15, am 15. August 1943 in die General-von-Strantz-Kaserne in Landsberg (Warthe), 130 Kilometer östlich von Berlin, verlegt.[485] Benn wohnt zuerst privat in der Böhmstr. 2 als Untermieter, bezieht aber nach vierzehn Tagen ein Zimmer in der Kaserne. Später bekommt er eine Zweizimmerwohnung für Offiziere mit Bad und Warmwasser im ersten Stock des Gebäudes der 2. Kompanie (Block II) zugeteilt, denn es ist ihm gelungen, seine Frau für eine „kriegsehrenamtliche Bürotätigkeit in der Kaserne" als Sekretärin nachzuholen. Der gesamte Block war verwanzt, die Mannschaften liefen zerstochen umher. Das Ungeziefer sollte vergast werden, aber, so die Einschätzung Hertas, „bis das geschieht, wird der Krieg entschieden sein".[486]

Das Leben in der Kaserne erscheint Benn einerseits „erbärmlich",[487] und er ist der Verzweiflung oft nahe. Andererseits aber hat er fast nichts zu tun und hebt die Vorzüge seiner momentanen Dienststellung hervor: „So für mich die Zeit einteilen, mich abschliessen und so wenig vom Dienst in Anspruch genommen zu sein wie hier, war mir fast noch nie beschieden. Hier kann ich fast ununterbrochen bereit sein, zu denken und zu kritzeln; habe ganz streng innegehaltene kurze Zeitpunkte, an denen man mich stören darf (ich arbeite in meinen Wohn-Zimmern, die zugleich mein Büro sind) u. bin ausserhalb dieser nicht zu sehen u. nicht zu sprechen. Ja, es ist ein Fesselballon oder eine Klausur".[488] Benn liest viel und entleiht Bücher aus einer der vier örtlichen Leihbibliotheken.

Die Abgeschiedenheit in der Kaserne führt zu einem Produktionsschub. Die letzten Teile der *Ausdruckswelt* entstehen, und im April beginnt Benn eine „Prosasache freier Art", den *Roman des Phänotyp*, der am 20. Juli 1944 abgeschlossen wird. Seine Frau Herta, die die Manuskripte ins Reine tippt, schreibt an Leonarda Gescher: „Mein Mann ist von einem unheimlichen Fleiss. Ich habe eben wieder für ihn geschrieben. Danach ist mir stets zumute wie etwa nach einer Gehirnmassage, wenn es so was gäbe".[489] Oelze bekommt zu hören, es sei „kein Roman in irgendeinem schon bekannten Sinne. Es hat mit Liebe gar nichts zu tun. Es ist ein Roman nach Innen, der Roman der tatsächlichen inneren Schichten in uns, aber dies nicht analysiert, sondern ausgedrückt, real vorhanden".[490] Es handele sich um eine Sammlung von kurzen Texten, „buntes Allerlei".[491] Benns Erklärung an Oelze über die Komposition des Ganzen trägt Züge des Sich-selbst-Überzeugens. Denn für diese Sammlung den Begriff „Roman" zu verwenden, war eher eine Verlegenheitslösung. Die Handlungen und Eindrücke des *Phänotyps* speisten sich aus Erinnerungen an Reisen, an New York und Bordeaux, vor allem an eine Fülle von Leseeindrücken. Als passionierter Benutzer von Bibliotheken hat Benn mit schöpferischer Wahllosigkeit manch zufällige Quelle aufgenommen, die dem Philologenblick bis heute noch verborgen geblieben ist: „Schon summarisches Überblicken, Überblättern schafft manchmal einen leichten Rausch".[492] Im Grunde werden die einzelnen Stücke durch nichts anderes zusammengehalten als durch den Zwang des schreibenden Subjekts. Die Erklärung Benns an Oelze, das Ganze ähnele im Aufbau einer Orange, deren Scheiben nach innen gingen, ist der Literaturwissenschaft zur Interpretationsgrundlage des *Phänotyp* geworden. Dabei kann man nicht übersehen, daß Benn versuchte, Oelze gegenüber durch eine Theorie Eindruck zu machen und den inneren Zusammenhang eines Werkes zu retten, das nichts anderes darstellt als eine Sammlung von Prosastücken aphoristischen Charakters. Und da der Sinnzusammenhang fehlte, der dem Bewußtsein angesichts der politischen und militärischen Lage sowieso absurd erscheinen mußte, erklärte Benn die Unmöglichkeit einer Zusammenhangsherstellung zum formalen Prinzip der Arbeit: Eine Geisteshaltung, die sich immer noch auf die Psychologie handelnder Personen einläßt, ist unzeitgemäß geworden. Wenn um ihn herum die Welt in den Kriegsereignissen versank, hielt sich der Phänotyp in ruhiger Distanz: „Wenn man das Ganze überblickt, ist es von großer Unverständlichkeit, aber wahrlich der Wunder voll".[493]

Benn wollte die lyrische Produktion dieser Jahre gedruckt sehen, da er Angst vor ihrer Vernichtung durch den Krieg hatte. Obwohl eine Veröffentlichung für einen aus der Reichsschrifttumskammer Ausgeschlossenen auch im „Selbstverlag gemäß § 5 der Amtlichen Bekanntmachung Nr. 133 untersagt" war,[494] gab er im August 1943 auf eigene

Kosten einen Privatdruck von zweiundzwanzig Gedichten, in die er sechs der *Biographischen Gedichte* einschloß, in Auftrag. Mitte Oktober – offenbar nach einer längeren Herstellungszeit – erreichte Benn ein Paket mit kartonierten Heften, der illegale Privatdruck seiner Verse. Zwar war der Titel *22 Gedichte* in Goldbuchstaben auf den Deckel geprägt, die Überschriften erschienen ihm jedoch in fetter Schrift übermäßig groß, ihn störte der unsensible Druck. Die ästhetisch wenig befriedigende Form verminderte für ihn die Lust am Wagnis, das mit diesem Druck verbunden war. Nun hatte er ja sowieso nicht vor, diese Sammlung weiteren Kreisen zugänglich zu machen. Vielmehr war das gedruckte Exemplar ein sichtbares Zeichen dafür, daß die Staats- und Parteibürokratie seine dichterische Potenz nicht hatte beschädigen können. Er sendet das Heft an einen Kreis von ausgewählten Freunden (Oelze, Gescher, Kilpper, Maraun, Zimmer, Lernet-Holenia, Vorwerk). Wie aus einem Brief an Oelze hervorgeht, betrachtet Benn diese Sammlung als ein Vermächtnis seines lyrischen Werks, da er bezweifelt, das Ende des Krieges zu erleben.[495]

Der Versuch, in seiner Prosa den Bewußtseinsstrom des modernen Menschen zum Ausdruck zu bringen, schließt auch die Lyrik ein: „Wenn der Mann danach ist, dann kann der erste Vers aus dem Kursbuch sein und der zweite eine Gesangbuchstrophe und der dritte ein Mikoschwitz und das Ganze ist doch ein Gedicht".[496] Der Rückgriff auf bereits vorgeformtes, kulturelles Material stellt im Gedicht *Chopin* vom Ende 1944 die Nähe zur Wirklichkeit her:

> Nicht sehr ergiebig im Gespräch,
> Ansichten waren nicht seine Stärke,
> Ansichten reden drum herum,
> wenn Delacroix Theorien entwickelte,
> wurde er unruhig, er seinerseits konnte
> die Notturnos nicht begründen.

Diese Strophe entwickelt den Gegensatz von schöpferischem Impetus und theoretischer Reflexion. Der Nachhall traditioneller Genievorstellungen, die den Künstler als unbewußt schaffend denken, vertrug sich sehr wohl mit Benns neuem Bild des Künstlers als Handwerker und Techniker. Das lyrische Subjekt erschien nur noch als Kommentator, der Angaben zur Biographie des Künstlers machte. Die zweite und dritte Strophe zeichnen das Bild eines physisch schwachen, kranken Menschen, dem es an Vitalität gebricht. Benn stellt den Künstler als bionegativen Typ vor, in Kontrast zur herrschenden Ideologie vom Künstler als dem deutschen Rabauken. Obwohl Benn die Kunst als die letzte metaphysische Erfahrung des europäischen Menschen betrachtete, vergaß er doch nicht ihre artistischen Grundlagen:

Spielen sollte jeder Finger
mit der seinem Bau entsprechenden Kraft,
der vierte ist der schwächste
(nur siamesisch zum Mittelfinger).
Wenn er begann, lagen sie
auf e, fis, gis, h, c.

Aber neben dem Versuch, die Montagetechnik der Prosa auch in der Lyrik zu praktizieren, knüpfte Benn ebenso an seine Naturgedichte der Hannoverschen Zeit an. Wenn er in der Lehmannstraße[497] das Haus durch den Hinterausgang verließ, um mit Herta spazierenzugehen, erreichte das Ehepaar in kürzester Zeit die Gärten und Felder:[498]

Du, über den Zaun gebeugt mit Phlox
(vom Regenguß zerspalten,
seltsamen Wildgeruchs),
der gern auf Stoppeln geht,
zu alten Leuten tritt,
die Balsaminen pflücken,
Rauch auf Feldern
mit Lust und Trauer atmet –

aufsteigenden Gemäuers,
das noch sein Dach vor Schnee und Winter will,
kalklöschenden Gesellen
ein: „ach, vergebens" zuzurufen
nur zögernd sich verhält –

gedrungen eher als hochgebaut,
auch unflätigen Kürbis nackt am Schuh,
fett und gesichtslos, dies Krötengewächs [...].

Der Anfang dieses Gedichts, das Benn *September* nannte, verdankte sich einer „Gelegenheit" im Sinne Goethes: „Der Zaun steht vor meinem Fenster in der Lehmannstrasse u. ich betrachte ihn täglich, u. der September war in den kleinen Gärten u. Feldern, 5 Minuten von unserer Wohnung hier, ,hinten raus', wie wir sagen, wenn wir spazieren gehn,: da waren die Balsaminen u. Kürbisse u. auch die Maurergesellen, die an einem Hausgrund bauten".[499]

Benn schrieb diesen Kommentar in Antwort auf ein zustimmendes Urteil von Oelze zu einer Sammlung von vierzehn Gedichten, die er ihm am 25. Dezember 1944 als Geschenk zu Weihnachten geschickt hatte. Auf dem Deckblatt des Typoskrips benutzt er zum ersten Mal den Titel *Statische Gedichte* und erläutert, daß ihm daran lag, „neue Themen, neue Wirklichkeiten in die fade deutsche Lyrik zu bringen, fort von Stimmung u. Sentiments zu Gegenständen u. diese mit seinem eigenen Bild zu füllen".[500] Im gleichen Atemzuge charakterisiert er diese Sammlung als die

„neuen sachlichen Gedichte", die auch in einem Essayband stehen könnten. Natürlich ist es kein Zufall, daß Benn in diesem langen Brief seine Theorie über die moderne Lyrik Oelze gegenüber zusammenfassend als Vermächtnis äußerte. Denn das Ende des Krieges näherte sich mit Riesenschritten.

Am 12. Januar 1945 läuft eine neue sowjetische Offensive gegen die deutsche Ostfront an und löst eine gewaltige Fluchtbewegung unter der Zivilbevölkerung aus. Benn will rechtzeitig alle seine Arbeiten bergen und benutzt dafür einen Erlaß des Oberkommandos der Wehrmacht über „Nachlaßsachen, Eigensachen, zurückgehende Feldpostsendungen", der die sichere Expedition wahrscheinlich macht. Getarnt als Nachlaß des angeblich im Dezember 1942 bei Stalingrad gefallenen Assistenzarztes Dr. Werff Rönne gehen am 23. Januar 1945 alle noch vorhandenen Manuskripte als Paket mit Dienstsiegel an Oelzes Dienstadresse in Nienburg/Weser. Das Paket kam an, Oelze brachte es zu Clara Rilke-Westhoff nach Fischerhude, einem Dorf in der Nähe von Bremen. Herta verläßt am 26. Januar, „durch grosses Glück begünstigt mittels eines Lastkraftwagen L.[andsberg] u. fährt mit den Sachen, soweit wir sie verpacken konnten, in die Bozenerstr. nach Berlin. Dort bleibt sie zunächst. Wir haben zwar Zwangsmieter, aber hier ist es unmöglich, alles flieht, keine Eisenbahnplätze zu kriegen, für 1 Platz in einem Lastwagen werden 1000 M[ark] u. ein Schinken geboten".[501]

Was aus Benn werden würde, war an diesem Tag noch unsicher. Darüber, daß auch er sich absetzen mußte, bestand kein Zweifel. Aber er konnte als Standortarzt von Landsberg/Warthe und Führer der Heeressanitätsstaffel die Kaserne nicht ohne Befehl verlassen. Eine Entdeckung seiner Flucht hätte eine sofortige Erschießung zur Folge gehabt. Benn hatte jedoch durch Krankmeldung für diesen Fall vorgesorgt: „Ich bin quasi krank gemeldet, hatte kürzlich eine schwere Grippe, könnte eventuell mit dieser Begründung nach Berlin, weiss aber noch nicht, was zweckmässig ist".[502] Zwei Tage später jedoch scheint es dem Standortarzt und Kommandeur nicht mehr opportun, zu bleiben. Obwohl die letzten beiden Kompanien die Kaserne erst am späten Abend des 30. Januar 1945 räumen, setzt Benn sich ohne seine Sanitätsstaffel in das 46 km entfernte Küstrin ab, von wo er im offenen Viehwagen bei zehn Grad Kälte nach zwölf Stunden im zerbombten Berlin ankommt: „Auf den Bayrischen Platz allein kamen 9 Volltreffer. Alle Sachen in L.[andsberg] gelassen; hier kein Gas, kein Wasser, kein Telefon, nichts zu Essen".[503] Am 6. Februar 1945 besucht ihn Julius Gescher und stellt fest, daß der Bayerische Platz noch immer in Flammen steht: „Es ist ein Wunder, daß Benns noch leben. Jedoch in Hungersnot. Vor allem kein Wasser".[504]

Die Schlacht um Berlin wird täglich erwartet, die Bevölkerung lebt wegen der sieben- bis achtstündigen Stromsperre und der vernagelten Fenster praktisch im Dunkeln. Benns schlafen in ihrer Wohnung auf Strohsäcken, da die Betten in Landsberg geblieben sind. Die Dienststelle ist noch in Berlin, für eine Auslagerung in den Westen finden sich keine Möglichkeiten. Drei bis viermal täglich gibt es Luftalarm, der Bunker im Rathaus Schöneberg, den das Ehepaar ab und zu aufsucht, wird getroffen, 145 Tote sind zu beklagen. Manchmal flüchten die Benns in die Katakomben der Kirche zum Heilsbronnen nördlich des Bayerischen Platzes. Benn hält Augen und Ohren offen und gibt Oelze eine zynische und daher klare Lagebeschreibung: „Viele Leichen gestern wieder, offenbar giebt es keine Bahren u. Tragen mehr, die Toten werden an den Beinen in die nahe gelegenen Wohnungen geschleift. Aus Dresden [Luftangriff vom 13. 2. 1945] sagte einer beiläufig: ‚sie liegen immer noch da, man fasst sie mit Messer u. Gabel an, da sie so weich sind'. Also, – davon abgesehn, es ist eindrucksvoll, wie dies gewiss enge religiöse Milieu selbst des Protestantismus etwas von Haltung u. Feinheit an sich hat, was mein altes Pfarrhausherz sympathisch berührt".[505] Benns Dienststelle plant, nach Neuhaus an der Elbe auszuweichen. Benns Frau Herta macht sich deswegen Anfang April 1945 bereits auf den Weg, um für ihre Unterkunft zu sorgen. Zur Verlegung der Dienststelle kommt es jedoch nicht mehr, Benn muß im umkämpften Berlin bleiben: Am 8. Mai erfolgt die bedingungslose Kapitulation.

11 Nachkrieg (1945–1956)

Im ersten eigenhändigen Brief an Oelze nach Kriegsende vom 7. November 1945 dankt Benn dem Freund dafür, daß er die ab 1936 entstandenen Manuskripte durch die Gefahren der Zeit gerettet habe, und bittet darum, ihm doch wieder zu schreiben: „Ihre blauen Briefe wären die einzige Brücke in jene Jahre, und der einzige Silberstreif der Hoffnung für mich".[506] Gleichzeitig merkt er an, daß er nicht wisse, ob er von einem Publikationsverbot betroffen sei: „Nichts verbindet mich mehr mit den Dingen der Öffentlichkeit. Auch habe ich noch gar keine Schritte unternommen, um festzustellen, ob ich überhaupt publizieren darf. Sicher stehe ich doch – wenn nicht auf den schwarzen, so doch auf den grauen Listen. Berührt mich nicht mehr. In Hamburg allerdings, schrieb mir ein Bekannter, sei in einer Zeitung Aufsatz mit Bild von mir erschienen u. mein Wiedererscheinen erhofft u. begrüsst worden".[507]

Dieses „allerdings" ist der Ausdruck einer Ambivalenz, die auf lange Zeit Benns Haltung gegenüber allen Versuchen bestimmen wird, seine Rückkehr in die literarische Öffentlichkeit in Gang zu setzen. Schon einen Monat später berichtet er von Verehrerpost und von einer Vorlesung vor englischen Offizieren: „Verlagsangeboten würde ich nähertreten, da ich ja aus den Manuscripten einen Teil publizieren möchte".[508]

Für die Bewohner Berlins ist die Lage im Frühjahr 1945 ohne Hoffnung. Benn beklagt „diese endlosen, furchtbaren, Kilometer weiten Trümmer, aus denen man nie, nie ins Grüne kommt, an ein Feld, an einen Garten",[509] es mangelt am Nötigsten, keine Kohlen, kein Strom. Auch fehlen Zigaretten und Kaffee. Benns Praxis geht, nach einem unangenehmen Zusammenstoß mit russischen Soldaten im Mai 1945, sehr gut, auf Anordnung der alliierten Behörden muß er zeitweilig im Gefängnis und an einer Beratungsstelle für Geschlechtskranke unentgeltlich arbeiten. Ein schwerer Schlag ist der Tod des Augenarztes und Freundes Dr. Julius Gescher (1898–1945), mit dem und dessen Frau Leonarda Gescher (Ringelnatz-Muschelkalk) das Ehepaar Benn sich in den letzten Jahren angefreundet hatte.

Von seiner Frau hatte Benn seit ihrer Abreise Anfang April nach Neuhaus/Elbe keine Nachrichten erhalten. Mit der Kleinstadt, die ungefähr 25 km von Lüneburg am östlichen Elbufer liegt, bestand keine Postverbindung. Im Juni schickte Benn eine Hausangestellte mit Papieren und Verpflegung los, um Herta zu holen. Das Mädchen erreichte

Neuhaus nicht. Es wurde vorher von Russen verschleppt und kam vier Wochen später „zerschlagen" zurück.[510] Herta hatte sich nach monatelangem Warten am 2. Juli das Leben genommen. Sie wurde ein Opfer des Rückzugs der amerikanischen und britischen Truppen aus dem Gebiet östlich der Elbe. Zwar ist bezeugt, daß sich die nachrückenden sowjetischen Soldaten durchaus korrekt verhielten, die Frauen fürchteten sich jedoch vor Vergewaltigungen. Viele versuchten, über die Elbe nach Westen zu flüchten. Auch Herta wollte das rettende westliche Ufer erreichen, „wurde aber im Stich gelassen und kam nicht mit. Bei ihrer Rückkehr nach Neuhaus fand sie ihre Unterkunft belegt" und setzte ihrem Leben ein Ende.[511]

Benn konnte von dem Freitod seiner Frau nichts wissen, denn der Postverkehr zwischen der sowjetischen und den westlichen Zonen lief erst gegen Ende Oktober wieder an. Er schlug sich im September selbst nach Neuhaus durch und fand ihr Grab. Er litt tief unter dem Verlust, von Tag zu Tag vergrößerte sich sein Kummer. Die Trauer, die er empfand, ist öfters bezeugt, und sie war echt. Dabei hatte er mehrmals von dem Gefühl gesprochen, Herta zu überleben: Das mag mit seiner Einschätzung ihrer Morphiumabhängigkeit zu tun gehabt haben.

Trotz der verheerenden Versorgungslage erholte sich das literarische Leben Berlins und der Zonen in Windeseile. Schon ab dem 15. Mai 1945 erscheinen Tageszeitungen in den Besatzungszonen. Die Emigration wird bereits in diesen allerersten Publikationsorganen thematisiert. So druckt die *Münchener Zeitung* am 13. August 1945 den berühmten *Offenen Brief* Walter von Molos an Thomas Mann, in dem dieser zur Rückkehr nach Deutschland aufgefordert wird. Kurz darauf, am 18. August, erscheint in der gleichen Zeitung ein Essay von Frank Thiess, der die Überschrift *Innere Emigration* trägt. Thiess wirft damit einen neuen Begriff in die Debatte. Am 8. Februar 1946 druckt die *Neue Zeitung* in München, deren Feuilleton Erich Kästner leitet, einen Beitrag von Alfred Döblin über *Die beiden deutschen Literaturen*, zu dem die Redaktion in einem Vorspruch bemerkt: „Nachdem die Schriftsteller Johannes R. Becher, Theodor Plivier, Friedrich Wolf und Erich Weinert aus der östlichen Emigration nach Berlin heimgekehrt sind, ist nun, von Westen kommend, auch Alfred Döblin, der Berliner Dichter und Arzt, in Deutschland eingetroffen".

Benn macht sich keine Illusionen über die beiden Hauptschwierigkeiten, die seiner schnellen Rückkehr in die Öffentlichkeit im Weg stehen: die Emigranten und die alliierte Zensur. Mit Johannes R. Becher und Alfred Döblin traten engagierte Gegner auf den Plan. Becher sorgte als Präsident des „Kulturbundes zur demokratischen Erneuerung Deutschlands" in Ost-Berlin dafür, daß die Schriften Benns faktisch mit einem Veröffentlichungsverbot belegt blieben. Auch von Döblin, der in

Baden-Baden bei der Kulturbehörde der französischen Zone angestellt war und dort zum Druck vorgelegte Buchmanuskripte zu begutachten hatte, konnte er keine Unterstützung erwarten.[512] Der Konstanzer Verleger Johannes Weyl, der ihn um Mitarbeit an einem Zeitschriftenprojekt gebeten hatte, berichtete von Schwierigkeiten, die er mit den französischen Zensurbehörden hatte. Benn schildert ihm in einem siebenseitigen Brief sein früheres Verhältnis zu Döblin, gibt einen rechtfertigenden Überblick über die Zeit von 1933 bis 1945 und wehrt sich gegen den Vorwurf des Antisemitismus. Hinter den politischen Gründen für Vorbehalte gegen ihn vermutet Benn die Begleichung privater Rechnungen: „In einer Atmosphäre, in der auch die sogen.[annten] Geistigen ihre Position nur dazu verwenden, Leute[,] die ihnen nicht passen, auszuschalten, niederzuknüppeln oder zu verdächtigen, in einer solchen Atmosphäre stehe ich auf jeden Fall lieber auf der schwarzen wie auf der weißen Liste".[513]

Eine zweite Hürde bestand in der Papierzuteilung durch die Alliierten und die damit verbundene Vorzensur für die Verlage, die für jedes Buch eine Lizenz bei den alliierten Kontrollstellen einzuholen hatten. So einigt sich Benn mit dem Berliner Verleger Karl Heinz Henssel über den Plan, die während des Publikationsverbots entstandenen Arbeiten nacheinander zu veröffentlichen und übergibt ihm am 22. Januar 1946 die Druckvorlage für die *Statischen Gedichte*. Aber schon vierzehn Tage später werden seine Befürchtungen bestätigt: Dem Verlag wird kein Papier für dieses Buch zugeteilt, eine Veröffentlichung mit dem Hinweis auf Benns 1933 erschienene Aufsatzsammlung *Der neue Staat und die Intellektuellen* abgelehnt. Der erste Versuch, sich Gehör zu verschaffen und das Gesicht der deutschen Nachkriegsliteratur mitzubestimmen, ist gescheitert.

Dabei öffnet sich gerade für literarische Zeitschriften ein großer Markt. Schon wenige Monate nach der Befreiung erscheinen in rascher Folge *Die Sammlung, Die Wandlung, Der Aufbau, Das goldene Tor, Das neue Wort, Neues Europa, Neues Abendland*: Bereits mit ihren Titeln künden diese Publikationen von der christlich-sozialen und neo-humanistischen Weltsicht ihrer Herausgeber. Benns *Weinhaus Wolf* wäre unangenehm aufgefallen im Kontext von Aufsätzen, deren geistiger Kompaß die „einfache Sittlichkeit" und „der standhafte Glaube an die Ewigkeit der geistigen Welt" ist. Jemand, der wie Benn zu dieser Zeit die Einheit von Handeln und Denken als „hinterwäldlerische Idee" anprangerte und in den Gesprächen von 1948 unter dem Titel *Drei alte Männer* behauptete: „Wir lebten etwas anderes, als wir waren, wir schrieben etwas anderes, als wir dachten, wir dachten etwas anderes, als wir erwarteten[,] und was übrig bleibt, ist etwas anderes, als wir vorhatten",[514] war schlecht aufgehoben bei „Weltfrömmigkeit" und der Rückkehr „ins gottgeschaute und gottgesetzte Ordnungsbild".[515] Die literarische Landschaft zwischen 1946 und 1948 war beileibe keine unfruchtbare Ödnis. Es gibt genügend Verlage, die eine überraschend umfangreiche Produktion auf den Markt bringen. Allein 1946 erscheinen an ernsthafteren Titeln unter vielen anderen: Albrecht Haushofer, *Moabiter Sonette* (Berlin: Blanvalet), Wolfgang Weyrauch, *Von des Glückes Barmherzigkeit* (Berlin: Aufbau), Gertrud Bäumer, *Der neue Weg der deutschen Frau* (Stuttgart: DVA), Hans Carossa, *Stern über der Lichtung* (Hameln: Seifert), Kasimir Edschmid, *Das gute Recht* (München: Desch), Marie-Luise Kaschnitz, *Menschen und Dinge 1945* (Heidelberg: Lambert Schneider), dazu Bücher von Hermann Hesse, Ernst Penzoldt, Rudolf Alexander Schröder, Thomas Mann, Reinhold Schneider im neuen Suhrkamp Verlag Berlin.

Gedichtsammlungen von Rudolf Hagelstange, Gertrud Kolmar, Hans Erich Nossack und Wolfgang Petzet sind 1947 ebenso lieferbar wie Prosaarbeiten von Walter Kolbenhoff, Wolfgang Borchert, Kurt Kusenberg und Stephan Hermlin. Dazu Anthologien, etwa *De profundis*. *Deutsche Lyrik in dieser Zeit* (München: Desch 1946), *Der Anfang* (Wiesbaden: Limes 1947), *Die Pflugschar* (Berlin: Aufbau 1947), die von Benn aber keine Notiz nehmen. Vor allem war an denjenigen Lyrik-Sammlungen kein Mangel, die mit Gedichten aufwarteten, an denen auch einige Jahre zuvor niemand Anstoß genommen hätte.

Der literarische Markt hält in den ersten Nachkriegsjahren nach Manuskripten Ausschau. In der Bielefelder Rudolf-Oetker-Halle wird am 7. Februar 1947 die Ausstellung „Deutsches Buchschaffen" eröffnet. Zum ersten Mal sind sämtliche Bucherzeugnisse aus allen vier Zonen zu sehen, 320 Verlage zeigen insgesamt 3500 Bücher. Ernst Rowohlt hält die Eröffnungsansprache.[516] Benns Wunsch, gedruckt zu werden, ist mehr als verständlich. Da er jedoch keinem weltanschaulichen oder politischen Lager angehört und keine Verlagsangebote bekommt, muß er sich mit weiterem Schweigen begnügen: Auch deswegen empfindet er die jetzige Lage als eine Fortsetzung der alten. Schließlich war er kein Parteimitglied wie der Blutordensträger Erwin Finkenzeller, dem Werbeleiter des Münchner Zentralverlags Franz Eher, der noch 1943 in die Waffen-SS eintrat und dann 1949 Direktor in der Geschäftsführung der *Frankfurter Allgemeinen Zeitung* wurde. Oder wie der Chirurg Werner Forßmann, der den NS-Ärztebund leitete, 1943 mit Patienten als „Versuchskaninchen" arbeitete und das „Große Bundesverdienstkreuz mit Schulterband und Stern" bekam. Oder wie der SS-Hauptsturmführer Rolf Holle, der 1941 als Kommissariatsleiter in Berlin mit dem SS-Julleuchter ausgezeichnet wurde und der 1946 zuerst im Kriminalpolizeiamt der Britischen Zone in Hamburg und dann im Bundeskriminalamt arbeitete. Oder wie der Chirurg Max Madlener, der 1933 in die NSDAP und 1934 in die SS eintrat, 1944 als ordentlicher Professor an die Medizinische Akademie Düsseldorf berufen wurde und 1949 kommissarisch den Direktorposten der Chirurgischen Klinik der Charité einnahm, bevor er 1950 Direktor des Urbankrankenhauses in Berlin wurde. Oder wie der Philosoph Martin Heidegger, der in seinem Aufnahmeantrag in die NSDAP 1933 schrieb: „Ich bin deutscher Abstammung und frei von jüdischem oder farbigem Rasseeinschlag. Ich verspreche, dem Führer unbedingten Gehorsam zu leisten".[517]

Benn lebt in dem Bewußtsein, seit seinem Rückzug in die Reichswehr 1935 nur noch in Opposition gegen den NS-Staat geschrieben und die autonome Kunst verteidigt zu haben. Mit größter Verachtung begegnet er dem politischen und kulturellen Leben, das er als bieder und zu wenig radikal im Denken empfindet. Ihn verbittert ein landläufiger Opportunismus, den er an dem Schriftsteller Frank Thiess festmacht, der jetzt das große Wort in Sachen „Innere Emigration" führt, obwohl er „doch unbehindert schreiben konnte u. noch im letzten Jahr mit seinem Carusoroman in der ‚Berliner Illustrierten' doch wohl auch recht schön verdient hat (was ich ihm sehr gönne)".[518]

Gleichzeitig beginnen die ersten Angriffe gegen Benn: Im dritten Heft der *Wandlung* erscheint im März 1946 ein Aufsatz von Alex von Frankenberg mit dem Titel *Umsonst?*, der ihm seinen *Brief an die literarischen Emigranten* vorhält. Aber Benn läßt sich nicht einschüchtern: „Die Zitate von mir, die v.[on] Fr.[ankenberg] bringt, finden durchaus auch heute meinen Beifall; in wenigen Jahren wird die Beurteilung von heute revidiert sein, man wird das Kriminelle vom Nicht-Kriminellen getrennt sehn u. das Letztere weitgehend bejahen".[519]

Seine Aufsatzsammlungen *Der neue Staat und die Intellektuellen* (1933) und *Kunst und Macht* (1934) waren in der *Liste der auszusondernden Literatur* vom 1. April 1946, die die Deutsche Verwaltung für Volksbildung in der sowjetischen Besatzungszone herausgegeben hatte, indiziert. Auch auf der „U.S. Black List, dated 1. March 1947", wird er als Autor geführt, dessen Werke nicht publiziert werden dürfen.[520]

Es gibt jedoch einen Lichtblick. Die Hamburger Wochenzeitung *Die Zeit* druckt zu seinem 60. Geburtstag am 2. Mai 1946 einen Auszug aus dem Manuskript *Kunst und Drittes Reich*. Carl Werckshagen (1903–2001), ein alter Freund, der als Dramaturg und Regisseur an den verschiedensten Bühnen tätig war und über Benn kritische Beiträge in der *Vossischen Zeitung* und dem *Berliner Börsen-Courier* veröffentlicht hatte, brachte das Manuskript durch Oelzes Vermittlung nach Hamburg.[521] Sowohl der Goverts-Verlag in Hamburg als auch Ernst Rowohlt zeigen daraufhin

Interesse an Benns neuen Arbeiten. Kurt Marek, der als Lektor im Rowohlt-Verlag und als Redaktionsmitglied der Tageszeitung *Die Welt* arbeitet, will versuchen, die Erlaubnis für einen Vorabdruck aus dem *Roman des Phänotyp* für sein Blatt zu bekommen. Ohne Erfolg. In diesem trostlosen Berliner Sommer fragte sich Benn, ob der Künstler einen anderen Anspruch an das Leben und den Lebensabend habe als der Durchschnittsbürger. Er gab zur Antwort „nein" und drückte diese Haltung in dem Gedicht *Gewisse Lebensabende* aus, in dem es um den Daseinskampf der Künstler Rembrandt und Shakespeare geht. So wie Benn zu seinem 60. Geburtstag allein und unbemerkt von der Literatenwelt mit seinem Dienstmädchen in der Küche saß, so hatte sich auch bei Rembrandt oder Shakespeare die Genialität nicht in einer, ihrer Kunst angemessenen gesellschaftlichen Anerkennung, niedergeschlagen. Benn machte sie zu Außenseitern und entheroisierte ihr künstlerisches Schaffen, das sich bei Lichte besehen als monomane Zwangshandlung herausstellte:[522]

> Du brauchst nicht immer die Kacheln zu scheuern
> Hendrickje,
> mein Auge trinkt sich selbst,
> trinkt sich zu Ende –
> aber an anderen Getränken mangelt es –
> dort die Buddhastatue,
> chinesischen Haingott,
> gegen eine Kelle Hulstkamp,
> bitte!

Ein Künstler konnte aus seiner Genialität keine Rechte ableiten: „Ich glaube nicht, dass selbst Rembrandt Anspruch auf einen anderen Lebensabend hatte als mit Hendrikke [sic] unter Alcohol u. gepfändet".[523]

Im Dezember 1946 schließt Benn seine dritte und letzte Ehe mit der Zahnärztin Dr. Ilse Kaul (1913–1995), die nicht weit von seiner Wohnung ihre Praxis betreibt, und die er kennengelernt hatte, als sie sich laut Vorschrift der Militärregierung gegen Typhus impfen lassen mußte. Die Ehe ist ein Wagnis für beide Seiten, denn Benn ist fast doppelt so alt wie seine junge Frau. In der Folge jedoch wurde sie von allen drei Ehen Benns nicht nur die längste, sondern auch die beste und glücklichste, „ja man darf behaupten, daß Benn erst in dieser Verbindung ein bemerkenswertes Talent zum Ehemann entwickelte".[524] Oelze gegenüber weist Benn darauf hin, daß „jede bürgerlich-konventionelle Bemassstabung [sic] dieser Ehe entfällt, sie ist von vornherein eine Spannungsbeziehung,–: das sichert vielleicht ihre Dauer –, aber was heißt Dauer, über eine Dauer kann man heute nicht disponieren, für nichts".[525]

Trotz der wenig hoffnungsvollen Aussichten auf eine Druckerlaubnis bleibt Benn – wie schon während der Nazizeit – produktiv. Er schreibt weiterhin für die Schublade und arbeitet am *Ptolemäer*: „Es wird leichtsinnig, aber auch bösartig".[526] Dabei beunruhigt ihn, daß es kein Problem, keine Fragestellung, kein Gefühl gibt, das er ernstnehmen könnte. Wie soll man überhaupt eine Fragestellung formulieren? „Man kann nur noch so schreiben, dass sichtbar wird, dass es weder Frage noch Antwort giebt; das Alles war einmal, heute giebt es nur eine Darstellung, die die Fragestellungen alle auslaufen lässt, vielleicht noch einmal verflicht, beleuchtet, aber sie inhaltlich nicht mehr ernst nimmt".[527] Schon Ende April 1947 teilt er Freund Oelze mit, daß die neue Arbeit fertig ist: „Boxerisch gesprochen: Leberhaken bei flotter Beinarbeit".[528]

Zwei Jahre nach Kriegsende, im Mai 1947, kann Benn endlich mit einer Überraschungsnachricht aufwarten: Der Arche-Verlag in Zürich ist bereit, die *Statischen Gedichte* herauszubringen. Diese Entwicklung verdankt er dem Schweizer Dichter und Journalisten Erhard Hürsch (*1920), der zu Peter Schifferli, dem Leiter des Arche-Verlages, freundschaftliche Beziehungen unterhält. Hürsch hatte Benn zum ersten Mal im März 1946 besucht und war auch 1947 wiedergekommen. Benn faßte Vertrauen und gab ihm das maschinengeschriebene Manuskript der *Statischen Gedichte* mit, weil Hürsch eine Veröffentlichung in der Schweiz versprach: „Gelänge das mit dem Arche-Verlag, wäre es das grosse Los für mich. 10% bis 15% Honorar des Exemplars, selbst bei nur 2000 Auflage, wären 900 Franken = 18.000 M.[ark] in Nahrungsmittelpaketen zu zahlen, wie ich dem Verleger vorschlug – u. ich wäre gerettet von Café- u. Cigarettensorgen!"[529]

So wenig Erfolg das Jahr 1947 in Hinsicht auf seine eigenen Veröffentlichungen auch geboten hat: Benn kann nicht übersehen, daß auch die ersten Artikel über ihn erschienen waren. Zwei Veröffentlichungen aus dem Ausland erhellten den düsteren Horizont. Die *Zürcher Weltwoche* brachte am 9. Mai 1947 einen Hinweis auf „den großen expressionistischen Lyriker deutscher Sprache". Wer sich die Mühe mache, „in diesen vielseitigen und problematischen Geist einzudringen", der könne auf manchen „geistigen Genuß hoffen". Im übrigen wäre es erfreulich, wenn ein Verleger sich entschlösse, eine Auswahl aus dem Werk herauszugeben: ein öffentlicher, unterstützender Hinweis für den Arche-Verlag, sich der Schriften Benns anzunehmen. Die *Neue Rundschau*, die noch in Stockholm erscheint, veröffentlichte eine großangelegte Würdigung aus der Feder des Emigranten Eugen Gürster-Steinhausen. Er stellt die Frage, für welche Bestimmung die Menschheit als Ganze weiterexistieren soll und gibt die Antwort: „Daß sich eine Menschheit, die keine Antwort

auf diese Frage mehr zu finden hofft, schließlich in das Abenteuer einer totalen Selbstzerstörung stürzt, ist in den apokalyptischen und selbstmörderischen Visionen Benns faszinierend antizipiert worden".[530]
Benn hatte mit dem Wohlwollem auch einzelner Emigranten nicht gerechnet, bisher erlebte er sie als eine im Verborgenen operierende Verschwörerclique, die sich seine Denunzierung zum Ziel gesetzt hatte. Er muß sein Feindbild korrigieren, obwohl ihn die Auseinandersetzung mit den Emigranten buchstäblich bis zum letzten Tag des Jahres beschäftigt.

Denn in der Ausgabe vom 31. Dezember 1947 bringt die Wochenzeitschrift *Sonntag*, die dem Kulturbund nahesteht, einen Vorabdruck aus Thomas Manns Tagebüchern 1933/34, in denen Mann sich über die Intellektuellen beklagt, die „hemmungslos, mit unterworfenen und begeisterten Hirnen mitgemacht haben!" Außer Eduard Spranger, Alfred Bäumler, Rudolf Binding und Hanns Johst wird auch Benn namentlich genannt, der sich mit den Ärzten, Juristen und Nationalökonomen „vor der Geschichte prostituiert habe".[531] Benn reagiert gelassener als sonst: „Ich selber sage mir, daß ich vielleicht politisch sehr dow [=doof] war, aber prostituiert gewiss niemals".[532] Seine Gegner stört wahrscheinlich am meisten, daß Benn in keiner Weise sein anfängliches Eintreten für einen neuen Staat entschuldigt. Dafür sieht er auch keinen Grund: „Wenn man nämlich immer das schriebe, was man 10 oder 20 Jahre später für *opportun* hielte, geschrieben zu haben, würde man überhaupt nichts produzieren. Bedenkt man die heutige Lage, so wäre es opportun, wenn Nietzsche u. Darwin überhaupt nicht geschrieben hätten".[533]

Anfang des Jahres 1948 erscheint Thomas Manns Roman *Doktor Faustus*, Benn lehnt ihn als „unendlich anmassend in Stil u. Haltung" ab.[534] In der Silvesternacht liest er die Einleitung zu den *Strahlungen* von Ernst Jünger: „Ich muss sagen: *katastrophal* Weichlich, eingebildet, wichtigtuerisch u. stillos. Sprachlich unsicher, charakterlich unbedeutend".[535] Im Theater sieht er *Die Fliegen* von Sartre: „Mein Gott, wie banal muss alles werden, um der Masse u. der Presse einzugehn u. als tief zu gelten! Ich verstehe nicht, wieso hier überhaupt von Existentialismus geredet werden kann, das Stück ist ein Oberlehrerdrama".[536] Der Emigrantin Anna Seghers wird 1947 von der neugegründeten „Deutschen Akademie für Sprache und Dichtung" in Darmstadt der Büchnerpreis verliehen, der Emigrant Fritz von Unruh nimmt den Goethe-Preis der Stadt Frankfurt in Empfang und hält am 18. Mai 1948 eine Rede in der Paulskirche: Ereignisse, die Benns Isolation im Literaturbetrieb unterstreichen.

Zudem wachsen die Strapazen des alltäglichen Lebens. Am 24. Juni 1948 kündigen die Alliierten die Ausdehnung der westzonalen Währungsreform auf den Westteil Berlins an. Die Rationierung vieler Waren wird aufgehoben, der Schwarzmarkt bricht zusammen: Die großen und kleinen Schieber sind die eindeutigen Verlierer der Geldumstellung. Denn vorher kostete eine „Ami" (US-amerikanische Zigarette) bis zu Reichsmark (RM) 40, eine deutsche Zigarette war für RM 15, das Pfund Kaffee nicht unter RM 1500 zu haben. Ein paar Tage später kostete die „Ami" nur noch 0,50 Deutsche Mark (DM), für ein Pfund Kaffee mußten DM 35 hingeblättert werden.

Auf die Einführung der DM – versehen mit dem Stempelaufdruck „B" für Berlin – reagiert die sowjetische Militäradministration in Deutschland (SMAD) mit der Blockade der Stadt. Der gesamte Eisenbahnverkehr zwischen den Westsektoren und den westlichen Besatzungszonen wird unterbrochen, alle Stromlieferungen aus umliegenden Kraftwerken in den Berliner Westteil werden eingestellt. Der US-amerikanische Militärgouverneur in Deutschland, General Lucius D. Clay, befiehlt, die Versorgung der blockierten Westsektoren auf dem Luftweg aufzunehmen. Bereits am 25. Juni treffen die ersten zweimotorigen Flugzeuge des Typs „C-47 Dakota" mit Lebensmitteln in der Stadt ein, die Luftbrücke hat begonnen: „Ein Vivat also auf Herrn Clay, der die Flugbeförderung der Post uns zugestanden hat. Trotzdem kann wohl jeder Brief jetzt der Letzte sein, denn innerhalb von 2 Wochen wird doch wohl die Entscheidung fallen darüber, was aus uns wird".[537]

Obwohl die Luftbrücke in kürzester Zeit besser organisiert wird, leiden die Berliner besonders unter den Stromsperren von zwölf Uhr mittags bis zum nächsten Morgen um neun Uhr.[538] Das Wasser wird rationiert, es besteht keine Aussicht auf Holz und Kohlen. Der Lärm der Transportflugzeuge, die im Abstand von drei Minuten auf den Flugplätzen Gatow und Tempelhof landen, ist vor allem nachts unerträglich, ein Luftkorridor verläuft direkt über der Bozenerstraße:[539] Der *Berliner Brief 1948* entsteht.

In keiner seiner Veröffentlichungen nach dem Kriege macht Benn so deutlich, daß er seine Hinweise auf die gedankliche Radikalität seiner Überzeugungen, die eine Veröffentlichung nicht opportun machen, sehr ernst meint: „Was mich am meisten überrascht, ja mit Entsetzen erfüllt, ist zu sehen, wie ohne Zaudern und ohne Scham die sogenannten Geistigen vor den politischen Begriffen kapitulieren; keiner hat den Mut oder den inneren Besitz, den allgemeinen öffentlichen Phrasen gegenüber eigene Maßstäbe u. Wertsetzungen zu halten; für alle ist es selbstverständlich, die politischen Ideologien zu akzeptieren u. zu vertreten".[540] Und im Brief an Oelze vom November 1947 heißt es: „Wir müssen mit diesem Leben hier fertig werden u. da helfen uns die andern nicht, nur wir, nicht sie, haben erlebt u. erfahren, dass Politik die Sabotage der Kunst ist, weiter nichts, u. der Journalismus der Spulwurm des Geistes. Das werden u. können die andern nicht begreifen, sie kauen weiter am geliebten N.S. herum, das wird ihr Inhalt bleiben. Sie können nicht wissen, dass diese Dinge völlig ausserhalb der moralischen Sphäre stehn u. betrachtet werden müssen u. das definitive Urteil über sie ganz entschieden aus dieser amoralischen Revue sich bilden wird".[541] Alte Freunde, die emigrierten, denken an ihn. Er bekommt CARE-Pakete von Gertrud Zenzes aus San Francisco und von Erich Reiss aus New York City, Thea Sternheim schreibt aus Paris, Erna Pinner und Frau Breysig aus London, Alfred Vagts aus Washington, DC, George Grosz meldet sich aus Huntington, NY: „Will dir nur sagen, daß Du für mich einer der größten lebenden Dichter bist ... das bist Du. Als kleine Weihnachtsgabe senden wir dir etwas Kaffee (six pounds)".[542] Der Kontakt mit Ernst Robert Curtius und Margret Boveri entsteht.

Auch ist das Ende der Drangsal mit Verlegern und der Zensur näher, als Benn ahnt. Karl Heinz Henssel bekam 1946 kein Papier, Eugen Claassen mußte sich mit den alliierten Genehmigungsbehörden herumschlagen, Ernst Rowohlt verlor das Interesse. Aber Max Niedermayer (1905–1968), der in Wiesbaden den Limes-Verlag betreibt, würde seine Arbeiten gern drucken und verlegen: „Eventuelle Einwände anderer Autoren stören mich dabei nicht. Ich bin unabhängig".[543] Benn erkennt diese Chance nicht sofort, obwohl sich mit der Währungsreform auch die Zensurbestimmungen lockern. Dabei hätte sich Benn keinen engagierteren Verleger als Niedermayer wünschen können. Beim Aufbau des Verlagsgeschäftes und dem Aufspüren von Autoren half ihm ein junger Mann, der sich mit einem abgebrochenen medizinischen Studium gleichwohl im Sanitätsdienst bewährt und nach dem Krieg als Herausgeber der Zeitschrift *Der Bogen* und als Feuilletonredakteur der *Frankfurter Allgemeinen Zeitung* den Weg des Journalisten gewählt hatte: Paul E.H. Lüth (1921–1986) kann das Verdienst für sich in Anspruch nehmen, Benn für Niedermayer gewonnen und damit die Grundlage für Benns Ruhm in Deutschland gelegt zu haben. Im Frühjahr 1948 wollte er in Berlin Benn kennenlernen, setzte sich unter die Patienten ins Wartezimmer und gab sich zu erkennen, als er an der Reihe war. Benn liebte solche verdeckten Besuche von Bewunderern nicht, und natürlich blieb ihm zu diesem Zeitpunkt noch verborgen, daß er Lüth, diesem „begabten und beweglichen Burschen",[544] seinen zweiten Ruhm in Deutschland zu verdanken haben würde. Am 22. Juli 1948 schrieb Niedermayer den entscheidenden Brief. Benn zögerte drei Monate lang, am 15. Oktober unterschrieb er schließlich den Vertrag, nachdem Lüth versichert hatte, Niedermayer sei in der Lage, sofort jedes Buch erscheinen zu lassen. Damit waren die Würfel gefallen, Benn hatte das Glückslos gezogen.

Aber auch der Verleger hatte Glück. Im August schloß Benn ein Manuskript ab, an dem er in den letzten Wochen gearbeitet hatte und das er

Oelze widmete, die *Drei alten Männer*. Es handelt sich um Unterhaltungen über den Menschen, seine Herkunft, sein Ende, über den gesellschaftlichen Luxus und die Geschichte, das Ganze durchsetzt mit naturgeschichtlichen Notizen. Unabhängig von Schifferli/Hürsch und Niedermayer/Lüth klopften im Sommer 1948 auch die Herausgeber der Zeitschrift *Merkur*, Hans Paeschke und Joachim Moras, bei ihm an und baten um Manuskripte. Benn freute sich, daß überhaupt jemand auf die Idee kam, ihn um Mitarbeit an einer Zeitschrift zu bitten, ohne daß er sich bemühen mußte. Er begriff die Einladung als Chance und legte Paeschke seine Ansichten in einem Brief dar, der in seinem grundsätzlichen Charakter über die Situation der Nachkriegszeit und das Leben in der geteilten Stadt die Form eines Essays annahm. Benn hatte sein Schreiben mit einer Begründung für seine Vorsicht begonnen: „Wenn man wie ich die letzten 15 Jahre lang von den Nazis als Schwein, von den Kommunisten als Trottel, von den Demokraten als geistig Prostituierter, von den Emigranten als Renegat, von den Religiösen als pathologischer Nihilist öffentlich bezeichnet wird, ist man nicht so scharf darauf, wieder in diese Öffentlichkeit einzudringen".[545] Im übrigen habe er die literarische Produktion der letzten drei Jahre in den Zonen genau beobachtet, es seien keine Gedanken vorgetragen worden, die nicht auch schon um 1900 geäußert worden wären. An eine grundsätzliche geistige Erneuerung denke doch heute niemand, denn wo sich im Geistigen etwas Primäres andeute, griffe die Öffentlichkeit zu und unterdrücke es im Namen von Demokratie und Humanität: „Das Abendland geht nämlich meiner Meinung nach gar nicht zu Grunde an den totalitären Systemen oder den SS-Verbrechen, auch nicht an seiner materiellen Verarmung oder an den Gottwalds und Molotows, sondern an dem hündischen Kriechen seiner Intelligenz vor den politischen Begriffen".[546] Benn hielt mit diesen Einschätzungen an den Thesen der Jahre 1932/33 fest und machte die Herausgeber auch explizit darauf aufmerksam. Weihnachten 1932 hatte er auf die Rundfrage der *Literarischen Welt* nach der Bedeutung des biblischen Satzes „Friede auf Erden" geantwortet, er könne sich nicht einreden, daß sich die Geschichte demokratisch gäbe und andere Methoden habe als die der Macht und der Gewalt.[547] Diese Auffassung wiederholte sich in der *Antwort an die literarischen Emigranten* oder im Essay *Der neue Staat und die Intellektuellen*: „Die Geschichte verfährt nicht demokratisch, sondern elementar", wobei diese Formulierung schon eine Abschwächung darstellte, denn in den Entwürfen hatte es noch geheißen: „Die Geschichte arbeitet an ihren Wendepunkten nicht demokratisch, sondern terroristisch".[548]

Die Sommermonate 1947 waren für Benn trotz solcher Erfolge besonders schwer, er fühlte sich „down wie noch nie, wahrhaft am Ende".[549] Von zwölf Uhr mittags bis zum nächsten Morgen um neun fehlte der Strom, nachts bekam er keinen Schlaf, weil die alliierten Transportflugzeuge direkt über die Bozener Straße hinwegflogen. Allerdings warteten genügend Patienten in der Praxis, so daß das Geld für den Schwarzmarkt, für Kaffee, Alkohol und Zigaretten ausreichte.

Nach der langen Zeit der inneren Ambivalenzen und äußeren Komplikationen kam der große Tag: Am 19. Oktober 1948 brachte Hürsch den schmalen, wenig ansehnlichen Band der *Statischen Gedichte* aus Zürich mit. Benn reagierte abwehrend: „Sehr froh bin ich über das Ganze nicht, aber es ist wohl ein Anfang".[550]

Benn schickt ein Exemplar an Oelze mit der Widmung: „Herrn Friedrich Wilhelm Oelze, dem Einzigen in Deutschland, dem ich diesen Band zu übersenden verpflichtet bin mit der Widmung: in Dankbarkeit und Freundschaft. Gottfried Benn. 20.X.1948. Berlin".[551] Bereits auf den Tag genau einen Monat später, am 20. November, erscheint die erste Besprechung von Alfred Andersch in *Die neue Woche*: „Der Wortschatz der Zivilisation und der geisteswissenschaftlichen Abstrakta, den Benn zum ersten Mal und in souveräner Weise für die deutsche Lyrik fruchtbar gemacht hat, ist nun völlig eingeschmolzen und gänzlich der magisch-bannenden Aufgabe des Gedichts dienstbar gemacht".[552] Der Durchbruch ist geschafft. Auch Niedermayer hat sich nicht abschrecken lassen und beginnt umgehend mit dem Druck des *Ptolemäer*, womit für die Prosa der Weg geebnet werden soll.

Das Ergebnis dieser sehr zügigen Zusammenarbeit zwischen einem engagierten Verleger und einem „unerwünschten" Autor ist jedoch überraschenderweise nicht das Erscheinen des *Ptolemäer*, sondern der *Drei alten Männer*, die noch vor Weihnachten 1948 zur Besprechung an sorgfältig ausgewählte Adressen versandt werden. Hinter diesem Wechsel verbirgt sich das letzte Kapitel der Schwierigkeiten, die Benn hatte, bevor die schnelle Abfolge der Neuerscheinungen im Jahre 1949 seinen Ruhm festschrieb. Niedermayer erschien der *Ptolemäer*, in dem sich Russen und Amerikaner in Berlin tummeln, plötzlich zu verfänglich. Der Satz: „Die Bars füllen sich: Hawaii-Abfall und sibirisches Fleckblut" schien ihm so gewagt, daß er als Vorsichtsmaßnahme von dem Wort „Hawaii-Abfall" den „Abfall" aus der Linotype-Zeile herausstechen ließ, um die amerikanische Zensur nicht eine Beleidigung der Besatzungsmacht vermuten zu lassen. Da sendet ihm Benn im November 1948 die *Drei alten Männer* zur Lektüre und befreit den Verleger damit aus dem Dilemma: „Das war unsere Zeit, künstlerisch geformt und aus einem Guß. Ich war begeistert", schreibt Niedermayer. Zudem erschien ihm das Werk „unpolitischer" als der *Ptolemäer*, der geringe Umfang gestattete eine Blitzproduktion, kurz, es war geeignet als Test für das Comeback des Dichters.[553]

Das dünne Heft von zweiundvierzig Seiten kam Weihnachten 1948 heraus, die „Information Control Division" wurde nicht informiert. Benn war beglückt über das schnelle Erscheinen, ohne zu ahnen, daß sich die Geschwindigkeit der Vorsicht seines Verlegers verdankte. Der Widerhall war ermutigend, obwohl Benn bereits hier eine neue Form versucht: „Mit Benn über seine neueste Arbeit gesprochen: Drei alte Männer unterhalten sich", notiert Frank Maraun in sein Tagebuch. „Dabei kam er auf seine derzeitige Produktionsweise zu sprechen. Er finde es degoutant, immer zu einem Resultat kommen zu wollen. Er arbeite jetzt immer ganz absichtslos, schreibe auf, was ihm einfalle, ganz ziellos, lasse es liegen, sehe es nach einiger Zeit wieder an und füge dann die Stücke, die der Erhaltung Wert erscheinen, so zusammen, wie es sich gerade ergebe".554

Im Vorausblick auf das neue Jahr erwartet Benn für Berlin nichts Gutes. Das Ende der Blockade ist nicht in Sicht, vormittags steht Strom nur zwei Stunden lang zur Verfügung. Die Straßenbeleuchtung wird ausgeschaltet, die Stadt versinkt im Dunkel, Benn schreibt bei Kerze und Petroleumlampe. Die *Drei alten Männer* sorgten in den Redaktionen nicht für Furore. Im Gegenteil. Die Zeitungen äußern sich überhaupt nicht, und Hürsch erzählt, daß die Schrift nirgends auf viel Gegenliebe stoße. Benn wundert sich nicht: „Die Leute wollen aus Büchern u. Arbeiten immer etwas in die Hand bekommen, eine Moral, eine Ansicht, eine Sentenz, eine ‚Synthese'. Gerade das aber will ich nicht. Heute kann nur Alles in der Schwebe bleiben, sonst ist es unecht u. unzeitgemäss".555 Er bleibt jedoch bei seiner Einschätzung, daß die Gespräche den besten Text darstellten, der ihm seit langem gelungen sei. Auch das Erscheinen der *Statischen Gedichte* in der Schweiz hatte 1948 kein außergewöhnliches Echo zur Folge, der Band durfte in die Zonen nicht ausgeliefert werden.

Der Verleger jedenfalls ist entschlossen, Benn auf dem Markt durchzusetzen. In seinen Memoiren schildert er das Jahr 1949 als das „Benn-Jahr". Im Februar erschien der *Ptolemäer*, ohne daß die Amerikaner sich regten, im März die Lizenzauflage der *Statischen Gedichte*, im Juni die *Ausdruckswelt* und im Oktober der Gedichtband *Trunkene Flut*. „Normalerweise", schreibt Niedermayer, „wird man ein Werk nicht in diesem Tempo vorlegen, aber es waren ungewöhnliche Zeiten, ein ungewöhnlicher Autor und ein Verleger, der mehr besessen als planvoll handelte. Man konnte es allerdings auch anders ansehen. Claire Goll sagte mir später vorwurfsvoll: ‚Wenn du den Yvan mit der gleichen Rasanz auf den Markt geworfen hättest, wäre er genauso ein Erfolg geworden'".556

Das ist unwahrscheinlich, denn Benn hing der Geruch des Außenseiters, des politisch Zweideutigen und Unerwünschten an, was für den

Erfolg eher vorteilhaft war. Dem Druck auf den Markt konnte die literarische Kritik nicht mit Schweigen begegnen: Binnen kurzem füllten die Kritiker einer Generation, die schon während der Diktatur zu veröffentlichen begonnen hatte, die Zeitungen mit ihrem Lob. Nachdem Emigranten und Kommunisten um 1950 an Einfluß verloren, beherrschten sie weitgehend das literarische Leben der Bundesrepublik: Alfred Andersch, Max Bense, Curt Hohoff, Hans Egon Holthusen, Karl Korn, Ernst Kreuder. Friedrich Sieburg bestimmte die Höhenlinie, die lange Zeit die Einschätzung der Bennschen Werke bestimmte: „Mit einem einzigen Flügelschlage reißt uns eine neue Dichtung Gottfried Benns über das Stimmengewirr der um lyrischen Ausdruck bemühten Gegenwart hoch hinaus („Statische Gedichte", Verlag der Arche, Zürich). Es ist die Stunde des zerstreuten Gewölks. In eisigem Licht wird das menschliche Herz in seiner Einsamkeit plötzlich sichtbar. Was bisher nur dialektisch zu umschreiben war, nimmt hier für einen kurzen Augenblick Gestalt an. Der Entwicklungsbegriff verläßt unser Denken, an seine Stelle tritt der zum Kunstwerk erstarrte Traum vom beziehungslosen Ich".[557]

Die Änderung der politischen Lage begünstigte Benns Anerkennung. Denn seit dem Sommer 1947 verstärkten sich die Differenzen zwischen den Besatzungsmächten, und der Gegensatz faschistisch – antifaschistisch, der die erste Nachkriegszeit bestimmte, wurde vom Gegensatz kommunistisch – antikommunistisch verdrängt. Alte Fronten begannen sich aufzulösen, und Autoren, deren Weltsicht Benn schon in den dreißiger Jahren nahestand, publizierten von neuem, etwa Rudolf Pechel oder Hans Zehrer, der in seinem Buch *Stille vor dem Sturm,* das 1949 bei Rowohlt erschien, die Geschichtsauffassung der Jungkonservativen wieder zum Leben erweckte.

Er sei verblüfft über die Resonanz auf seine Bücher und das intellektuelle Verständnis der Kritik, schreibt Benn im August 1949 an Oelze, und fragt, ob er nicht Eugen Gürster, der ihn vor zwei Jahren in der Stockholmer *Neuen Rundschau* so ausführlich gewürdigt hatte, die erschienenen Bücher zukommen lassen solle: „Sein Aufsatz war ja wirklich äusserst interessant u. bedeutend u. zu einer Zeit, als ich noch verschollen war. Ich werde N.[iedermayer] bitten, es zu tun".[558]

Das klingt wie ein Aufatmen darüber, daß es mit der „inneren Emigration, 2. Teil" vorbei ist. Benn ist von nun an ein anerkannter Autor in der bundesrepublikanischen Nachkriegsliteratur, dem verlegerischen Impetus von Max Niedermayer waren die Zeiten und die vollen Schubladen Benns günstig. Das Comeback hat dessen Melancholien jedoch nicht verscheucht, den Müdigkeiten nicht abgeholfen, das Leiden am Bewußtsein nicht verringert, schon scheint ihm seine Person „historisch

u. stilkritisch u. kulturanalytisch viel zu viel beachtet u. durchleuchtet zu werden".[559]

Allerdings hören auch die Angriffe nicht auf. So erscheint Mitte März 1949 in der Berliner Zeitung *Der Telegraf* ein Artikel des Chefredakteurs Walther G. Oschilewski, der die ganze Ablehnung der politischen Linken nochmals zum Ausdruck bringt und das Klischee von Benns politischer Schuld verfestigt. Dabei hatte Oschilewski mit seiner Gedichtsammmlung *Volk vor Gott* 1938 ziemlichen Erfolg, und seine Briefsammlung *Väter und Söhne. Briefe deutscher Menschen* von 1942 betonte „die deutsche Lebensgröße, die ihr eigenes Dasein vorurteilsfrei, muthaft und dem sittlichen Gesetz der Volksgemeinschaft dienend erhöhen will". Die Sammlung schloß mit Briefen, die dem Werk *Der deutsche Soldat*, München 1937, entnommen worden waren. Noch 1944 erschien eine 2. Auflage von *Volk und Geschichte* für die „Frontbuchhandelsausgabe für die Wehrmacht". Oschilewski benutzte den Artikel gegen Benn, um seine eigene politische Vergangenheit zu übertünchen. Benn selbst brachte die Kritik auf den entscheidenden Punkt: „Im ‚Telegraf', Organ der Berliner S.P.D.[,] stand eine recht üble Pöbelei gegen mich, gross aufgemacht, so, als ob ich durch mein Eintreten für den N.S. 1933 Schuld an 6 Millionen Toten wäre usw. Nun, tut nichts. Es wäre zwecklos, mit diesem Mob über geistige Dinge zu diskutieren".[560]

Benn hat bis zu seinem Tode in der literarischen Produktion nicht nachgelassen, die oft politisch gefärbte Kritik hat ihn eher beflügelt. Er verglich die Künstler mit alten Boxern, deren Tapferkeit sie zwingt, noch einmal in die Mitte des Rings zu treten, „statt von ihren Zinsen zu leben oder eine Bar zu eröffnen".[561] Deswegen ließ er sich weiter von seiner antibürgerlichen, heroischen Haltung bestimmen, die die Gesellschaft verachtete und dem Individuum allein alle Verantwortung für Erfolg oder Mißlingen zurechnete. Benn hielt nichts von der Krankenkassenmentalität, von der bürgerlichen Selbstverständlichkeit eines gehobenen Anspruchs an das Leben, sondern blieb von dessen tragischen Bedingungen überzeugt. Die Metapher vom „Lebenskampf" nahm er immer ernst.

Unter dauernden Ermunterungen und dem leichten Druck Max Niedermayers ergänzt Benn seinen *Lebenslauf eines Intellektualisten* von 1934 um einen zweiten Teil, der bis in die unmittelbare Gegenwart führen soll. Auf Niedermayers Frage vom Oktober 1948, ob Benn irgendwo entnazifiziert worden sei, beginnt die Entstehungsgeschichte von *Doppelleben* (1950), wie Benn seine Autobiographie nennt: „Ihre Gretchenfrage erschüttert mich: i c h b i n n i e P. G. g e w e s e n, gehörte weder der Partei noch einer ihrer Gliederungen an, bin also auch nicht entnazifiziert u. eingestuft, ich falle nicht unter das Gesetz. Das Alles ist in meiner aerztlichen [sic] Sparte in zahlreichen Fragebogen, Recherchen u.sw.

geklärt u. sicher gestellt!".⁵⁶² Später fügt er hinzu: „Meine Gegner sind die E m i g r a n t e n [,] weil ich prominentes Mitglied der Dichterakademie seit 1932 (also gewählt unter dem Präsidium von Heinrich Mann und Liebermann) in Deutschland blieb[,] und weil ich diesen meinen Standpunkt damals auch öffentlich nicht hinter dem Berge hielt".⁵⁶³ Die Bereitschaft, sich gegen Vorwürfe zu verteidigen, ließ nie nach. Je mehr die literarische Öffentlichkeit durch den Schub von Publikationen auf Benn aufmerksam wurde, desto deutlicher wehrt Benn eine Revision seiner politischen Haltung ab: „Ich muß ja aber auch in aller Ruhe aussprechen, daß ich nicht im entferntesten bereit bin, Pater peccavi zu sagen, daß ich nach wie vor, zwei Meinungen aufrechterhalte, nämlich 1) daß 1933/34 die Sache ganz anders aussah als dann später und heute, daß es gar keine Schande war, dem damals durchaus legal gebildeten Staat auf sein Ersuchen hin seine Potenzen zur Verfügung zu stellen, und daß ich als Mitglied der Akademie der Künste auf Bitten des damaligen Präsidenten, Max von Schillings, vollkommen richtig verfuhr, zu versuchen, die Tradition dieser Institution aufrechtzuerhalten und den Versuch zu machen, die Mitglieder für den neuen Staat zu gewinnen. [...] 2) auch heute bin ich der Meinung, daß der N.S. ein echter und tiefangelegter Versuch war, das wankende Abendland zu retten. Daß dann ungeeignete und kriminelle Elemente das Übergewicht bekamen, ist nicht meine Schuld und war nicht ohne weiteres vorauszusehen. Wobei ich die Frage ganz unerörtert lasse, ob je eine der anderen Großmächte, die Europa hervorgebracht hat, mit anderen Methoden als gewaltsamen und kriminellen zu einer beherrschenden Position gekommen sind".⁵⁶⁴

Diese Linie wird auch im *Doppelleben* durchgehalten. Dem Vorwurf, er versuche seinen politischen Irrtum zu rechtfertigen, begegnet er mit dem Satz: „Sich irren und doch sich weiter Glauben schenken müssen – : das ist der Mensch".⁵⁶⁵ Und in einer unveröffentlichten Notiz 1946 schreibt er sich auf: „Ich richte mich allein u. in dieser Beziehung habe ich den schwärzesten Talar an".⁵⁶⁶

Wie jeder Autobiograph, der seine Vergangenheit vor den Fragen der Gegenwart verteidigt, greift Benn auf seine Einschätzung der historischen Realität zurück. Staat und Regierung, an deren Verbrechen im nachhinein überhaupt kein Zweifel besteht, gaben sich zu Beginn nicht als kriminelle Institution zu erkennen, der Machtwechsel lag im Bereich des politischen Alltagsgeschehens. Der Antisemitismus seiner Zeitgenossen sei ihm fremd gewesen. Nun wird man antisemitische Äußerungen in seinem Werk vergeblich suchen. Deswegen ist es auch historisch ungenau, Benn als „Nazi" zu bezeichnen, denn zum Nationalsozialismus gehört als konstitutives Element der Antisemitismus, wie Hofer drastisch formuliert: „Ohne den Antisemitismus fällt das Gebäude der nationalsozialistischen Weltanschauung in sich zusammen. Die Lehre vom Rassenfeind gehört so wesensnotwendig zum Nationalsozialismus, wie die Lehre vom Klassenfeind zum Bolschewismus".[567]

Mit Oelze korrespondiert er eifrig wie immer, „es giebt keine Kontinuität menschlicher Art in meinem Dasein – ausser den blauen Briefen von Herrn Oe[lze] seit 18 Jahren".[568] Er besucht seine Tochter in Kopenhagen, eine Gelegenheit, sein Leben rückblickend zu überdenken: „Eigentlich ist mein privates Leben völlig undurchsichtig, eine Kontinuität aus Lücken und Verlusten, keiner könnte von mir etwas erzählen, einen Zusammenhang erblicken und schildern. Eine seltsame Parallelität zu meinem sogenannten Oeuvre, das ja auch nur aus Auf- und Niederbrüchen besteht u. keine Linie hat, die man ablesen kann".[569]

Benn leidet unter Depressionen und Migränen, aber er bleibt produktiv, „irgendwas zum Basteln u. Probieren muss man sich ja zurechtlegen, damit die Existenz nicht zu unerträglich wird".[570] Er versucht sich an neuer Lyrik (*Denk der Vergeblichen, Restaurant, Reisen*) und strebt an, „von der weichen, gesammelten, introvertierten, *edlen* Lyrik abzukommen",[571] die er an Dichtern wie Platen, Mörike oder Rilke bewundert. Und obwohl die Produktion dieses Zeitraums von der Überzeugung lebt, daß die frühere hohe Dichtung das moderne Leben in keiner Form mehr fassen kann, gesteht Benn doch auch zu, daß eine Sehnsucht zum Reim immer bestehen bleibe. Auch die Frage nach dem Ursprung des dichterischen Zwangs bleibt lebendig: „Wo, wann, was die Produktion in Bewegung bringt, ist wohl doch schleierhaft. Dies ganze Gebiet wird mir überhaupt immer rätselhafter, ich könnte auch sagen fragwürdiger".[572] Die Gedichte, die 1951 unter dem Titel *Fragmente. Neue Gedichte* erscheinen, „ergänzen einander und heben sich gegenseitig auf. Wenn Sie sie gelegentlich betrachten, bedenken Sie bitte meine These, man muss immer wieder den Ast absägen[,] auf dem man sitzt, nur dann kommt man weiter, nur dann wird man sich weniger langweilig, als man es an sich schon in hohem Masse ist",[573] schreibt der Fünfundsechzigjährige an Oelze. Die Sammlung enthält das Gedicht *Satzbau*, das nochmals die Frage nach der Herkunft des künstlerischen Zwangs stellt. Benn fragt zudem nach dem Maßstäben, mit denen Lyrik überhaupt gemessen werden soll. Denn von den Gedichten der *Morgue* wolle heute niemand mehr etwas wissen, die Strophen, die in den Anthologien stünden, sagten ihm nichts mehr. Und ein oft genanntes und berühmtes Gedicht *Sieh die Sterne, die Fänge* findet er sogar „unerträglich, also man hat gar keinen anderen Massstab [sic] als die Laune, die Stimmung, die Malaise in sich selbst, wenn man eben so alt wird und weiter dichtet. Man kann sich nicht aussuchen, wer und was man eigentlich ist, man ist alles oder nichts von dem, was man aus sich entwickelt".[574]

Zu Problemen der Lyrik äußert sich Benn dann in dem berühmt gewordenen Vortrag in der Universität Marburg am 21. August 1951, den er im Rahmen des Internationalen Ferienkurses der hessischen Hochschulen (6.–25. August) hält. Benn hätte die Reise kaum unternommen, aber das umfassende Thema „Formkräfte der Moderne in Denken und Kunst" schien ihm attraktiv. Auch bekamen diese drei Wochen ihre Bedeutung durch die Teilnahme von Theodor W. Adorno, Max Bense, Erich Heller, Max Horkheimer und Fritz Martini. Rudolf Krämer-Badoni veranstaltete einen Dichter-Leseabend. Niedermayer bringt die Rede schon kurz darauf als Einzelheft heraus. In diesem Vortrag zieht Benn einen Schlußstrich unter die lebenslange Auseinandersetzung mit ästhetisch-metaphysischen und formalen Fragen der Kunst. Der Text wird als maßstabsetzende Poetik der fünfziger Jahre aufgefaßt, was Benn überhaupt nicht beabsichtigte. Von den zeitgenössischen Lyrikern, Rudolf Hagelstange, Karl Krolow, Albrecht Goes, hielt er sowieso nicht viel, für diese Dichter „soll alles so sentimental u. edel weitergehn wie seit dem Wessobrunner Gebet".[575] Eine Ausnahme macht Wolfgang Bächler, Benn zählt ihn „zu den ganz wenigen neuen Lyrikern, die mich interessieren, an deren Fortkommen ich glaube".[576] Dem Interesse der literarischen Öffentlichkeit an seiner Person steht Benn mit der bekannten Ambivalenz gegenüber. Die Nachtstudios berichten über ihn, der *Spiegel* bringt unter dem Titel „Benn, er wütet in sich herum" im April 1950 ein Porträt, er gibt Interviews und läßt sich photographieren. Die Darmstädter Akademie verleiht ihm im Oktober 1951 den Büchner–Preis, der Band *Frühe Prosa und Reden* erscheint.

Am 23. Februar 1952 hält Benn die Einführungsrede zu einem Else-Lasker Schüler-Abend im British Center, es ist Benns erster Auftritt seit zwanzig Jahren vor dem Berliner Publikum, er mußte mit Kritik und Ressentiment rechnen. Es ist deswegen kein Wunder, wenn die Rede mit der Legitimation beginnt, der einzige Lebende zu sein, der noch am Grabe des Sohnes stand, als dieser im Dezember 1928 auf dem jüdischen Friedhof in Berlin-Weißensee beigesetzt wurde. Benn spricht als Künstler und ehrt die Künstlerin, seine Berechtigung zu der Rede liegt in seinem persönlichen Verhältnis zu der Dichterin und in der Bewunderung ihrer Kunst. Er hatte 1949 Max Niedermayer auf dessen Nachfrage geschrieben: „Wenn Sie einen Gedichtband aus den früheren Jahren neu edieren wollen, wäre die *Else Lasker-Schüler* geeigneter als irgendein anderer, die ist meiner Meinung nach die größte Lyrikerin des Jahrhunderts, sehr hebräisch, sehr extravagant, aber großartiger als Ricarda Huch oder Ina Seidel oder die Langgässer oder die Oda Schäfer, die alle Epigonen in bezug auf Lyrik sind".[577]

Seinen fünfundsechzigsten Geburtstag verbringt Benn auf Einladung seines Verlegers mit seiner Frau, dem Ehepaar Oelze und seiner

Tochter Nele im Nassauischen Hof in Wiesbaden. Frank Maraun, Karl Schwedthelm und das Ehepaar von Brentano feiern mit. Oelze schenkt ihm eine Ausgabe der *Maximen und Reflexionen* von Goethe, aus denen Benn den Satz zitiert: „Alt werden heisst, ein neues Geschäft antreten, alle Verhältnisse verändern sich u. man muss ein neues Rollenfach übernehmen".[578]

Im Juli 1952 schickt er eine Handvoll Gedichte (*Lebe wohl, Keiner weine, März. Brief nach Meran, Außenminister, Verzweiflung*) an den *Merkur*, die in Heft 6 erscheinen. Benn kämpft immer noch gegen eine falsche Idealität, die nach dem Kriege den allgemeinen Werteverfall zu übertünchen droht. Die Nähe zum Erleben des Alltags bestimmt sein Denken, er will das Zusammentreffen des lyrischen Subjekts mit der gelebten Umwelt in die Form eines Gedichts bringen. Dieses lyrische Ich hat das Bewußtsein eines Großstadtbewohners:[579]

Restaurant
Der Herr drüben bestellt sich noch ein Bier,
das ist mir angenehm, dann brauche ich mir keinen Vorwurf
  zu machen
daß ich auch gelegentlich einen zische.
Man denkt immer gleich, man ist süchtig,
in einer amerikanischen Zeitschrift las ich sogar,
jede Zigarette verkürze das Leben um sechsunddreißig Minuten,
das glaube ich nicht, vermutlich steht die Coca-Cola-Industrie
oder eine Kaugummifabrik hinter dem Artikel.

Der scheinbar ganz absichtslos in einer Art Parlando hingeworfene Lakonismus der Verse unterliegt jedoch einem Gestaltungsprinzip: die Verstärkung der parataktischen Satzordnung ist gut zu erkennen. Benn läßt sich auf eine vom Gebrauch gezeichnete Sprache ein, die ihm jene Nähe zum zeitgenössischen Leben verbürgt, die er in seiner späten Poetik immer betont hat.

Er bedient sich in diesen Jahren der verschiedensten Gedichtformen, deren gemeinsamer Nenner in der Thematik liegt, nämlich der Beobachtung des alltäglichen Lebens und der menschlichen Umgangsformen: Die Welt der Geschäftemacher in *Bauxit* und *Abschluß*, die Kritik an den Sendungen des Radios (*Radio*), die Reflexionen über den Menschen (*Verzweiflung, Den jungen Leuten, Das sind doch Menschen*): Die autobiographischen Erfahrungen sind der immer wiederkehrende Bezugspunkt seiner dichterischen Phantasie.

Diese späten Gedichte erweisen sich als Träger von Stimmungen existentieller Art, sind gezeichnet von der Melancholie des Verlusts und des Alterns. Das Gedicht wird durch eine Mischung aus Banalität und Pathos bestimmt, die gerade seine Modernität ausmacht.

Im September fliegt er nach Knokke, wo er bei der „Biennale Internationale de Poésie" als Vertreter der Bundesrepublik Deutschland ein Korreferat hält. Am meisten beeindruckt ihn die „immer noch intakte, völlig geschlossene, französische Welt, namentlich der französischen Sprache".[580] Das Bundesverdienstkreuz 1. Klasse des Verdienstordens der Bundesrepublik wird ihm am 5.9.1952 verliehen: „Ablehnen wäre Angeberei, also nehme ich es hin. Tragen werde ich es nicht".[581]

Auch in hohem Alter folgt Benn in Liebesdingen seiner Maxime, die er zum ersten Mal 1935 Oelze gegenüber aussprach und an die er sich seitdem gehalten hatte: „Gute Regie ist besser als Treue".[582] Eine Affäre des Jahres 1951 bringt seine Ehe jedoch „bis an die äusserste Grenze der Gefährdung", inspiriert ihn aber auch zu Gedichten wie *Blaue Stunde* oder *Spät*. Zwar betrügt die Geliebte ihn mit einem Käsehändler, „war mir gleich, war bereit, zu Grunde zu gehn, aber der Käsehändler war stärker".[583] Der Brief, in dem er seinem Freund Oelze davon berichtet, trägt zum Schluß den Satz: „Bitte sofort vernichten", eine Aufforderung, der Oelze zum Glück nicht nachkommt. Zusammen mit dem Brief sendet Benn das Gedicht *Lebe wohl*, das auf diese Begegnung anspielt.

Die letzten Jahre vor seinem Tode machen Benn sehr zu schaffen. Er fühlt sich trotz seines Ruhms von Selbstzweifeln keineswegs frei. In vielen Briefen spricht er von seinen Depressionen und der Sinnlosigkeit der Existenz. „Ich kann Ihnen nur Jammer und Elend des inneren Menschen anbieten, wobei ich schon über das Wort ‚inneren' lache", schreibt er an den Herausgeber des *Merkur,* Joachim Moras, am 24. August 1953. Sein Gehör wird schlechter, er fängt an, sich übertrieben warm anzuziehen, „wohl als Rest aus der Kriegs- und Bombenzeit, wo man alles bei sich haben mußte".[584]

Das eigene Altern veranlaßt Benn, über die Zusammenhänge von künstlerischer Produktivität und Alterungsprozeß nachzudenken. Mit Erstaunen stellt er fest, daß viele Genies alt geworden sind: „Es muß irgendeine geheime Beziehung zwischen geistiger Produktivität und Krankheitsabwehr geben, eine Theorie übrigens, die mit der modernen medizinischen Auffassung sich deckt, daß Krankheiten viel mehr zentralen Ursprungs sind, als man bisher annahm".[585] Als er im Sommer 1953 vom Süddeutschen Runkfunk zu einer Sonntagsmatinee im kommenden Jahr mit einem „Sonderhonorar" eingeladen wird, sagt er zu: Für den Essay *Altern als Problem für Künstler* bearbeitet er die Sekundärliteratur, aber ihm „liegt mehr dran, eine Art Selbstporträt des Alten G.B. hineinzubugsieren".[586] Lange Listen von Malern, Musikern und Schriftstellern gehen nach Bremen, Oelze hilft mit Kritik und Zuspruch. Benn ist erstaunt, wie alt die meisten Künstler geworden sind „in einem Zeitalter, in dem die Lebenserwartung wesentlich niedriger war als heute!".[587] Das

Skriptum des Vortrages geht am 28. Dezember 1953 nach Bremen: Dieses Jahr „war alles in Allem ein depressives Jahr für mich u. dem neuen traue ich auch nicht sehr".[588]

Zudem fühlt er sich allein mit seinen Gedanken über den Lauf der Welt: „Die Vereinsamung, in der ich lebe, ist ja doch sehr groß und über die helfen auch alle Briefe literarischer Anhänger, Männer und Frauen, nicht hinweg. Innen in einem ist es grau und fragwürdig und unaussprechbar, und hinter der Maske der Ironie und Höflichkeit nach außen zerreißen sich immer von neuem die letzten Bestände von Leben und Glück".[589] Da helfen auch Einladungen und Ehrungen nicht. Aber er hält sich an seine Maxime, die besagt, daß man immer wieder den Ast absägen muß, auf dem man sitzt, „ich bin der Meinung, es ist besser u. anständiger, bis zum Schluß seiner Produktion hart zu bleiben, statt milde, reif u. familienhaft zu werden, wenn man es in seinem Wesen doch nicht ist".[590]

Das neue Jahr bringt dann allerdings eine unvorhergesehene Wende. Eine junge Frau aus Worpswede, Ursula Ziebarth (*1921), die im Bremer Verlag Eilers & Schünemann Schullektüre für Kinder schreibt, war zu Besuch in Berlin und hatte Benn angerufen, um ihn zu einem Leseabend in Bremen einzuladen. Man traf sich am 6. August 1954 in einem Restaurant am Innsbrucker Platz, die Frau macht ihm Avancen, bereits am 10. August fuhr Benn mit ihr gemeinsam im Interzonenbus nach Worpswede. Dort blieb er eine Woche und besuchte auch Oelze in Bremen-Oberneuland. So groß die sexuelle Erfüllung für den alten Mann am Anfang auch gewesen sein mag: Der Charakter und die Lebensumstände der jungen Frau, die gut und gerne seine Tochter hätte sein können, standen Benns Phantasien von einem ruhigen amourösen Doppelleben im Wege. Was als Flirt begann und soviel Erneuerung versprochen hatte, verwandelte sich nach acht Monaten, in denen sich das Paar viermal traf, in eine hochambivalente Angelegenheit mit Streitereien und Trennungserklärungen. Schon in dem ersten längeren Brief, den Benn noch in Worpswede an Ursula Ziebarth schreibt, formuliert er ironisch seine Erkenntnis über den herrischen Charakterzug seiner Freundin, der zu diesem Zeitpunkt noch beiläufig erwähnt wird, der ihn jedoch ein halbes Jahr später abstößt: „Sie sprechen mit mir wie mit einem Dorfjungen, der zum Militär eingezogen wird; Sie taten das schon in den letzten Tagen einige Male u. es tat mir wohl, weil es mir zeigte, wie sehr die Natur Sie ausgestattet hat, sich selber als das Mass [sic] aller Dinge zu betrachten".[591]

Benn ist bis über beide Ohren verliebt. Er spricht von der ihn selbst „überraschenden, verblüffenden, fast ergreifenden Verehrung für Deine Person".[592] Die Briefe, die in schneller Abfolge nach Worpswede gehen, belegen die Verwirrung, in der sich der alte Dichter befindet, weil Ursula Ziebarth seine Liebesgefühle schürt und ihn bedenkenlos ermuntert. Im September geht es nochmals nach Worpswede, „die Aussicht, Dich wiederzusehn, verschlingt mein Inneres".[593] Benn ist sich über seine Abhängigkeit im Klaren, er faßt diese Tage, in denen er auch Oelze wiedersieht und Edgar Lohner, seinen amerikanischen Übersetzer, in dem Satz zusammen: „Ich bin ein einsamer Mann, der mit Glück nicht mehr rechnen kann, aber Dich, Ursel umarmt und küsst er".[594] Aus dem Kommentar, in den Ursula Ziebarth die Bennschen Briefe eingewickelt hat, geht deutlich hervor, daß sie sich für eine Schriftstellerin, sogar für eine „Reinkarnation Bettina Brentanos" hielt.[595] Sie hatte nicht die geringste Absicht, die Berühmtheit, die sich in ihrem Netz verfangen hatte, wieder frei zu lassen, denn sie erwartete von Benn eine Beförderung ihrer Karriere. Sie lebte in einfachsten Verhältnissen und konnte sich von ihrer schriftstellerischen Arbeit kaum ernähren. Benn ist unsicher, ob seine „Werbungen u. Liebeserklärungen" nicht übertrieben empfunden werden, er versucht, die junge Frau zu verstehen, ihre Geschichte kennenzulernen, stößt jedoch nur auf ihre respektlose und freche Haltung, die ihn kritisiert und ihm Vorwürfe macht, weswegen er sie schon fünf Wochen später fragt: „Bist du sicher, dass Du für einen Mann nicht ein schwerer Brocken bist mit Deinen Reizbarkeiten, Stimmungswechseln, Aggressionen, Depressionen, Aversionen usw.?".[596]

Benn sah die Krise in der Beziehung frühzeitig kommen, aber er war der Frau hörig geworden und konnte sich nicht lösen: „Meine vielen Liebesworte, die ich immer [in meine Briefe] einflechte, machen sich getippt schon gar nicht gut – da hast du es besser, die gleiten dir dank deiner Frigidität erst garnicht in die Zeilen ein.[597] Benn findet die Tonart in den Antworten der Frau „ungehörig" und „rabaukig" und schiebt das Ungehobelte auf deren Mangel an „innerer Erfahrung".[598] Man trifft sich im November in Konstanz, besucht Überlingen, Meersburg und St. Gallen, zwei Gedichte entstehen, die expressis verbis auf Ziebarth Bezug nehmen, *Das sind doch Menschen* und *Warum gabst du uns die tiefen Blicke*.[599] Aber nach acht Monaten formuliert Benn dann die entscheidenden Worte: „Wir verstehn unter Liebe etwas anderes, Du u. ich. Für Dich heisst Liebe, alle seine Stimmungen, Reizungen, Vorwürfe, Forderungen dem andren aufzuladen, nichts mehr mit sich selber abmachen zu können (u. vor allem nicht zu wollen), anzunehmen, dass der andre bösartig ist, wenn er mal anders ist u. handelt, wie man es wünscht. usw usw. usw.".[600] Die Äffäre zieht sich bis zum Juli 1955 hin, Benn ist kreuzunglücklich. Im Oktober jedoch fahren beide gemeinsam ins Ruhrgebiet, Benn liest in Essen, Düsseldorf und Wuppertal und man trifft sich Mitte November in Köln, wo Benn mit Reinhold Schneider über die Frage

„Soll die Dichtung das Leben bessern" ein Streitgespräch führt. Zweifellos gebührt Ilse in dieser schweren Zeit das größte Lob, sie versuchte Verständnis aufzubringen für die Verwirrung und das Unglück, in das Benn von der jungen Frau gelockt worden war.

Am 2. Mai wird Benn siebzig Jahre alt, „1956 wird kein angenehmes Jahr – wenn man es übersteht. Wäre nicht unglücklich, wenn ich es vor dem Mai beenden könnte: ‚Die Helden sind müde'".[601] Seine Abneigung gegen die zu erwartenden Ehrungen verstärkt eine Depression, mit der er schon seit Januar kämpft. Später zählt er „die ganze Jagdbeute" des Ehrentages auf: 200 Briefe, 80 Telegramme, 50 Blumensträuße. Wieder tritt das zutiefst Widersprüchliche in Benns Charakter hervor: Einerseits ist er empfindlich für die offiziellen und inoffiziellen Aufmerksamkeiten und versäumt nicht, die Anwesenheit von Ministern und Staatssekretären unter seinen Gästen zu erwähnen. Andererseits ist er gereizt über Zudringlichkeiten, verbittet sich Telefonanrufe von literarischen Verehrern, nimmt Einladungen, wenn sie mit längeren Reisen verbunden sind, nur wegen des Geldes an. Dissertationen werden über ihn geschrieben, „eine großartige über meine Lyrik von einer 26jährigen Dame aus Köln", Astrid Claes, mit der er sich im Juni 1954 in Kassel getroffen und einen Briefwechsel begonnen hatte.[602] Bis 1953 stand er in seiner Praxis, obwohl kaum noch Patienten im Wartezimmer saßen, meist Prostituierte vom Strich am Bayerischen Platz. „Dr. Benn mochte sie gerne. Sie waren bescheiden, zahlten bar, machten nicht viel Umstände, problemlos die ärztliche Handhabung".[603] Am 1. Juli hört Benn nach 36jähriger Berufstätigkeit mit seiner Praxis auf, denn seine Pensionsansprüche sind endlich gesichert, er kann für den Rest seiner Tage davon leben.

Aber die Spanne blieb kurz. Dem Mitherausgeber des *Merkur*, Hans Paeschke, der den *Berliner Brief* als zweite deutsche Nachkriegsveröffentlichung Benns gedruckt hatte, schrieb er am 6. Januar 1956: „Inzwischen bin ich schwer erkrankt und muß ins Krankenhaus. Dort wird festgestellt, ob ich operiert werden muß, eine ernste Darmsache. Ob man aus einem Krankenhaus wieder herauskommt, weiß man nie".[604] Und er legt ein letztes Gedicht bei: *Kann keine Trauer sein*. „Sollte es schlecht ausgehn, ist es mein Abschied für Sie und von Ihnen", versichert er Paeschke.[605] Das Krankenhaus verläßt er beschwerdefrei, kein Karzinom, nur alte ulzeröse Prozesse, kurz darauf klagt er jedoch über Rheumatismus und Schmerzen in der rechten Schulter. Er hat eine Arthrose im Knie, das Treppensteigen macht ihm Beschwerden.

Den 2. Mai 1956, seinen siebzigsten Geburtstag, übersteht er mit Anstand. Oelze und dessen Frau Charlotte kommen nach Berlin. Danksagungen gehen an Astrid Claes, Hans Egon Holthusen, Gustav Kilpper, Ina Seidel, Friedrich Sieburg. Die Schmerzen nehmen jedoch so sehr zu, daß er sich nach Schlangenbad in der Nähe Wiesbadens zur Kur begibt: „Wenn ich da die Schmerzen nicht loswerde, werfe ich mich vor einen Autobus", muß Max Rychner im Brief vom 2. Juni lesen.[606] Benns Allgemeinzustand ist zu diesem Zeitpunkt bereits so schlecht, daß er im Bett bleiben muß und der Aufenthalt sinnlos wird. Vier Wochen später fliegt er nach Berlin zurück, am 4. Juli wird er ins Oskar-Helene-Heim gebracht. Auf dem Weg zum Wagen, der vor seiner Tür hält, müssen ihn vier Menschen stützen. Die Füße versagen den Dienst, eine Lähmung hat den Körper ergriffen.[607] Auf den Röntgen-Schichtaufnahmen der oberen Wirbelsäule sind Zerstörungen der Knochen durch weit fortgeschrittene Krebsnester zu erkennen. Die Ärzte nehmen von weiteren Untersuchungen Abstand, man spritzt ihm das Morphiumderivat Dilaudid. Dem Kranken werden normale Abbauerscheinungen als Ursache der Beschwerden vorgetragen. Hat Benn den Ärzten geglaubt? In der Nacht vom Freitag auf Sonnabend verschlechtert sich sein Zustand, die Lähmung des Unterkörpers nimmt zu, Benn bittet seine Frau, bei ihm zu bleiben. Er stirbt am Sonnabend, den 7. Juli 1956, um 8.00 Uhr morgens. Am 12. Juli wird er auf dem Waldfriedhof in Berlin-Dahlem begraben. Es ist Sommer, die Jahreszeit, die er sich in dem Gedicht *Was schlimm ist* für seinen Tod gewünscht hatte:

Am schlimmsten:
nicht im Sommer sterben,
wenn alles hell ist
und die Erde für Spaten leicht.

Nachwort

Gottfried Benn ist nach seinem Tode 1956 im Bewußtsein der literarischen Öffentlichkeit lebendig geblieben. Dafür sorgte sein Verleger Max Niedermayer, von dem Benn behauptet hatte, er „risse ihm alles aus der Hand". Bereits 1957 erschien eine Sammlung von *Ausgewählten Briefen,* die „ein Bild seines Lebens" spiegeln sollte. Der Band von vierhundert Seiten stieß auf sehr großes Interesse, denn die Benn-Leser bekamen einen Einblick in den Gedankenaustausch, den Benn seit 1913 mit Thea Sternheim, Paul Hindemith, Ina Seidel, Friedrich Wilhelm Oelze, Erich Reiss, Margret Boveri, Max Rychner, Max Niedermayer und anderen pflegte. Zum ersten Mal gaben diese Briefe Auskunft über seine Freundschaften, seine Frauenbeziehungen, über seine Meinungen zu künstlerischen, politischen und gesellschaftlichen Ereignissen. Die Leser lernten Benns Lektüre kennen und hörten seine Urteile über Dichterkollegen. Und sie erfuhren viel über den Arzt, der stets auch den Körper des Partners mit dessen gefährdeten Funktionen vor sich sah.

Von der Wirkung dieses Bandes profitierte der erste biographische Essay (1957), in dem Thilo Koch zeigen wollte, „was für ein Mensch" Benn war. Von der ersten Auflage wurden zehntausend Exemplare abgesetzt, bevor die Studie 1986 im Fischer Verlag in erweiterter Auflage als Taschenbuch erschien.

Ein Jahr später (1958) brachte Niedermayer die Gedichtsammlung *Primäre Tage* auf den Markt, die ausschließlich Gedichte und Fragmente aus dem Nachlaß enthielt, und er legte im *Limes-Lesebuch II* den Briefwechsel mit Carl Werckshagen vor. Gleichzeitig erschien in seinem Verlag der erste Band der *Gesammelten Werke in vier Bänden* (1958–1961), die von Dieter Wellershoff herausgegeben wurden und die auch den gesamten Nachlaß vorstellten. Diese Ausgabe enthält außer den schon einmal in Buchform erschienen Texten auch die bisher nur in Zeitungen und Zeitschriften verstreuten Arbeiten. Maßgebend für die Textgestaltung war die jeweilige Veröffentlichung letzter Hand. Über ein Variantenverzeichnis, das sämtliche Abweichungen bis zur Erstveröffentlichung aufführt, konnte nun auch die Produktionsgeschichte eines Textes genau verfolgt werden: Diese Ausgabe bestimmte dreißig Jahre lang das Benn-Bild.

Niedermayer blieb nicht untätig und nützte die günstige Marktlage. 1960 erschien das Erinnerungsbuch von Benns Tochter Nele Poul Soerensen, *Mein Vater Gottfried Benn.* Ein Jahr nach Abschluß der Wellershoff-Ausgabe brachte er eine Art Lesebuch, *Lyrik und Prosa. Briefe und Dokumente* als Limes-Paperback heraus, das einen Querschnitt durch das Werk darstellte und zudem mit Briefen von Ernst Robert Curtius, George Grosz, Max Rychner und Max Bense angereichert war. Der Band enthält auch Besprechungen, Nachrufe und Briefe, die bis dahin unbekannt geblieben waren. Von diesem Benn-Lesebuch verkauften sich in acht Auflagen bis 1971 mehr als fünfundsechzigtausend Exemplare.

Niedermayer war auch bemüht, den Taschenbuchmarkt für Benn zu öffnen. Im Dezember 1962 erschienen die *Ausgewählten Briefe* unter dem Titel *Das gezeichnete Ich*, 1968 konnte er im Fischer Taschenbuch noch *Das Gottfried Benn-Buch* herausbringen, bevor er am 23. Mai 1968 starb. In der Reihe *rowohlts monographien* kam 1962 die Biographie von Walter Lennig heraus, der Benn noch gut gekannt hatte: Mehr als einhunderttausend Exemplare fanden ihre Leser.

Das wesentlichste Ereignis der Text-Editionen der siebziger Jahre war jedoch die von Jürgen Schröder und Harald Steinhagen kommentierte Ausgabe (1977–1981) der mehr als siebenhundert Briefe, die Benn in den Jahren 1932–1956 an Friedrich Wilhelm Oelze in Bremen richtete. Es war eine Freundschaft in Briefen, die diese beiden Männer verband. Benn hatte in Oelze den archimedischen Punkt für seine zweite Lebenshälfte gefunden. Von ihm fühlte er sich verstanden und ernst genommen, der Freund war seine „Diskussions- und Krisenzentrale". Und es wäre sicherlich nicht mehr als recht und billig, wenn Oelze für manche Prosa-Arbeit als Verfasser mitgenannt worden wäre. In diesem Briefwechsel entwickelt Benn seine Kritik am Begriff der Geschichte, er gibt uns Einblicke in seine Auffassung vom „totalen Staat", er berichtet über die Armee, über Kriegs- und Nachkriegszeit in Berlin, wir erfahren viel über seine Lesegewohnheiten und über den Fortgang seiner literarischen Produktion nach 1945. Benn spricht jedoch auch von seinen schwankenden Stimmungen und seiner heillosen Schwermut: Zum ersten Mal bekommt seine Leserschaft einen tieferen Einblick in das Gefühlsleben des Dichters. Diese Ausgabe regte die wissenschaftliche Beschäftigung mit einem Dichter an, von dem Dieter Wellershoff gesagt hat: „Immer deutlicher zeigt sich, daß Benn eine exemplarische Gestalt der jüngsten deutschen Geistesgeschichte ist, sein Werk ein konzentrierter Ausdruck der Problematik der Epoche".

Die ersten wissenschaftlichen Arbeiten erschienen noch zu Lebzeiten Benns (Astrid Claes, Dieter Wellershoff), 1961 legte Else Buddeberg die erste Monographie, dazu einen Forschungsbericht über die Benn-Forschung 1950–1960 vor. Harald Steinhagen benutzte das von ihm eingerichtete „Benn-Archiv" am Deutschen Literaturarchiv im Schiller-Nationalmuseum Marsbach und verband in seiner Arbeit über *Die stati-*

schen Gedichte von Gottfried Benn. Die Vollendung seiner expressionistischen Lyrik eine kritische Textedition mit Interpretationen an ausgewählten Beispielen (1969). 1971 erschien die umfangreiche Sammlung von Dokumenten zur Wirkungsgeschichte *Benn – Wirkung wider Willen* von Peter Uwe Hohendahl, der in seiner achtzigseitigen Einleitung einen Aufriß der Rezeptionsgeschichte des Bennschen Werkes vorlegte.

1982 kaufte der Verlag Klett-Cotta dem Limes-Verlag die Rechte an dem Werk Benns ab und begann, den Dichter zu einem Schwerpunkt der Verlagsarbeit zu machen. Bereits 1986 legte Gerhard Schuster mit beeindruckendem Kenntnisreichtum der Zeitgeschichte und einer vorbildlichen Gelehrsamkeit den ersten Band der Stuttgarter Ausgabe der *Sämtlichen Werke* vor, die auf dem Nachlaß Gottfried Benns beruht. Der Anhang eines jeden Bandes berichtet über die *Entstehung* eines Textes mit Daten und Phasen seiner Niederschrift, die Kategorie *Überlieferung* verzeichnet die ermittelten handschriftlichen und gedruckten Textzeugen von der ersten Notiz bis zur letzten Publikation. Zur gleichen Zeit gab der Verlag die kommentierte Ausgabe der Briefe an Tilly Wedekind heraus, es folgten 1986 die Briefe an Max Rychner, 1992 an Elinor Büller und 1993 an Egmont Seyerlen.

Die Bennforschung hat mit der Stuttgarter Ausgabe, deren letzter Band 2003 erschien und mit der vierbändigen Taschenbuchausgabe der *Gesammelten Werke in der Fassung der Erstdrucke* (1982–1990) von Bruno Hillebrand eine vorzügliche Grundlage für ihre Arbeiten erhalten. Allerdings fehlte bisher ein umfassendes, verläßliches Verzeichnis der Sekundärliteratur, das über die Bibliographien von Edgar Lohner (1958) und Bruno Hillebrand (1987) hinausging. Diese Lücke ist jetzt geschlossen. Christian Hanna legte, in Zusammenarbeit mit Ruth Winkler, im Benn-Jubiläumsjahr 2006 seine *Bibliographie der Sekundärliteratur 1957–2003* vor (Verlag Walter de Gruyter, Berlin). Eine neue Generation von Geisteswissenschaftlern kann nun die Forschungen ihrer Vorgänger mühelos nutzen, um die eigenen Erkenntnisse über das Benn'sche Werk vorzustellen.

Danksagung

Herrn Professor Dr. Heiko Hartmann, dem Cheflektor Sprach- und Literaturwissenschaft des de Gruyter-Verlages, danke ich herzlich für die ungewöhnlich zuvorkommende Art und Weise, in der er mir jederzeit bei meinen Besuchen in Berlin und unseren Gesprächen entgegengekommen ist. Er hat sich in das Manuskript vertieft, anregende Änderungsvorschläge gemacht und gewissenhaft für eine fruchtbare Zusammenarbeit zwischen Verlag und Autor gesorgt. Frau Dr. Christine Henschel danke ich für ihr Lektorat, durch das die redaktionelle Qualität und die Einheitlichkeit des Manuskriptes viel gewonnen hat. Und für die sorgsame Herstellung danke ich sehr Frau Angelika Hermann.

Abkürzungen

AB: Gottfried Benn, Ausgewählte Briefe. Mit einem Nachwort von Max Rychner, Wiesbaden 1957.

DLA: Deutsches Literturarchiv, Marbach am Neckar.

EB: Gottfried Benn, Briefe an Elinor Büller 1930–1937. Nachwort von Marguerite Valerie Schlüter, Stuttgart 1992.

Hohendahl: Benn – Wirkung wider Willen. Dokumente zur Wirkungsgeschichte Benns, hg., eingeleitet und kommentiert von Peter Uwe Hohendahl, Frankfurt/Main 1971.

Katalog Marbach: Gottfried Benn 1886–1956. Eine Ausstellung des Deutschen Literaturarchivs im Schiller-Nationalmuseum Marbach am Neckar. Ausstellung und Katalog von Ludwig Greve in Zusammenarbeit mit Ute Doster und Jutta Salchow, Marbach am Neckar 1986.

Koch: Thilo Koch, Gottfried Benn. Ein biographischer Essay, München 1970.

OE 1-3: Gottfried Benn. Briefe an F.W. Oelze 1932–1945. Vorwort von F.W.Oelze, 3 Bde., hg. Harald Steinhagen und Jürgen Schröder, Wiesbaden und München 1977–1980.

Rübe: Werner Rübe, Provoziertes Leben. Gottfried Benn, Stuttgart 1993.

SE: Gottfried Benn – Egmont Seyerlen, Briefwechsel 1914–1956, hg. Gerhard Schuster, Stuttgart 1993.

SW I–VII: Gottfried Benn, Sämtliche Werke, 7 Bde., hg. Gerhard Schuster u. a., Stuttgart 1986–2003.

Traum: Gottfried Benn, Den Traum alleine tragen. Neue Texte, Briefe, Dokumente, hg. Paul Raabe und Max Niedermayer, Wiesbaden 1966.

TW: Gottfried Benn, Briefe an Tilly Wedekind 1930–1955. Nachwort von Marguerite Valerie Schlüter, Stuttgart 1986.

Anmerkungen

1 SW III, 338.
2 SW III, 338.
3 SW III, 57.
4 SW IV, 70.
5 Reinhard Alter, Gottfried Benn und Börries von Münchhausen. Ein Briefwechsel aus den Jahren 1933/43, in: Jahrbuch der deutschen Schillergesellschaft 25 (1981), S. 164. Münchhausen denunzierte schon Richard Dehmel 1896 als Juden, vgl. Lars Kaschke, Aus dem Alltag des wilhelminischen Kunstbetriebs: Börries von Münchhausens Angriffe auf Richard Dehmel, Text und Kontext 20 (1997) H. 1, S. 35–57.
6 SW IV, 158.
7 SW V, 20.
8 SW I, 150.
9 OE 1, 227.
10 SW IV, 160.
11 Hans Egon Holthusen, Gottfried Benn. Leben, Werk, Widerspruch 1886–1922, Stuttgart 1986, S. 63 (zitiert als Holthusen).
12 AB 265.
13 Ludwig Greve (Hg.), Gottfried Benn 1886–1956. Eine Ausstellung des Deutschen Literaturarchivs im Schiller-Nationalmuseum Marbach am Neckar, Marbach 1986, S. 19 (zitiert als Katalog Marbach).
14 Albrecht Schöne, Säkularisation als sprachbildende Kraft. Studien zur Dichtung deutscher Pfarrersöhne, 2. Aufl. Göttingen 1968, S. 18f.
15 SW V, 127.
16 Werner Rübe, Provoziertes Leben. Gottfried Benn, Stuttgart 1993, S. 21 (zitiert als Rübe).
17 Aufzeichnung der Schwester Ruth für Ilse Benn, Marbach, Deutsches Literaturarchiv.
18 Thilo Koch, Gottfried Benn. Ein biographischer Essay, Frankfurt/Main 1986, S. 17 (zitiert als Koch).
19 OE 1, 219f.
20 Rübe, 38.
21 Besonders verheerend hat die Einschätzung von Jürgen Schröder (Gottfried Benn, Poesie und Sozialisation, Stuttgart 1978) gewirkt,

der im Sinne der neomarxistischen, sozialpsychologischen Erklärungsmuster der Studentenbewegung vom Kind Benn sagt: „Die extreme soziale und politische Spannung des Dorfes ging mitten durch das Pfarrhaus, noch mehr aber durch den jungen Benn" (S. 19). Schröder versteht das Jahr 1933 als Endpunkt von Benns „Resozialisierungsprozeß" (S. 135). Gegen solche Auffassungen hat bereits Holthusen Einspruch eingelegt (S. 67f.), der allerdings nichts genutzt hat, denn heute wird das Urteil noch genauso unkritisch von Wolfgang Emmerich, Gottfried Benn, Reinbek 2006, S. 15 (zitiert als Emmerich), wiederholt.

22 EB, 40.
23 EB, 119.
24 SW III, 444.
25 SW III, 231.
26 SW IV, 193.
27 Emmerich, S. 15, wiederholt das Klischee, das neben Wodtke und Koch auch Wulf Segebrecht vorbringt: Eine Erinnerung Gottfried Benns an seine Mutter, in: Gottfried Benn, Den Traum alleine tragen, hg. Paul Raabe und Max Niedermayer, Wiesbaden 1966, S. 149 (zitiert als Traum): „Gottfried Benns Biographen sind sich darüber einig, daß der Dichter seiner Mutter immer mit liebevoller Zärtlichkeit gedacht hat".
28 SW IV, 91f.
29 SW IV, 92.
30 SW IV, 160.
31 SW IV, 160.
32 Vgl. Alice Miller, Das Drama des begabten Kindes und die Suche nach dem wahren Selbst, Frankfurt/Main 1983, S. 25.
33 Rübe, 45.
34 Koch, 16.
35 SW IV, 193.
36 OE 3, 26; AB 191.
37 Hans-Jürgen Rehfeld, Gottfried Benn und Klabund am Frankfurter Friedrichs-Gymnasium, Frankfurt/Oder 1991, S. 1.
38 SW IV, 161.
39 SE, 14f.
40 Hans-Jürgen Rehfeld, „... zum Glück ein humanistisches". Gottfried Benn als Schüler, Benn Jahrbuch 1 (2003), S. 221.
41 Reifezeugnis vom 11.9.1903, DLA Marbach.
42 Friedrich Wilhelm Wodtke, Die Antike im Werk Gottfried Benns, Wiesbaden 1963, S. 10.
43 AB, 9.

44 Die Grenzboten 69, H.1, 14.2.1910. Vgl. SW II, 9ff.
45 Benn soll auch in Frankfurt „in eine soziale Schieflage eingezwängt" worden sein, wie Emmerich, S. 23, meint, ohne dafür Belege zu bringen.
46 SW II, 93f.
47 SW VI, 42f.
48 Vgl. die Vereins-Zeitung des Akademischen Turnvereins Marburg, Zeitung des Altherrnverbandes Nr. 26 vom 15. Mai 1904, Nr. 27 vom 1. Sept. 1904.
49 Die Handschrift ist als Kopie abgedruckt bei Joachim Dyck, Ein junger Lyriker als Bücherwart, Benn Jahrbuch 1 (2003), S. 239f. Herrn Dr. Johannes Klingelhöfer danke ich für seine Hilfe und die Materialien aus dem Besitz des Akademischen Turnvereins Marburg.
50 Festschrift der Akademischen Turnverbindung Marburg 1888/1988, Marburg 1988, S. 33.
51 Das ist etwa sehr deutlich auf dem Photo der Totenmaske zu sehen. Tilly Wedekind schreibt in ihren Memoiren: „Er hatte einen Schmiß über die linke Backe, Erinnerungen an seine Studentenzeit" (Traum, 80).
52 Emmerich stellt sich vor, daß Benn den Schmiß während seiner Berliner Studentenzeit erhalten hat (S. 29). Das ist nicht möglich, weil Benn in Berlin keiner Verbindung mehr angehörte. Der Austritt aus dem ATV wurde bescheinigt. Vgl. Benn Jahrbuch 1 (2003), S. 240.
53 SW VI, 159.
54 41. Jg. Nr. 33, 1904.
55 Evangelische Landeskirche Württemberg, Stuttgart.
56 Aufzeichnungen Ruth Benn für Ilse Benn, DLA Marbach. Dort auch die folgenden Zitate.
57 SW I, 290.
58 Immatrikulationsdatum 29.10.1904, gelöscht 27.1.1906.
59 Anonym, Berlin und die Berliner, Karlsruhe 1905, S. 128.
60 Vgl. Thedel von Wallmoden, Porträt des Künstlers als junger Mann. Über einen unveröffentlichten Brief Gottfried Benns, Deutsche Vierteljahrsschrift 62 (1988), H. 3, S. 570–580.
61 Velhagen & Klasings Monatshefte XIX (1904/1905), Heft 6, Februar 1905, [S. 717].
62 Wallmoden, Porträt des Künstlers, S. 574.
63 Wallmoden, Porträt des Künstlers, S. 574.
64 SW IV, 161f.
65 Rübe, 89.

66 Hanspeter Brode, Benn Chronik. Daten zu Leben und Werk, München 1978, S. 23 (zitiert als Brode).
67 Rübe, 91.
68 Rübe, 93.
69 SW IV, 162.
70 Rübe, 93.
71 Expressionismus. Literatur und Kunst 1910–1923. Eine Ausstellung des deutschen Literaturarchivs im Schiller-Nationalmuseum Marbach a.N., hg. Paul Raabe u. a., Marbach 1960, S. 23 (zit. als Expressionismus).
72 Expressionismus, S. 24.
73 Rudolf Kayser, Literatur in Berlin, in: Expressionismus, S. 22.
74 Otto Flake, Von der jüngsten Literatur, Die Neue Rundschau 26 (1915) S. 1282.
75 Vgl. SW II, 225. Es erscheint dort erst am 1. Dezember 1912.
76 SW III, 23 (Lebenslauf in der Dissertation).
77 SW VI, 209.
78 SW VII/1, 164f.
79 SW VII/1, 163ff.
80 SW VII/1, 171.
81 SW IV, 162.
82 SW VII/1, 167f.
83 SW III, 128f.
84 SW III, 129.
85 SW III, 129.
86 SW III, 127.
87 Rübe, 114.
88 Sigmund Freud, Trauer und Melancholie, Gesammelte Werke Bd. X, London 1946, S. 431.
89 SW V, 174.
90 SW VI, 142.
91 Diesem Klischee folgt jetzt noch Emmerich, wenn er glaubt, die *Morgue* habe „die literarische Welt in beispielloser Weise verstört", ihre Wirkung sei „gewaltig" gewesen und habe einen „Literaturskandal" hervorgerufen (S. 33). Im Gegenteil: Die meisten Urteile waren zwar zustimmend, in den Sammelrezensionen der kleinen Literaturzeitschriften war Benn jedoch nur einer unter anderen.
92 Otto Flake, Von der jüngsten Literatur, Die neue Rundschau 26 (1915), S. 1282.
93 Brief vom 2. Mai 1912, Frankfurter Allgemeine Zeitung vom 11. 1. 2007, S. 33.

94 Der Weg. Politische Zeitschrift für gottfreies Menschentum IV (1912), H. 6, S. 170.
95 Saturn 7 (1912), S. 142f.
96 Cahiers Alsaciens I (1912), H. 6, S. 320–321. Vgl. Peter Uwe Hohendahl (Hg.), Benn – Wirkung wider Willen. Dokumente zur Wirkungsgeschichte Benns, Frankfurt/Main 1971, S. 95f. (zit. als Hohendahl).
97 Kurt Pinthus, Zur deutschen Dichtung, in: Die weissen Blätter 2 (1915) S. 1502–1510, hier S. 1502f. Vgl. dazu ausführlich Joachim Dyck, Es gibt keine Hoffnung jenseits des Nichts, in: Gedichte von Gottfried Benn, hg. Harald Steinhagen, Stuttgart 1997, S. 13–28. Dort auch die folgenden Zitate.
98 Hugh Ridley, Gottfried Benn. Ein Schriftsteller zwischen Erneuerung und Reaktion, Opladen 1990, S. 35. Reininger spricht sogar von der „naturalistischen Szenerie des Leichenkellers und der zerstörerischen Arbeit des Pathologen" (S. 36).
99 Hans von Weber, Der Zwiebelfisch 1912; vgl. Hohendahl, S. 91.
100 Emil Faktor, Pan II, 1912; vgl. Hohendahl, S. 92.
101 SW VII/1, 165.
102 SW I, 17.
103 SW IV, 45.
104 Die Aktion Jg. 4 (1914), Sp. 466; zit. nach Paul Raabe, Die Zeitschriften und Sammlungen des literarischen Expressionismus, Stuttgart 1964, S. 5.
105 AB, 10.
106 AB, 12.
107 SW VI, 54.
108 Auf einem Photo im Café des Westens sitzt Else Lasker-Schüler am Tisch mit Herwarth Walden. Vgl.: Else Lasker-Schüler 1869–1945. Bearbeitet von Erika Klüsener und Friedrich Pfäfflin, Marbacher Magazin 71/1995, Marbach am Neckar 1995, S. 51.
109 Marbacher Magazin, S. 109.
110 Marbacher Magazin, S. 110f.
111 Vgl. Sigrid Bauschinger, Else Lasker-Schüler. Ihr Werk und ihre Zeit, Heidelberg 1980.
112 Vgl. ausführlich Joachim Dyck, „Die völlige Verschmelzung des Jüdischen und des Deutschen": Benns Rede auf Else Lasker-Schüler 1952, in: Ernst Schürer/Sonja Hedgepeth (Hg.), Else Lasker-Schüler. Ansichten und Perspektiven, Views and Reviews, Tübingen und Basel 1999, S. 71–79.
113 SW III, 26.

114 Briefwechsel mit Paul Hindemith, hg. Ann Clark Fehn, Wiesbaden und München 1978, S. 13 (zit. als Briefwechsel mit Hindemith).
115 AB, 23.
116 SW VII/1, 10.
117 SW VII/1, 11.
118 SW VII/1, 12.
119 SW VII/1, 13.
120 SW VII/1, 14.
121 SW IV, 163.
122 297 von eigener Hand durchgeführte Sektionen sind nachweisbar, vgl. Brode, S. 30.
123 SW V, 143. Vgl. Helmut Heintel, Meerfahrt mit Gottfried Benn, Warmbronn 2002.
124 SW IV, 404.
125 SW III, 29.
126 Vgl. Nele Poul Soerensen, Mein Vater Gottfried Benn, 2. Aufl. 1986, S. 29 (zit. als Soerensen, Mein Vater).
127 Frankfurter Allgemeine Zeitung vom 11.1.2007, S. 33.
128 Vgl. die Heiratsurkunde, Standesamt München.
129 So Rübe, S. 131. Vgl. Wodtke, Friedrich Wilhelm, Gottfried Benn, 2. Aufl., Stuttgart 1970, S. 19. Das Klischee wird ungeprüft übernommen von Emmerich, S. 42.
130 Vgl. Heiratsurkunde, Standesamt München.
131 Felix Freiherr von Stenglin, Aus den Tagen der Mobilmachung, in: Der Krieg 1914/15 in Wort und Bild, Berlin u. a. 1916, S. XVIf.
132 Illustrierte Weltkriegschronik 1914–1915. Text von Paul Schreckenbach, Leipzig 1915, S. 34.
133 Benns Fragebogen für Fachärzte des Gesundheitsamts Groß-Berlin vom 10.1.1947.
134 SW VII/1, 404ff.
135 SW III, 216.
136 OE 1, 153f. Vgl. dazu Benns Gedicht *In memoriam Höhe 317*, SW I, 163.
137 SW III, 127.
138 OE 1, 311.
139 OE 1, 310.
140 SW VII/1, 147.
141 SW IV, 163f.
142 SW I, 45.
143 Die Sekundärliteratur macht viel her von der Kokain-Episode, von „Rausch" etc. ist oft die Rede. Benn versichert in einem Brief an Ernst Jünger, außer in Brüssel keine Drogen mehr genommen zu

haben (vgl. AB, 220). Er war allerdings abhängig vom Schlafmittel Phanodorm und vom Schmerzmittel Pyramidon. Im Mai 1956 verschreibt er sich selbst Pervitin (vgl. Walter Lennig, Gottfried Benn mit Selbstzeugnissen und Bilddokumenten, Reinbek bei Hamburg 1962, S. 142; zit. als Lennig).

[144] SW III, 57.
[145] SW III, 220.
[146] SW VII/1, 19.
[147] SW III, 65.
[148] Thea Sternheim, Briefwechsel und Aufzeichnungen. Mit Briefen und Tagebuchauszügen Mopsa Sternheims, hg. Thomas Ehrsam, Göttingen 2004, Eintrag 3. Februar 1917, S. 8.
[149] Gottfried Benn – Thea Sternheim, 9f.
[150] Hohendahl, S. 100.
[151] Bei Kurt Wolff erschienen Anfang 1917 auch die *Gesammelten Gedichte* von Else Lasker-Schüler, in denen ein Abschnitt überschrieben ist: „Doktor Benn". Darin sind die siebzehn Gedichte, in denen sie den jungen Benn besang, unter dem Motto vereinigt: „Der hehre König Giselheer / Stieß mit einem Lanzenspeer / Mitten in mein Herz".
[152] SW III, 72.
[153] SW III, 74.
[154] SW III, 76.
[155] SW III, 80.
[156] AB, 22.
[157] Soerensen, Mein Vater, S. 25.
[158] SW III, 203.
[159] OE 1, 323.
[160] Lennig, Gottfried Benn mit Selbstzeugnissen und Bilddokumenten, Reinbek bei Hamburg 1991, S. 60. (zitiert als Lennig, Gottfried Benn).
[161] Lennig, Gottfried Benn, S. 69.
[162] SW I, 102.
[163] EB, 45f.
[164] OE 1, 94.
[165] Hohendahl, 100.
[166] Hohendahl, 99.
[167] Berliner Volkszeitung, 29. März 1919, 1. Beiblatt.
[168] Detlev J.K. Peukert, Die Weimarer Republik. Krisenjahre der Klassischen Moderne, Frankfurt/Main 1987, S. 63.
[169] Ruth Glatzer, Berlin zur Weimarer Zeit. Panorama einer Metropole 1919–1933, Berlin 2000, S. 93.
[170] Glatzer, Berlin, S. 163.

[171] SW II, 61.
[172] SW III, 173.
[173] SW III, 96.
[174] SW III, 100.
[175] SW III, 101.
[176] SW III, 98.
[177] SW III, 122f.
[178] SW III, 155.
[179] SW III, 160.
[180] SW III, 164.
[181] SW I, 122.
[182] AB, 21.
[183] AB, 15.
[184] AB, 15f.
[185] AB, 19.
[186] AB, 26.
[187] AB, 23.
[188] SW III, 468.
[189] Hohendahl, 102.
[190] Hohendahl, 107.
[191] AB, 137.
[192] OE 1, 204f.
[193] AB, 209.
[194] AB, 47.
[195] Hohendahl, 124.
[196] SW I, 86.
[197] SW II, 64.
[198] Hohendahl, 114f.
[199] Wilfried Meyer, Geistige Mobilmachung. Gottfried Benns Rundfunkarbeit vor und nach 1933. Ms. des Deutschlandfunks für die Sendung der Abteilung Literaturkritik, 17.8.1983, S. 1–34, hier S. 4.
[200] SW V, 174. Vgl. zu Benns Frankreichreisen und zur Datierung Helmut Berthold, Die Lilien und den Wein. Gottfried Benns Frankreich, Würzburg 1999, S. 51ff.
[201] OE 1,139.
[202] Traum, 136.
[203] SW III, 164.
[204] Literarische Welt, 25. Oktober 1925.
[205] Vgl. die genauen Daten in SW VII/1, 676ff.
[206] SW III, 173.
[207] SW III, 176.
[208] SW III, 175.

209 SW III, 175.
210 Hohendahl, 125.
211 Hohendahl, 147.
212 Max Niedermayer (Hg.), Gottfried Benn, Lyrik und Prosa, Briefe und Dokumente. Eine Auswahl, Wiesbaden 1962, S. 76.
213 Max Niedermayer (Hg.), Gottfried Benn, Lyrik und Prosa, S. 74.
214 Wodtke, S. 34.
215 *Zur Problematik des Dichterischen, Der Aufbau der Persönlichkeit*, beide 1930; *Irrationalismus und moderne Medizin* 1931; *Goethe und die Naturwissenschaften* 1932.
216 Hohendahl, 34.
217 Vgl. dazu Jörg Döring, „Wie Miss Cavell erschossen wurde" und der „29. Mai 1941". Gottfried Benn und Ernst Jünger beschreiben eine Hinrichtung, in: Text und Kritik 44, Gottfried Benn, dritte Auflage: Neufassung, hg. Heinz Ludwig Arnold, München 2006, S. 149–170.
218 SW III, 191.
219 Über Gottfried Benn. Kritische Stimmen 1912–1956, hg. Bruno Hillebrand, 2 Bde., Frankfurt/Main 1987, Bd. 1, S. 83.
220 SW III, 333.
221 Vgl. Ludwig Völker, Gottfried Benn berät eine Zeitschrift, Merkur 35 (1981), H. 7, S. 717–729.
222 AB, 27.
223 TW, 7.
224 TW, 27.
225 OE 1, 60.
226 OE 1, 136.
227 Traum, S. 74.
228 Traum, S. 75.
229 Hohendahl, 128f.
230 Alfred Döblin 1878–1978. Eine Ausstellung des Deutsches Literaturarchivs Marbach am Neckar, hg. Jochen Meyer und Ute Doster, 2. Aufl., München 1978, S. 269.
231 Hohendahl, 136.
232 SW III, 220.
233 SW III, 223.
234 SW III, 222.
235 SW III, 294.
236 Käthe von Porada, Meine Begegnung mit Gottfried Benn, in: Traum, S. 143.
237 Vgl. dazu Helmut Heintel, Gottfried Benn und Lili Breda, Stuttgart 1991; Helmut Heintel, Der Dichter und die Schauspielerin, Warmbronn 1997.

238 AB, 34.
239 Michael H. Kater, Physicians in Crisis at the End of the Weimar Republic, in: Peter D. Stachura u. a., Unemployment and the Great Depression in Weimar Germany, New York 1986, S. 49–77.
240 Kater, Physicians in Crisis, S. 66.
241 AB, 23.
242 SW III, 299f.
243 SW III, 301.
244 SW III, 303f.
245 SW III, 316.
246 Hohendahl, 146.
247 Hohendahl, 149.
248 Heinrich Mann. Fünf Reden und eine Entgegnung zum 60. Geburtstage. Gesprochen von Prof. Dr. Max Liebermann, Kultusminister Adolf Grimme, Prof. Dr. Thomas Mann, Heinrich Mann, Dr. Gottfried Benn, Dr. Lion Feuchtwanger, Berlin 1931.
249 SW III, 324f.
250 Katalog Marbach, 135f.
251 Auf Einladung von Edlef Köppen sollten Becher und Benn über „Dichtung an sich" diskutieren, doch es kam nur zum Verlesen der bekannten Standpunkte; vgl. Katalog Marbach, 123.
252 Briefwechsel mit Paul Hindemith, S. 16.
253 Briefwechsel mit Paul Hindemith, S. 13.
254 AB, 51.
255 AB, 47.
256 SW III, 386.
257 SW III, 387.
258 Alfred Döblin 1878–1978. Ausstellungskatalog des Schiller-Nationalmuseums Marbach, S. 312f.
259 SW III, 388.
260 SW VII/2, 30.
261 Winfried Bernhard Lerg, Rundfunkpolitik in der Weimarer Republik, München 1980, S. 438.
262 Vgl. Ian Kershaw, Hitler 1889–1936, München 2002, S. 448.
263 AB, 51.
264 OE 1, 7.
265 OE 1, 7f.
266 Vgl. Friedrich Wilhelm Oelze – Freund der Künste und Vertrauter Gottfried Benns. 2. Mai bis 31. Mai 2004. Kunsthalle Bremen in Zusammenarbeit mit der Gottfried Benn-Gesellschaft, hg. Dorothee Hansen, Bremen 2004.
267 OE 2, 51.

268 Vgl. dazu Joachim Dyck, Freundschaft in Briefen, in: Deutsche Freunde, hg. Thomas Karlauf, Berlin 1995, S. 321–348.
269 OE 1, 314.
270 Hans-Helmuth Knütter, Die Weimarer Republik in der Klammer von Rechts- und Linksextremismus, in: Die Weimarer Republik 1918–1933. Politik. Wirtschaft. Gesellschaft, hg. Karl Dietrich Bracher/Manfred Funke/Hans–Adolf Jacobsen, 2. Aufl., Bonn 1988, S. 393.
271 Peukert, Die Weimarer Republik, S. 237.
272 SW III, 397.
273 SW III, 398.
274 SW III, 401f.
275 SW III, 403.
276 SW III, 402.
277 Peter Reichel, Der schöne Schein des Dritten Reiches: Faszination und Gewalt des Faschismus, 2. Aufl., München 1992, S. 132.
278 SW III, 403.
279 Walther Schotte, Der neue Staat, Berlin 1932, S. 25. Vgl. auch Stefan Breuer, Anatomie der konservativen Revolution, 2. Aufl., Darmstadt 1995.
280 SW IV, 33.
281 Martin Broszat, Der Staat Hitlers. Grundlegung und Entwicklung seiner inneren Verfassung, 5. Aufl., München 1975, S. 49.
282 Hans-Ulrich Wehler, Deutsche Gesellschaftsgeschichte. Bd. 4: Vom Beginn des Ersten Weltkriegs bis zur Gründung der beiden deutschen Staaten 1914–1949, 2. Aufl. München 2003, S. 555.
283 Stefan Breuer, Anatomie, S. 131.
284 Breuer, Anatomie, S. 131.
285 Reichel, Der schöne Schein, S. 77.
286 Breuer, Anatomie, S. 145.
287 Reichel, Der schöne Schein, S. 105.
288 Vgl. Breuer, Anatomie, S. 146.
289 SW III, 330.
290 SW III, 413.
291 Heinz Höhne, „Gebt mir vier Jahre Zeit". Hitler und die Anfänge des Dritten Reiches, Berlin 1996, S. 57.
292 Höhne, „Gebt mir vier Jahre Zeit", S. 154.
293 Broszat, Der Staat Hitlers, S. 97.
294 Kurt Gossweiler, Die Röhm-Affäre, Köln 1983, S. 58.
295 Dorothea Beck, Julius Leber. Sozialdemokrat zwischen Reform und Widerstand, Berlin 1983, S. 234.
296 Beck, Julius Leber, S. 247.

297 SE, 14.
298 Hans-Albert Walter, Deutsche Exilliteratur 1933–1950, Bd. 1: Bedrohung und Verfolgung bis 1933, Darmstadt und Neuwied 1972, S. 218.
299 Siegfried Krakauer 1889–1966. Bearbeitet von Ingrid Belke und Irina Renz, Marburger Magazin 47 (1988), S. 76f.
300 Fritz J. Raddatz, Die Nachgeborenen. Leseerfahrung mit zeitgenössischer Literatur, Frankfurt/Main 1983, S. 19.
301 SW III, 413.
302 Hildegard Brenner, Ende einer bürgerlichen Kunst-Institution. Die politische Formierung der Preußischen Akademie der Künste ab 1933, Stuttgart 1972, S. 32 (zit. als Brenner, Ende).
303 Schreiben Loerkes an Thomas Mann, in: Blätter der Thomas Mann Gesellschaft 13 (1973), S. 9.
304 Brenner, Ende, S. 52.
305 Brenner, Ende, S. 53.
306 Brenner, Ende, S. 53.
307 Alfred Döblin, Autobiographische Schriften und letzte Aufzeichnungen, Olten und Freiburg 1980, S. 477.
308 Brenner, Ende, S. 59.
309 Brenner, Ende, S. 58.
310 Werner Mittenzwei, Der Untergang einer Akademie oder die Mentalität des ewigen Deutschen. Der Einfluß der nationalkonservativen Dichter an der Preußischen Akademie der Künste 1918–1947, Berlin und Weimar 1992, S. 232f. (zitiert als Mittenzwei, Der Untergang).
311 Mittenzwei, Der Untergang, S. 233.
312 Brenner, Ende, S. 59, Protokoll der Sitzung vom 13. 3. 1933.
313 Mittenzwei, Der Untergang, S. 238.
314 Brenner, Ende, S. 61.
315 Brenner, Ende, S. 69, Anm. 1.
316 Mittenzwei, Der Untergang, S. 257.
317 Oskar Loerke, Tagebücher 1903–1939, hg. Hermann Kasack, [Frankfurt/Main] 1986, S. 271.
318 SW IV, 41.
319 Briefe an Carl Werckshagen, in: Limes Lesebuch, II. Folge, Wiesbaden 1958, S. 43–61, hier S. 52.
320 Levin Trott zu Solz, Hans Peters und der Kreisauer Kreis. Staatslehre im Widerstand, Paderborn 1997, S. 109.
321 Trott zu Solz, Hans Peters, S. 43.
322 SW IV, 14ff.
323 SW IV, 14.
324 SW IV, 19f.

[325] 25. 4. 1933.
[326] SW IV, 76.
[327] Zum historischen Kontext vgl. Dyck, Der Zeitzeuge, S. 138f.
[328] SW IV, 13.
[329] SW IV, 14.
[330] SW IV, 15.
[331] SW IV, 19.
[332] SW IV, 20.
[333] Peukert, Die Weimarer Republik, S. 235.
[334] Peukert, Die Weimarer Republik, S. 235.
[335] Alfred Döblin, Briefe, Olten und Freiburg i. Br. 1970, S. 20.
[336] SW IV, 14f.
[337] André François-Poncet, Als Botschafter in Berlin 1931–1938, Mainz 1947, S. 130.
[338] SW IV, 22f.
[339] Karl Pagel, Gottfried Benn: Briefe an den Halbchef, Neue deutsche Hefte 133, 19. Jg. (1972) H. 1, S. 26–61. Hier S. 27.
[340] Brenner, Ende, S. 65.
[341] Klaus Harpprecht, Thomas Mann. Eine Biographie, 2 Bde., Reinbek bei Hamburg 1996, Bd. 1, S. 800.
[342] Zuletzt noch Emmerich (S. 84f.), der von „Privatbrief" und „persönlichem Schreiben" spricht.
[343] Rudolf Arnheim hatte 1933 im Januarheft der *Weltbühne* mit Benns Essay-Bänden *Fazit der Perspektiven* und *Nach dem Nihilismus* wüst abgerechnet.
[344] Höhne, „Gebt mir vier Jahre Zeit", S. 37.
[345] Carl Gustav Jung, Zur gegenwärtigen Lage der Psychotherapie, in: Zentralblatt für Psychotherapie Bd. 7 (1934), S. 9.
[346] Victor Farías, Heidegger und der Nationalsozialismus, Frankfurt/Main 1989, S. 224.
[347] Die Heidegger Kontroverse, hg. Jürgen Altwegg, Frankfurt/Main 1988, S. 206.
[348] SW V, 85ff.
[349] Mittenzwei, Der Untergang, S. 255.
[350] vgl. zur Begriffsbildung durch Hitler: Kershaw, Hitler, Bd. 1, S. 415.
[351] Vgl. dazu ausführlich Hildegard Brenner, Die Kunstpolitik des Nationalsozialismus, Reinbek bei Hamburg 1963, S. 65ff. Dort die folgenden Zitate.
[352] SW IV, 78.
[353] SW IV, 88.
[354] SW IV, 89.

355 Käthe von Porada, Meine Begegnung mit Gottfried Benn, in: Traum, 136.
356 Traum, 127.
357 Traum, 138.
358 Traum, 139.
359 SW IV, 111.
360 SW IV, 549.
361 Völkischer Beobachter, 7.9.1933: „Aufbruch der Kunst".
362 OE 1, 37f.
363 Mittenzwei, Der Untergang, S. 329.
364 Vgl. Rolf Düsterberg, Hanns Johst: „Der Barde der SS". Karrieren eines deutschen Dichters, Paderborn 2004.
365 SW IV, 118.
366 SW IV, 119f.
367 SW IV, 117.
368 Brenner, Kunstpolitik, S. 75.
369 Joachim Fest, Der zerstörte Traum. Vom Ende des utopischen Zeitalters, 3. Aufl. Berlin 1991, S. 50.
370 AB, 61.
371 Die Hilfe 40 (1934) 579–580 in: Bruno Hillebrand (Hg.), Über Gottfried Benn. Kritische Stimmen 1912–1956, Frankfurt/Main 1987, S. 128. Dort die weiteren Zitate.
372 Das zeigt ein Briefwechsel mit Friedrich Blunk, vgl. Dyck, Der Zeitzeuge, S. 142.
373 Von Benn erwähnt in *Doppelleben* (SW V, 103), aber nicht durch Quellen gesichert.
374 AB, 59.
375 AB, 58.
376 Pagel, Briefe an den Halb-Chef, S. 29.
377 OE 1, 45.
378 AB, 64.
379 AB, 65f.
380 AB, 62f.
381 OE 1, 39.
382 AB, 62.
383 Briefwechsel mit Paul Hindemith, S. 72.
384 AB, 65.
385 OE 1, 96.
386 AB, 169.
387 OE 1, 48.
388 Zu Benns Dienstaufgaben vgl. Paul Raabe, Gottfried Benn in Hannover 1935–1937, Seelze-Velber 1986.

[389] OE 1, 74.
[390] OE 1, 49.
[391] OE 1, 79.
[392] SW V, 145.
[393] SW V, 145.
[394] AB, 69.
[395] EB, 109.
[396] OE 1, 80.
[397] OE 1, 86.
[398] OE 1, 83.
[399] EB, 111.
[400] EB, 119.
[401] EB, 119f.
[402] EB, 120.
[403] Heute Nr. 4, eine Gedenktafel ist angebracht.
[404] OE 1, 55.
[405] OE 1, 213.
[406] OE 1, 58.
[407] SW V, 109.
[408] OE 1, 56f.
[409] OE 1, 68.
[410] EB, 196.
[411] OE 1, 89.
[412] EB, 113.
[413] OE 1, 100.
[414] AB, 69.
[415] Hohendahl, 198f.
[416] AB, 68.
[417] TW, 183.
[418] Vgl. Faksimile Querschnitt durch das Schwarze Korps, hg. Helmut Heiber und Hildegard von Kotze, Bern und München o.J., S. 11.
[419] AB, 70.
[420] TW, 186.
[421] OE 1, 122.
[422] „Er, der dachte, die SS sei angetreten, um Kunst zu machen […]. Bald kam der Punkt, an dem er trotz seiner verzweifelten Dumpingpolitik nicht mehr verwendbar war" (Helmut Kaiser, Mythos, Rausch und Reaktion. Der Weg Gottfried Benns und Ernst Jüngers, Berlin 1962, S. 182). „Benn bekam bald Schwierigkeiten und erhielt am Ende 1938 Schreibverbot" (Karol Sauerland, Gottfried Benn und das Dritte Reich, in: Convivium. Germanisches Jahrbuch Polen 1994, S. 29–48, hier S. 31). „Die Reichswehr bot nicht den erwarte-

ten Schutzraum, die bedrohlichen Angriffe häuften sich" (Jürgen Schröder, Gottfried Benn als Emigrant nach innen, in: Günther Rüther (Hg.), Literatur in der Diktatur. Schreiben im Nationalsozialismus und DDR-Sozialismus, Paderborn 1997, S. 131–144, hier S. 139). „Doppelte Lebensbedrohung durch Krieg und Geheimpolizei" (Heinrich Detering, „Es kann nicht kalt genug sein". Bemerkungen aus Anlaß der neuen Benn-Ausgabe, in: Merkur 58 (2004) H.7, S. 620–627).

[423] Brief vom 18. Mai 1936, Marbach, DLA.
[424] Börsenblatt für den deutschen Buchhandel vom 20. Oktober 1933. Besprechung in der Magdeburger Zeitung vom 14. Juli 1933.
[425] Pagel, Briefe an den Halbchef, S. 48.
[426] TW, 231.
[427] *Spät im Jahre; Suchst du; Auf deine Lider senk ich Schlummer.*
[428] OE 1, 144.
[429] Katalog Marbach, 257.
[430] OE 1, 170.
[431] OE 1, 103.
[432] SW IV, 226.
[433] SW IV, 237.
[434] SW IV, 223.
[435] SW IV, 228.
[436] EB, 142f.
[437] TW, 256.
[438] EB, 154.
[439] EB, 156.
[440] EB, 174.
[441] EB, 174.
[442] EB, 231.
[443] OE 1, 178f.
[444] Glenn R. Cuomo, Purging an „Art-Bolshevist": The Persecution of Gottfried Benn in the Years 1933–1938, German Studies Review 9 (1986), S. 85–105; hier S. 96.
[445] Bettina Feistel-Rohmeder, Im Terror des Kunstbolschewismus, Karlsruhe 1938, S. 4.
[446] Das Schwarze Korps, 6. 3. 1933, S. 11.
[447] Das Schwarze Korps, 24. 4. 1935, S. 12.
[448] Die „Kunststadt" München 1937. Nationalsozialismus und „Entartete Kunst", hg. Peter-Klaus Schuster, München, 3. Aufl. 1988, S. 31.
[449] Christoph Zuschlag, „Entartete Kunst". Ausstellungsstrategien im Nazi-Deutschland, Worms 1995, S. 129.

450 Mario-Andreas von Lüttichau, „Deutsche Kunst" und „Entartete Kunst", in: Die „Kunststadt" München 1937, S. 103, S. 111.
451 Wolfgang Willrich, Säuberung des Kunsttempels. Eine kunstpolitische Kampfschrift zur Gesundung deutscher Kunst im Geiste nordischer Art. Mit 64 Abbildungen, München und Berlin 1937, S. 18.
452 Willrich, Säuberung des Kunsttempels, S. 23.
453 Brief von Willrich an Benn vom 27. 8. 1937, in: Joseph Wulf, Literatur und Dichtung im Dritten Reich. Eine Dokumentation, Frankfurt/Main 1983, S. 141.
454 Wulf, Literatur und Dichtung im Dritten Reich, S. 143.
455 Volker Dahm, Anfänge und Ideologie der Reichskulturkammer. Die „Berufsgemeinschaft" als Instrument kulturpolitischer Steuerung und sozialer Reglementierung, Vierteljahreshefte für Zeitgeschichte 34 (1986), S. 53–84, hier S. 58.
456 Wulf, Literatur und Dichtung im Dritten Reich, S. 143f.
457 Pagel, Briefe an den Halb-Chef, S. 53.
458 TW, 266.
459 Benn war nicht Mitglied der NSDAP, wie behauptet, und die Bezeichnung als „Schriftwart" wurde ersetzt durch Benns Mitgliedschaft in der Akademie der Künste und der Union Nationaler Schriftsteller.
460 Cuomo, Purging an „Art-Bolshevist", S. 97.
461 Pagel, Briefe an den Halbchef, S. 53.
462 Cuomo, Purging an „Art-Bolshevist", S. 102.
463 Katalog Marbach, 244.
464 So zuletzt Emmerich, der sogar angibt, „‚Kollegen' der SA oder [!] der SS" hätten ihn in Berlin als „Kulturbolschewisten" und „Rasseschänder" diffamiert (S. 98). Auch behauptet er, Benn habe unter der Aussicht gelitten, „auf Dauer nicht nur nicht publizieren, sondern auch nicht schreiben zu dürfen". Das sei „eine neue Art der Repression" gewesen, die Benn „zutiefst deprimiert" hätte. Solche Urteile dienen der Dramatik und sind aus der Luft gegriffen, denn sie berücksichtigen die Verordnungen der RSK nicht.
465 SW V, 112.
466 Vgl. dazu Jan-Pieter Barbian, Literaturpolitik im „Dritten Reich". Institutionen, Kompetenzen, Betätigungsfelder, München 1995.
467 Bundesarchiv, Sammlung Oberheitmann, ZSg.109/15 b.
468 Der Arzt in der Wehrmachtsversorgung. Ärztliche Angelegenheiten der Wehrmachtsfürsorge und -versorgung, hg. C.H. Heinemann-Grüder und E. Rühe, Dresden und Leipzig 1942, S. 89–97 (Die Zusammenhangsfrage) und S. 97–102 (WDB. im Sinne der Verschlimmerung).

[469] OE 1, 193.
[470] OE 1, 282.
[471] OE 1, 252.
[472] OE 1, 299.
[473] OE 1, 307.
[474] SW VII/1, 426ff.
[475] SW VII/1, 428f.
[476] Soerensen, Mein Vater, S. 56.
[477] OE 1, 256.
[478] OE 1, 277.
[479] Marie-Louise Ritz, Cäsar Ritz, Bern 1940.
[480] SW IV, 281.
[481] OE 1, 328.
[482] SW IV, 341f.
[483] Benn schickte eine umfangreichere Sammlung auch an Julius Gescher. Vgl. dazu Klaus-Peter Wedekind, Eine andere Sammlung „Biographische Gedichte" von Gottfried Benn, Wirkendes Wort 31 (1981), S. 350–357.
[484] SW I, 186.
[485] Die Sanitätsinspektion hatte die Dienststelle vom Hohenzollerndamm in die Fredericiastraße verlegt. Den genauen Zeitpunkt kennen wir nicht.
[486] Traum, 206.
[487] OE 1, 348.
[488] OE 1, 360.
[489] Helmut Heintel, Block II, Zimmer 66. Gottfried Benn in Landsberg 1943–1945. Eine bildliche Dokumentation, Stuttgart 1988, S. 53.
[490] OE 1, 360.
[491] OE 1, 361.
[492] SW IV, 405.
[493] SW IV, 413.
[494] Handbuch der Reichsschrifttumskammer, hg. Wilhelm Ihde, Verlag des Börsenvereins der Deutschen Buchhändler, Leipzig 1942, S. 253.
[495] OE 1, 340.
[496] SW V, 169.
[497] Ab Oktober muß das Ehepaar Benn die Kaserne verlassen, sie wurde mit „Ost-Rückverlegungen" gefüllt. Es kommt in der Lehmannstraße 68 bei der Familie Kretzschmer unter.
[498] SW I, 193.
[499] OE 1, 378.
[500] OE 1, 377f.
[501] OE 1, 382.

502 OE 1, 382.
503 OE 1, 383.
504 Traum, 211.
505 OE 1, 387.
506 OE 2, 7.
507 OE 2, 6. Es handelt sich um den Artikel Gottfried Benn von Adolf Frisé in der Neuen Hamburger Presse vom 24. Oktober 1945.
508 OE 2, 13.
509 OE 2, 37.
510 AB, 96.
511 Axel Beste, Dorf im Sperrgebiet. Geschichte von Stapel, früher Landkreis Lüneburg, Hildesheim 1970, S. 104.
512 Vgl. Alexandra Birkert, Das Goldene Tor. Alfred Döblins Nachkriegszeitschrift. Rahmenbedingungen, Zielsetzung, Entwicklung, Frankfurt/Main 1989, S. 220.
513 Lyrik und Prosa. Briefe und Dokumente. Eine Auswahl, hg. Max Niedermayer und Marguerite Schlüter, 8. erw. Auflage, Wiesbaden 1971, S. 173.
514 SW VII/1, 111.
515 Die neue Ordnung 1 (1946/47), H. 1, S. 2.
516 Chronik 1947, hg. Bodo Harenberg, Dortmund 1986, S. 44.
517 Ernst Klee, Das Personenlexikon zum Dritten Reich. Wer war was vor und nach 1945, Frankfurt/Main 2005, s.v. Finkenzeller, Forßmann, Heidegger, Holle, Madlener. Dort weitere Beispiele.
518 OE 2, 16.
519 OE 2, 29.
520 Schreiben der Intelligence Section, Information Services Control Branch PRISC Regional Staff (ISC), Hansestadt Hamburg vom 20.8.1947.
521 Vgl. Briefe an Carl Werckshagen, S. 43–61.
522 SW I, 229.
523 OE 2, 46.
524 Lennig, Gottfried Benn, S. 132.
525 OE 2, 61.
526 OE 2, 75.
527 OE 2, 75.
528 OE 2, 76.
529 OE 2, 103.
530 Hohendahl, 218. Vgl. außerdem: Stefan Hermlin und Hans Mayer, Ansichten über einige neue Schriftsteller und Bücher, Wiesbaden 1947; Ernst Alker, Deutsche und andere Bücher über Deutschland, Berliner Hefte 11 (1947), S. 869–874.

531 OE 2, 309.
532 OE 2, 112.
533 AB, 99.
534 OE 2, 114.
535 OE 2, 108.
536 OE 2, 118.
537 OE 2, 140.
538 OE 2, 145.
539 OE 2, 147.
540 Briefe an Carl Werckshagen, S. 58.
541 OE 2, 100f.
542 Lyrik und Prosa. Briefe und Dokumente, S. 234.
543 Max Niedermayer, Pariser Hof. Limes Verlag Wiesbaden 1945–1965, Wiesbaden 1965, S. 46.
544 OE 2, 132.
545 Gottfried Benn, Hans Paeschke, Joachim Moras. Briefwechsel 1948–1956, hg. Holger Hof, Stuttgart 2004, S. 10f.
546 Gottfried Benn, Hans Paeschke, Joachim Moras. Briefwechsel 1948–1956, S. 11.
547 SW III, 413.
548 SW IV, 504.
549 OE 2, 147.
550 OE 2, 160.
551 OE 2, 321.
552 Über Gottfried Benn. Kritische Stimmen 1912–1956, hg. Bruno Hillebrand, Frankfurt/Main 1987, S. 171.
553 Niedermayer, Pariser Hof, S. 53.
554 Katalog Marbach, S. 314.
555 OE 2, 189.
556 Niedermayer, Pariser Hof, S. 54f.
557 Hohendahl, 221.
558 OE 2, 233f.
559 OE 2, 251.
560 OE 2, 193.
561 AB, 295.
562 SW V, 484.
563 SW V, 484.
564 Briefe an einen Verleger. Max Niedermayer zum 60. Geburtstag, hg. Marguerite Valerie Schlüter, Wiesbaden 1965, S. 15 (zitiert als: Briefe an einen Verleger).
565 OE 2, 130.
566 SW V, 229.

567 Walther Hofer (Hg.), Der Nationalsozialismus. Dokumente 1933–1945, Frankfurt/Main 1957, S. 268.
568 OE 3, 65f.
569 OE 3, 66.
570 OE 3, 16.
571 OE 3, 46.
572 OE 3, 85.
573 OE 3, 89.
574 OE 3, 90.
575 Briefe an einen Verleger, S. 72.
576 Reinhold Grimm, Strukturen. Essays zur deutschen Literatur, Göttingen 1963, S. 352.
577 Briefe an einen Verleger, S. 21.
578 OE 3, 105.
579 SW I, 245.
580 AB, 238.
581 OE 3, 159.
582 OE 1, 60.
583 OE 3, 127.
584 AB, 256.
585 AB, 257.
586 OE 3, 189.
587 OE 3, 190.
588 OE 3, 194.
589 AB, 279.
590 AB, 225.
591 Hernach. Gottfried Benns Briefe an Ursula Ziebarth. Mit Nachschriften zu diesen Briefen von Ursula Ziebarth und einem Kommentar von Jochen Meyer, Göttingen 2001, S. 12 (zitiert als: Hernach).
592 Hernach, S. 16.
593 Hernach, S. 57.
594 Hernach, S. 42.
595 Gottfried Benn. Thea Sternheim. Briefwechsel und Aufzeichnungen. Mit Briefen und Tagebuchauszügen Mopsa Sternheims, hg. Thomas Ehrsam, Göttingen 2004, S. 351.
596 Hernach, S. 80.
597 Hernach, S. 144.
598 Hernach, S. 147.
599 Hernach, S. 115.
600 Hernach, S. 282.
601 AB, 301.

[602] Vgl. Gottfried Benn, Briefe an Astrid Claes 1951–1956, Stuttgart 2002.
[603] Rübe, 405.
[604] AB, 304.
[605] AB, 304.
[606] AB, 317.
[607] Vgl. den ausführlichen Bericht bei Rübe, 436f.

Literaturverzeichnis

Werke und Dokumente

Sämtliche Werke. Stuttgarter Ausgabe, 7 Bde., hg. Gerhard Schuster u. a., Stuttgart 1986–2003.
Essays und Reden. In der Fassung der Erstdrucke. Mit einer Einführung, hg. Bruno Hillebrand, Frankfurt/Main 1989.
Lyrik und Prosa. Briefe und Dokumente. Eine Auswahl, hg. Max Niedermayer, Wiesbaden 1962.
Das Hörwerk 1928–56, hg. Robert Galitz u. a., Frankfurt/Main 2004.

Briefe

Briefe an Carl Werckshagen, in: Limes Lesebuch, II. Folge, Wiesbaden 1950, S. 43–61.
Ausgewählte Briefe. Mit einem Nachwort von Max Rychner, Wiesbaden 1957.
Briefe an einen Verleger. Max Niedermayer zum 60. Geburtstag, hg. Marguerite Valerie Schlüter, Wiesbaden 1965.
Den Traum alleine tragen. Neue Texte, Briefe, Dokumente, hg. Paul Raabe und Max Niedermayer, Wiesbaden 1966.
Briefe an den Halb-Chef, hg. Karl Pagel, Neue Deutsche Hefte 133, 19. Jg. (1972) H. 1, S. 26–61.
Briefe an F. W. Oelze 1932–1956, 3 Bde, hg. Harald Steinhagen und Jürgen Schröder, Wiesbaden 1977–1980.
Briefwechsel mit Paul Hindemith, hg. Ann Clark Fehn, Wiesbaden 1978.
Gottfried Benn und Börries von Münchhausen. Ein Briefwechsel aus den Jahren 1933/43, hg. Reinhard Alter, in: Jahrbuch der deutschen Schillergesellschaft 25 (1981), S. 139–170.
Gottfried Benn berät eine Zeitschrift. Dreizehn Briefe an den »Bifur« – Herausgeber und eine Erinnerung von Nino Frank, hg. Ludwig Völker, Merkur 35 (1981) H. 7, S. 717–729.
Briefe an Tilly Wedekind 1930–1955. Nachwort von Maguerite Valerie Schlüter, Stuttgart 1986.
Briefwechsel mit Max Rychner 1930–1956, hg. Gerhard Schuster, Stuttgart 1986.

Briefe an Elinor Büller 1930–1937. Nachwort von Marguerite Valerie Schlüter, Stuttgart 1992.
Gottfried Benn – Egmont Seyerlen: Briefwechsel 1914–1956, hg. Gerhard Schuster, Stuttgart 1993.
Hernach. Gottfried Benns Briefe an Ursula Ziebarth. Mit Nachschriften zu diesen Briefen von Ursula Ziebarth und einem Kommentar von Jochen Meyer, Göttingen 2001.
Gottfried Benn – Margret Boveri. Briefwechsel 1949–1956, hg. Roland Berbig und Nele Herbst, Berliner Hefte 5 (2003), S. 63–125.
Briefwechsel mit dem Merkur 1948–1956, hg. Holger Hof, Stuttgart 2004.
Gottfried Benn – Thea Sternheim: Briefwechsel und Aufzeichnungen. Mit Briefen und Tagebuchauszügen Mopsa Sternheims, hg. Thomas Ehrsam, Göttingen 2004.

Literatur

Barbian, Jan-Pieter: Literaturpolitik im „Dritten Reich". Institutionen, Kompetenzen, Betätigungsfelder, München 1995.
Belke, Ingrid; Irina Renz; Ulrich Ott (Hg.): Siegfried Kracauer: 1889–1966 (= Marbacher Magazin 47), Marbach 1989.
Berthold, Helmut: Die Lilien und den Wein. Gottfried Benns Frankreich, Würzburg 1999.
Birkert, Alexandra, Das goldene Tor. Alfred Döblins Nachkriegszeitschrift. Rahmenbedingungen, Zielsetzung, Entwicklung, Frankfurt/Main 1989.
Boveri, Margret: Tage des Überlebens. Berlin 1945, München 1968.
Bracher, Karl Dietrich; Manfred Funke; Hans-Adolf Jacobsen (Hg.): Die Weimarer Republik 1918–1933, 2. Aufl., Bonn 1988.
Brenner, Hildegard: Die Kunstpolitik des Nationalsozialismus, Reinbek bei Hamburg 1963.
Brenner, Hildegard: Ende einer bürgerlichen Kunst-Institution. Die politische Formierung der Preußischen Akademie der Künste ab 1933, Stuttgart 1972.
Breuer, Stefan: Anatomie der konservativen Revolution, 2. Aufl. Darmstadt 1995.
Brode, Hanspeter: Benn Chronik. Daten zu Leben und Werk, München und Wien 1978.
Broszat, Martin: Der Staat Hitlers. Grundlegung und Entwicklung seiner inneren Verfassung, 5. Aufl., München 1975.

Cuomo, Glenn R.: Purging an „Art-Bolshevist": The Persecution of Gottfried Benn in the Years 1933–1938, German Studies Review 9 (1986), S. 85–105.
Döblin, Alfred: 1878–1978. Eine Ausstellung des Deutschen Literaturarchivs im Schiller-Nationalmuseum Marbach am Neckar. Ausstellung und Katalog von Jochen Meyer in Zusammenarbeit mit Ute Doster, 2. Aufl., München 1978.
Döblin, Alfred: Autobiographische Schriften und letzte Aufzeichnungen, Olten und Freiburg i. Br. 1980.
Düsterberg, Rolf: Hanns Johst: „Der Barde der SS". Karrieren eines deutschen Dichters, Paderborn, München 2004.
Dyck, Joachim: Der Zeitzeuge. Gottfried Benn 1929–1949, Göttingen 2006.
Dyck, Joachim: Durch Oelzes Brille. Benns Rezeption nach 1956, in: Horst A. Glaser (Hg.): Gottfried Benn 1886–1956. Referate des Essener Colloquiums, Frankfurt/Main, Bern 1989, S. 201–212.
Dyck, Joachim: Freundschaft in Briefen. Gottfried Benn und F.W. Oelze, in: Thomas Karlauf (Hg.): Deutsche Freunde, Berlin 1995, S. 321–348.
François-Poncet, André: Als Botschafter in Berlin 1931–1938, Mainz 1947.
Flemming, Thomas; Axel Steinhage; Peter Strunk (Hg.): Chronik 1946. Tag für Tag in Wort und Bild, Gütersloh und München 1995.
Glatzer, Ruth: Berlin zur Weimarer Zeit. Panorama einer Metropole, 1919–1933. Mit einem Essay von Wolf Jobst Siedler, Berlin 2000.
Gossweiler, Kurt: Die Röhm–Affäre, Köln 1983.
Greve, Ludwig (Hg.): Gottfried Benn 1886–1956. Eine Ausstellung des Deutschen Literaturarchivs im Schiller-Nationalmuseum Marbach am Neckar, Marbach 1986.
Harenberg, Bodo (Hg.): Chronik 1947, Dortmund 1986.
Harenberg, Bodo (Hg.): Chronik 1948, Dortmund 1987.
Heiber, Helmut; Hildegard von Kotze (Hg.): Facsimile Querschnitt durch Das Schwarze Korps, Bern und München 1968.
Heintel, Helmut: Block II, Zimmer 66. Gottfried Benn in Landsberg 1943–1945. Eine bildliche Dokumentation, Stuttgart 1988.
Heintel, Helmut: Der Dichter und die Schauspielerin. Eine biographische Annäherung an Gottfried Benn und Lili Breda, Warmbronn 1997.
Hillebrand, Bruno (Hg.): Über Gottfried Benn. Kritische Stimmen, Bd. 1: 1912–1956, Bd. 2: 1957–1986, Frankfurt/Main 1987.
Hofer, Walther: Der Nationalsozialismus. Dokumente 1933–1945, Frankfurt/Main 1957.

Hohendahl, Peter Uwe (Hg.): Benn – Wirkung wider Willen. Dokumente zur Wirkungsgeschichte Benns, Frankfurt/Main 1971.
Höhne, Heinz: „Gebt mir vier Jahre Zeit". Hitler und die Anfänge des Dritten Reiches, Berlin, Frankfurt/Main 1996.
Holthusen, Hans Egon: Gottfried Benn. Leben, Werk, Widerspruch 1886–1922, Stuttgart 1986.
Hürsch, Erhard: Meine Begegnung mit Gottfried Benn, in: Benn-Jahrbuch 1 (2003), S. 35–45.
Jens, Inge: Dichter zwischen rechts und links. Die Geschichte der Sektion für Dichtkunst der Preußischen Akademie der Künste, dargestellt an Dokumenten, München 1979.
Kater, Michael H.: Physicians in Crisis at the End of the Weimar Republic, in: Peter D. Stachura u. a.: Unemployment and the Great Depression in Weimar Germany, New York 1986, S. 49–77.
Kershaw, Ian: Der NS-Staat. Geschichtsinterpretationen und Kontroversen im Überblick. Vollständig überarbeitete und erweiterte Neuausgabe, Reinbek bei Hamburg 1994.
Kershaw, Ian: Hitler 1889–1936, München 2002.
Klee, Ernst: Das Personenlexikon zum Dritten Reich. Wer war was vor und nach 1945, 2. durchges. Aufl., Frankfurt/Main 2003.
Koch, Thilo: Gottfried Benn. Ein biographischer Essay mit neuen Texten, Briefen und einem Nachwort, München 1970.
Koebner, Thomas (Hg.): Weimars Ende. Prognosen und Diagnosen in der deutschen Literatur und politischen Publizistik 1930–1933, Frankfurt/Main 1982.
Lennig, Walter: Gottfried Benn mit Selbstzeugnissen und Bilddokumenten, Reinbek bei Hamburg 1991.
Lerg, Winfried Bernhard: Rundfunkpolitik in der Weimarer Republik, München 1980.
Loerke, Oskar: Tagebücher 1903–1939, hg. Hermann Kasack, Frankfurt/Main 1986.
Mittenzwei, Werner: Der Untergang einer Akademie oder Die Mentalität des ewigen Deutschen. Der Einfluß der nationalkonservativen Dichter an der Preußischen Akademie der Künste 1918–1947, Berlin und Weimar 1992.
Niedermayer, Max: Pariser Hof. Limes Verlag Wiesbaden 1945–1965, Wiesbaden 1965.
Peukert, Detlev J. K.: Die Weimarer Republik. Krisenjahre der Klassischen Moderne, Frankfurt/Main 1987.
Raabe, Paul: Gottfried Benn in Hannover 1935–1937, Seelze-Velber 1986.

Raddatz, Fritz J.: Die Nachgeborenen. Leseerfahrung mit zeitgenössicher Literatur, Frankfurt/Main 1983.
Rehfeld, Hans-Jürgen: Gottfried Benn und Klabund am Frankfurter Friedrichs-Gymnasium, Frankfurt/Oder 1991.
Rehfeld, Hans-Jürgen: „... zum Glück ein humanistisches". Gottfried Benn als Schüler, in: Benn Jahrbuch 1, Stuttgart 2003, S. 215–235.
Reichel, Peter: Der schöne Schein des Dritten Reiches: Faszination und Gewalt des Faschismus, 2. Aufl., München 1992.
Reininger, Anton: „Die Leere und das gezeichnete Ich". Gottfried Benns Lyrik, Firenze 1989.
Rübe, Werner: Provoziertes Leben. Gottfried Benn, Stuttgart 1993.
Rümelin, Hans A. (Hg.): So lebten wir. Ein Querschnitt durch 1947, Willbach 1947.
Schärf, Christian: Der Unberührbare. Gottfried Benn – Dichter im 20. Jahrhundert, Bielefeld 2006.
Schöne, Albrecht: Säkularisation als sprachbildende Kraft: Studien zur Dichtung deutscher Pfarrersöhne, 2. Aufl., Göttingen 1968.
Schuster, Peter-Klaus (Hg.): Die „Kunststadt" München 1937. Nationalsozialismus und „Entartete Kunst", 5. vollst. überarb. Aufl., München 1998.
Soerensen, Nele Poul: Mein Vater Gottfried Benn, 2. Aufl., Wiesbaden 1984.
Stachura, Peter D. u. a. (Hg.): Unemployment and the Great Depression in Weimar Germany, New York 1986.
Walter, Hans Albert: Deutsche Exilliteratur 1933–1950. Bd. 1–7, Darmstadt, Neuwied 1972–1973.
Wehler, Hans-Ulrich: Deutsche Gesellschaftsgeschichte. Bd. 4: Vom Beginn des Ersten Weltkriegs bis zur Gründung der beiden deutschen Staaten 1914–1949, 2. Aufl. München 2003, S. 555.
Wodtke, Friedrich Wilhelm: Die Antike im Werk Gottfried Benns, Wiesbaden 1963.
Wodtke, Friedrich Wilhelm: Gottfried Benn, 2. Aufl., Stuttgart 1970.
Wulf, Joseph: Literatur und Dichtung im Dritten Reich. Eine Dokumentation, Frankfurt/Main 1983.

Namensregister

A

Adorno, Theodor W. 83, 150
Andersch, Alfred 146
Arndt, Ernst Moritz 30
Arnheim, Rudolf 93
Avenarius, Ferdinand 13

B

Bächler, Wolfgang 150
de Balzac, Honoré 115
Barbarin, Georges 122
Barbusse, Henri 45
Barlach, Ernst 89, 96
Baum, Vicki 76
Bäumer, Gertrud 136
Bäumler, Alfred 140
Becher, Johannes R. 23, 58, 66, 69, 71, 93, 134
van Beethoven, Ludwig 115
von Behring, Emil 17
Benn, Andreas 43, 52
Benn, Caroline 7, 8, 20, 42
Benn, Edith 4, 52, 59, 109
Benn, Ernst-Viktor 4
Benn, Gustav 2, 3, 4, 5, 6, 17, 18, 20, 21
Benn, Herta 127, 128, 130, 131, 132, 133, 134
Benn, Ilse , geb. Kaul 138, 155, 156
Benn, Nele 47, 52, 59, 102, 109, 110, 149, 151, 157
Benn, Ruth 3, 5, 13, 21
Benn, Stephan 52, 59
Bense, Max 146, 150, 158
Benzmann, Hans 19, 45
Bertram, Ernst 123
von Beseler, Hans Hartwig 45
Bethge, Hans 19
Beumelburg, Werner 64, 87
Bierbaum, Otto Julius 19
Binding, Rudolf 85, 89, 123, 140
Birt, Theodor 18
Blass, Ernst 29, 38
Blumhardt, Christoph Friedrich 2, 4, 20
Blumhardt, Johann Christoph 2
Blümner, Rudolf 100
Boldt, Paul 42
Borchert, Wolfgang 136
Bourbaki, Charles 8
Boveri, Margret 142, 157
Brandenburg, Hans 35
Bräuning-Oktavio, Hermann 30
Brecht, Bertolt 66, 67, 73, 74, 92
Breda, Lili 68, 70
von Brentano, Bernhard 67, 151
Breysig, (Frau) 142
Brod, Max 38
Bronnen, Arnolt 76
Brüning, Heinrich 83
Buddeberg, Else 158

Büller, Elinor 6, 67, 68, 116, 125, 159
Burckhardt, Jacob 1
Busse, Carl 13, 19, 23, 24, 30, 36

C

Carossa, Hans 35, 36, 123, 136
Cavell, Edith 50, 66
Chopin, Frédéric 129
Claassen, Eugen 142
Claes, Astrid 155, 158
Clay, Lucius D. 141
Cohen, Hermann 17
Courths-Mahler, Hedwig 64
Curtius, Ernst Robert 142, 158

D

Dahn, Felix 13
Darré, Richard W. 120
Darwin, Charles 78, 140
Däubler, Theodor 58
Dehmel, Richard 19, 23, 35
Dessoir, Max 23
Diels, Hermann 23
Dietrich, Marlene 76
Dilthey, Wilhelm 1, 23
Döblin, Alfred 67, 73, 74, 82, 84, 85, 86, 134
Dos Passos, John 58
Dürer, Albrecht 115
Dwinger, Edwin Erich 64

E

Ebbeke, Firma F.A. 77
Ebert, Friedrich 54
Edschmid, Kasimir 56, 136
Ehrenstein, Albert 50
Einstein, Albert 66
Einstein, Carl 42, 49, 57, 60, 61, 67, 120
von Eisenhart-Rothe, Hans 116
Eisner, Kurt 55
Elster, Ernst 18
Erzberger, Matthias 55
Euripides 12

F

Faktor, Emil 37
Falke, Gustav 13, 19, 23, 35
Fechter, Paul 96
Feuchtwanger, Lion 64, 73, 92
Graf Finck von Finckenstein, Günther 3, 4
Graf Finck von Finckenstein, Heinrich 11, 20
Finkenzeller, Erwin 136
Fischer, Gottfried Bermann 92
Flaischlen, Cäsar 14, 45
Flake, Otto 35, 49, 59, 62
Flechtheim, Alfred 57, 60, 67, 100
Fleischmann, Elsa 60
Fleischmann, Paul S. 60
Flesch, Hans 65, 76, 125
Ford, Henry 75
Forßmann, Werner 136
Frank, Leonhard 84
Frank, Nino 67
von Frankenberg, Alex 137
Franz, Karl 30
Freud, Sigmund 96
Fulda, Ludwig 84

G

George, Stefan 66, 98, 99, 123
Gescher, Julius 125, 129, 131
Gescher, Leonarda
  125, 128, 133
Gide, André 76
Glaeser, Ernst 92
Goebbels, Joseph 72, 89, 95,
  96, 99, 100, 118, 122
Goes, Albrecht 150
Goethe, Johann Wolfgang
  76, 77, 78,
  115, 130, 140
Gogh, Vincent van 1
Goll, Yvan 145
Göring, Hermann
  100, 118, 122
Gottwald, Klement 143
Greff, Richard 30
Grimm, Hans 64
Grosz, George 57, 60, 67,
  76, 142
Gründgens, Gustaf 100
Gundolf, Friedrich 76
Gurlitt, Manfred 68
Gürster-Steinhausen, Eugen
  139, 146

H

Hagelstange, Rudolf 136, 150
Hamsun, Knut 66
Hanke, Karl 122
Hanna, Christian 159
Hardekopf, Ferdinand 38
Hasenclever, Walter 58
Hauff, Wilhelm 13
Hauptmann, Gerhart 64, 76
Hausenstein, Wilhelm 49
Haushofer, Albrecht 136
Hebbel, Friedrich 30
Heckel, Erich 96
Hegemann, Werner 72, 73, 93
Heidegger, Martin 94, 137
Heller, Erich 150
Henssel, Karl Heinz 135, 142
Hermlin, Stephan 136
Herodot 12
Herrmann-Neiße, Max 35, 55,
  59, 69
Herzfeld, Maria 32
Hesse, Hermann 45, 64,
  76, 136
Hessel, Franz 55
Heuss, Theodor 101
Heym, Georg 29
Heyse, Paul 30
Hille, Peter 23
Hillebrand, Bruno 159
Hiller, Kurt 29, 38
Hilpert, Heinz 68
Himmler, Heinrich
  99, 121, 122
Hindemith, Gertrud 40
Hindemith, Paul 74, 157
His, Wilhelm 30
Hitler, Adolf 72, 73, 78,
  83, 118
van Hoddis, Jakob 29, 38
Hofer, Walter 148
von Hofmannsthal, Hugo
  19, 32, 49
Hohendahl, Peter Uwe 159
Hohoff, Curt 146
Hölderlin, Friedrich 50
Holle, Rolf 136
Holthusen, Hans Egon
  4, 146, 155
Holz, Arno 13, 19
Homer 12
Horaz 12
Horkheimer, Max 150

Huch, Ricarda 86, 92, 150
Hürsch, Erhard 139

J

Jacobsen, Jens Peter 32
Jaensch, Erich R. 125
Jahnn, Hans Henny 96
Jequier, Caroline 3, 8
Johst, Hanns 98, 99, 100, 111, 119, 120, 121, 122, 123, 140
Jolas, Eugène 97
Joyce, James 62, 67, 96
Jung, Carl Gustav 94
Jung, Edgar Julius 78, 80
Jünger, Ernst 45, 64, 90, 94, 123, 140

K

Kafka, Franz 50, 67
Kaiser, Georg 92
Kant, Immanuel 115
Kasack, Hermann 62
Kaschnitz, Marie-Luise 136
Kästner, Erich 134
Kayser, Rudolf 66
Kilpper, Gustav 110, 113, 129, 155
Kirchner, Ernst Ludwig 96
Kisch, Egon Erwin 69, 71, 93
Kittel, Walther 111
Klabund 57, 63
Klemm, Wilhelm 58, 119
Klemperer, Otto 74
Klemperer, Victor 30
Klepper, Jochen 122
Kluge, Hermann 13
Koch, Thilo 157
Kokoschka, Oskar 38

Kolbenheyer, Erwin Guido 87
Kolbenhoff, Walter 136
Kollwitz, Käthe 84
Kolmar, Gertrud 136
Köppen, Edlef 62, 65, 67
Korn, Karl 146
Kracauer, Siegfried 83
Krämer-Badoni, Rudolf 150
Kraus, Karl 38
Krauss, Else C. 67, 125
Krell, Max 59, 62
Kretschmer, Ernst 1
Kreuder, Ernst 146
Krolow, Karl 150
Kusenberg, Kurt 136

L

Lange-Eichbaum, Wilhelm 1
Langgässer, Elisabeth 150
Lasker-Schüler, Else 19, 29, 35, 38, 39, 68, 74, 150
Lautensack, Heinrich 35, 36
Leber, Julius 82
Ledebour, Georg 54
Lehmann, Julius F. 117
von Leixner, Otto 20
Lennig, Walter 158
Leonhard, Agnes 11
Leonhard, Rudolf 35, 58
Lernet-Holenia, Alexander 125, 129
Lesser, Edmund 51
Lesser, Fritz 30
Lessing, Gotthold Ephraim 1
Lichtenstein, Alfred 35, 38, 42
Liebermann, Max 148
Liebknecht, Karl 54, 55, 120
von Liliencron, Detlev 13, 19, 21, 23, 35
Lissauer, Ernst 62

Löbe, Paul 82
Loerke, Oskar 59, 62, 65, 66, 84, 88, 123
Lohner, Edgar 154, 159
Loos, Adolf 38
Lotz, Ernst Wilhelm 35, 38
Ludwig, Emil 76, 92
Lüth, Paul E.H. 142
Luxemburg, Rosa 55, 120

M

Maass, Ernst 18
Madlener, Max 137
Mann, Erika 93
Mann, Heinrich 50, 64, 67, 71, 72, 73, 74, 84, 85, 92, 95, 120, 148
Mann, Klaus 66, 74, 92, 93, 95, 97
Mann, Thomas 30, 63, 64, 74, 76, 86, 136, 140
Maraun, Frank 109, 110, 111, 129
Marek, Kurt 138
Margueritte, Victor 66
Marinetti, Filippo T. 35, 38, 100
Martini, Fritz 150
Matthias, Leo 42
Meidner, Ludwig 23
Meister, Hermann 36
Meyer, Alfred Richard 20, 35, 38, 57, 61
Meyer, Richard M. 23
Meyer, Semi 56
Michaelis, Karin 60
Miegel, Agnes 23
von Molo, Walter 85, 88, 134
Molotow, Wjatscheslaw Michailowitsch 143

Mombert, Alfred 19
Moras, Joachim 143
Morgenstern, Christian 19
Mörike, Eduard 149
Münchhausen, Börries Freiherr von 1, 87, 95
Mussolini, Benito 100

N

Nansen, Fridtjof 13
Natorp, Paul 17
Naumann, Friedrich 1
Niedermayer, Max 142, 146, 147, 150, 157
Nietzsche, Friedrich 1, 12, 19, 23, 30, 40, 140
Nolde, Emil 89, 96
Nossack, Hans Erich 136

O

Oelze, Charlotte Stefanie, geb. Michaelsen 77, 150, 155
Oelze, Friedrich Wilhelm 3, 60, 64, 102, 105, 108, 109, 111, 115, 125, 128, 129, 130, 132, 138, 139, 141, 143, 146, 149, 150, 153, 154, 155, 157
Oelze, Hugo 77
Oelze, Stephan 77
Oertel, Otto 14
Opitz, Martin 18
Ortega y Gasset, José 76
Oschilewski, Walther G. 147
Overgaard, Ellen 52, 59

P

Paeschke, Hans 143, 155
Pagel, Karl 91, 121
Pannwitz, Rudolf 86
von Papen, Franz 80, 83
Paquet, Alfons 86
Paul, Jean 1
Pechel, Rudolf 146
Penzoldt, Ernst 136
Petrenz, Adolf 30, 35
Petzet, Wolfgang 136
Pfeiffer-Belli, Erich 110
Pfemfert, Franz 38, 53, 119, 120
Pick, Otto 36
Pinner, Erna 142
Pinthus, Kurt 57, 99
Platen, August von 149
Platon 12
Plievier, Theodor 54, 134
Pohl, Gerhart 122
von Porada, Käthe 64, 97
Proust, Marcel 96

R

Rathenau, Walther 55
Reiss, Erich 59, 60, 68, 109, 123, 142, 157
Remarque, Erich Maria 45, 76
Rembrandt van Rijn, Harmensz 138
Rickert, Heinrich 17
Rilke, Rainer Maria 7, 19, 64, 149
Rilke-Westhoff, Clara 131
Rimbaud, Arthur 62
Ritz, Cäsar 125
Röhm, Ernst 82
Rosenberg, Alfred 89, 95, 100
Rowohlt, Ernst 83, 136, 137, 142
Rubiner, Ludwig 38, 58
Rust, Bernhard 83, 84, 86, 95, 96, 98, 100
Rychner, Max 156, 157, 159

S

Salus, Hugo 19
Sartre, Jean Paul 140
Schäfer, Oda 150
Schanz, Frida 45
Schaukal, Richard von 19
Schauwecker, Franz 64
Scheidemann, Philipp 54
Scheler, Max 80
Schelling, Friedrich Wilhelm 1
Schickele, René 38, 50, 58
Schifferli, Peter 139
Schiller, Friedrich 18
von Schillings, Max 84, 92
Schlaf, Johannes 19
Schlegel, Gebrüder 1
von Schleicher, Kurt 83, 84
Schmidt, Erich 23
Schmidt-Rotluff, Karl 96
Schmitt, Carl 80, 94
Schneider, Reinhold 136, 154
Scholz, Erich 76
Scholz, Paul 54
von Scholz, Wilhelm 85
Schröder, Jürgen 158
Schröder, Rudolf Alexander 49, 136
Schuster, Alice 67, 125
Schuster, Gerhard 159
Schwarzenbach, Annemarie 93
Schwebel, Oskar 13
Schwedthelm, Karl 151
Schweitzer, Albert 1

Seghers, Anna 140
Seidel, Ina 45, 60, 67, 85, 101, 105, 113, 150, 155, 157
Seyerlen, Egmont 42, 109, 125, 159
Shakespeare, William 138
Sieburg, Friedrich 146, 155
Simmel, Georg 23
Sintenis, Renée 125
Sophokles 12
Spiero, Heinrich 30
Spitteler, Carl 13
Spranger, Eduard 140
Stadler, Ernst 36
Steinhagen, Harald 158
Sternheim, Carl 49, 50, 53, 67, 68
Sternheim, Thea 49, 50, 67, 76, 142, 157
Stramm, August 38
Stumpp, Emil 66
Suhrkamp, Peter 125

T

Tacitus 12
Thiess, Frank 134, 137
Tolstoi, Leo 115
Trakl, Georg 50
Tretjakow, Sergej 81
Trowitzsch, Joachim 13, 15

U

Uhland, Ludwig 18
Ullstein, Änne 60, 68
Ullstein, Heinz 60
Unger, Erich 38
von Unruh, Fritz 76, 140

V

Vagts, Alfred 142
Vietta, Egon 110
Vorwerk, Friedrich 129

W

Walden, Herwarth 37, 42
Waldmann, Anton 119, 121
Wasmuth, Sophia 67, 70
Wassermann, Jakob 64, 76
Wedekind, Frank 35, 36
Wedekind, Pamela 67, 125
Wedekind, Tilly 67, 68, 116, 125, 159
von Wedemeyer, Herta 116, 117
Wellershoff, Dieter 157, 158
Werckshagen, Carl 59, 87, 110, 137, 157
Werfel, Franz 50, 58
Weyl, Johannes 135
Weyrauch, Wolfgang 136
Wieland, Christoph Martin 1
von Wilamowitz-Moellendorff, Ulrich 23
von Wilamowitz-Moellendorff, Wichard 3
von Wildenbruch, Ernst 4, 30
Williams, William Carlos 67
Willrich, Wolfgang 118, 119, 122
Windelband, Wilhelm 17
Winkler, Ruth 159
Wolf, Friedrich 134
Wolff, Kurt 39, 59
Wölfflin, Heinrich 23
Wrede, Ferdinand 18

Z

Zatzenstein, Franz M.
 57, 63, 76
Zech, Paul
 36, 38, 42, 58
Zehrer, Hans 146
Zenzes, Gertrud 58, 142

von Zepelin,
 Ferdinand 112
Ziebarth, Ursula 153, 154
Ziehen, Theodor 30, 33
Zieler, Karl 46
Zimmer, Heinrich
 125, 129
von Zobeltitz, Hans 13

www.ingramcontent.com/pod-product-compliance
Lightning Source LLC
Chambersburg PA
CBHW030441300426
44112CB00009B/1112